말루꺄뿟따숫따 법문

• 말루꺄뿟따 경 해설 •

제6차 결집 질문자 최승대현자

마하시 사야도

번역 허가증

ဗုဒ္ဓသာသနာနုဂ္ဂဟအဖွဲ့ချုပ်

မဟာစည်သာသနာ့ရိပ်သာ

အမှတ်-၁၆၊သာသနာ့ရိပ်သာလမ်း၊ဗဟန်းမြို့နယ်၊ရန်ကုန်မြို့။

ဖုန်း - ၅၄၅၉၁၈
၅၄၁၉၇၁
ဖက်စ် - ၂၈၉၉၆၀
၂၈၉၉၆၁
သံကြိုးလိပ်၊မဟာစည်

Buddha Sāsana Nuggaha Organization

MAHASI SĀSANA YEIKTHA

16, Sāsana Yeiktha Road,BaHan TSP, Yangon.(MYANMAR)

Email - Mahasi-ygn@mptmail.net.mm

Phone: 545918
541971
Fax-No. 289960
289961
Cable: MAHĀSI

Date 7 March 2012

အကြောင်းအရာ ။ ။ **ကိုရီးယားဘာသာဖြင့်ပြန်ဆို၍ စာအုပ်ရိုက်နှိပ်ထုတ်ဝေရန် ဗုဒ္ဓသာသနာနုဂ္ဂဟအဖွဲ့ချုပ်မှ ခွင့်ပြုခြင်း။**

ကိုရီးယားနိုင်ငံတွင် မြတ်ဗုဒ္ဓ ထေရဝါဒ သာသနာပြန့်ပွားရေးအတွက် ကျေးဇူးတော်ရှင် မဟာစည်ဆရာတော်ဘုရားကြီး၏ အောက်ဖော်ပြပါ တရားစာအုပ်(၅)အုပ်ကို ပထမအကြိမ်အဖြစ် မြန်မာဘာသာမှ ကိုရီးယားဘာသာသို့ ပြန်ဆို၍ ဓမ္မဒါနဖြန့်ချီရန် တောင်ကိုရီးယားနိုင်ငံ အင်ချန်းမြို့နယ်၊ ဘူဖျောင်းမြို့၊ ကိုရီးယားမဟာစည်ရိပ်သာမှ ဥက္ကဋ္ဌဆရာတော် ဦးသောဓနအား အောက်ပါစည်းကမ်းချက်များနှင့်အညီ ဆောင်ရွက်ရန် ခွင့်ပြုပါသည်။

ဘာသာပြန်ဆိုရမည့် ကျမ်းစာအုပ်များ

(၁) ပုရာဘေဒသုတ်တရားတော်၊
(၂) ဘာရသုတ္တန်တရားတော်၊
(၃) မာလုကျပုတ္တသုတ်တရားတော်၊
(၄) ဝိပဿနာရှုနည်းကျမ်း(ပထမတွဲ)
(၅) ဝိပဿနာရှုနည်းကျမ်း(ဒုတိယတွဲ)

စည်းကမ်းချက်များ

၁။ ဤခွင့်ပြုချက်သည် မူပိုင်ခွင့်ပေးခြင်းမဟုတ်ဘဲ ဗုဒ္ဓသာသနာနုဂ္ဂဟအဖွဲ့ချုပ်သာလျှင် **မူပိုင်ရှင်**ဖြစ်သည်။
၂။ ထုတ်ဝေမည့်စာအုပ်တွင် ဗုဒ္ဓသာသနာနုဂ္ဂဟအဖွဲ့ချုပ်သည် **မူပိုင်ရှင်** ဖြစ်ကြောင်းဖော်ပြရမည်။
၃။ သာသနာတော်ပြန့်ပွားရေးအတွက် **ဓမ္မဒါန**အဖြစ် ပုံနှိပ်ဖြန့်ဝေရန်။
၄။ ဤခွင့်ပြုချက်သည် **ကိုရီးယားဘာသာဖြင့်** ပြန်ဆိုထုတ်ဝေရန်အတွက်သာဖြစ်သည်။
၅။ ပုံနှိပ်ထုတ်ဝေသောစာအုပ်တွင် **ကျေးဇူးတော်ရှင်မဟာစည်ဆရာတော်ဘုရားကြီး၏ (ဆေးရောင်စုံ)ဓာတ်ပုံ၊ ဘဝဖြစ်စဉ်နှင့် ထေရုပ္ပတ္တိအကျဉ်း** ဖော်ပြပါရှိရမည်။
၆။ ပုံနှိပ်ထုတ်ဝေသောစာအုပ်အရေအတွက် ဖော်ပြရမည်။
၇။ ပုံနှိပ်ထုတ်ဝေသောစာအုပ်(   )ကို ဗုဒ္ဓသာသနာနုဂ္ဂဟအဖွဲ့ချုပ်သို့ ပေးပို့ရမည်။
၈။ စည်းကမ်းချက်များနှင့် ညီညွတ်မှုမရှိပါက ခွင့်ပြုချက်ကို ပြန်လည်ရုပ်သိမ်းမည်။

အထက်ဖော်ပြပါစည်းကမ်းချက်များအတိုင်း
လိုက်နာဆောင်ရွက်မည်ဖြစ်ပါကြောင်းဝန်ခံပြု
ပါသည်။

ဦးသောဓန
ဘဒ္ဒန္တသောဓန
[၅/မရန(သ)၀၀၀၀၉၄]
(သာသနဓဇဓမ္မာစရိယ) မဟာစည်ကမ္မဋ္ဌာနာစရိယ
ပဓာနနာယကဆရာတော်၊ ကိုရီးယားမဟာစည်ရိပ်သာ၊
ဘူဖျောင်းမြို့၊အင်ချန်းမြို့နယ်၊
တောင်ကိုရီးယားနိုင်ငံ။

(ဦးဝင်းထိန်)
ဥက္ကဋ္ဌ
ဗုဒ္ဓသာသနာနုဂ္ဂဟအဖွဲ့ချုပ်
မဟာစည်သာသနာ့ရိပ်သာ
ဗဟန်း၊ရန်ကုန်မြို့။

Namo tassa bhagavato arahato sammāsambuddhassa.
Namo tassa bhagavato arahato sammāsambuddhassa.
Namo tassa bhagavato arahato sammāsambuddhassa.

아라한이며 정등각자이신 거룩한 세존께 예경 올립니다.
아라한이며 정등각자이신 거룩한 세존께 예경 올립니다.
아라한이며 정등각자이신 거룩한 세존께 예경 올립니다.

차 례

부 록

약어

㉗	마하시 사야도 원주
㉬	한국마하시선원의 우 소다나 사야도 주석
㉯	본문의 설명을 주석으로 옮긴 내용

A.	Aṅguttara Nikāya 앙굿따라 니까야 增支部
Ah.	Abhidhammatthasaṅgaha 아비담맛타상가하
D.	Dīgha Nikāya 디가 니까야 長部
DA.	Dīgha Nikāya Aṭṭhakathā 디가 니까야 주석서
Dhp.	Dhammapada 담마빠다 法句經
DhpA.	Dhammapada Aṭṭhakathā 담마빠다 주석서
J.	Jātaka 자따까 本生譚
M.	Majjhima Nikāya 맛지마 니까야 中部
MA.	Majjhima Nikāya Aṭṭhakathā 맛지마 니까야 주석서
Mil.	Milindapañha 밀린다빤하
Nd1.	Mahā Niddesa 마하 닛데사 大義釋

PaA. Pañcapakaraṇa Aṭṭhakathā 빤짜빠까라나 주석서

Ps. Paṭisambhidāmagga 빠띠삼비다막가 無碍解道

Pṭn. Paṭṭhāna 빳타나 發趣論

Pug. Puggalapaññatti 뿍갈라빤냣띠 人施設論

S. Saṁyutta Nikāya 상윳따 니까야 相應部

SA. Saṁyutta Nikāya Aṭṭhakathā 상윳따 니까야 주석서

Thag. Theragāthā 테라가타 長老偈

ThagA. Theragāthā Aṭṭhakathā 테라가타 주석서

Ud. Udāna 우다나 感興語

UdA. Udāna Aṭṭhakathā 우다나 주석서

Vis. Visuddhimagga 위숫디막가 淸淨道論

VvA. Vimānavatthu Aṭṭhakathā 위마나왓투 주석서

일러두기

1. 본문에 인용된 빠알리 문헌은 모두 제6차 결집본이다.

2. S.ii.294는 제6차 결집본 『상윳따 니까야』 제2권 294쪽을 뜻하고, S35:95는 『상윳따 니까야』 35상윳따의 95번째 경을 뜻한다. Dhp.215는 『담마빠다』 215번째 게송을, Thag.328~330은 『테라가타』 328~330 게송을 뜻한다.

3. 법문자인 마하시 사야도의 번역은 **대역**이나 **해석**으로 표시했고 역자의 번역은 **역해**로 표시하거나 괄호로 표시했다.

4. 대역할 때 한 단어의 여러 의미는 쌍반점';'으로 표시했다. 법문자인 마하시 사야도의 보충 설명은 겹화살 괄호 '《 》', 역자의 보충 설명과 청중의 대답은 소괄호 '( )', 관찰할 때 명칭은 홑화살 괄호 '〈 〉'로 표시했다. (시의 단락 구분에서 행을 빗금 '/'으로 표시했다.)

5. 법문자인 마하시 사야도의 주석은 ㉯으로 표시했고, 한국마하시 우 소다나 사야도의 주석은 ㉻으로 표시했다. 표시가 없는 것은 역자의 주석이다. 본문의 내용을 주석으로 옮긴 내용은 ㉥으로 표시했다.

6. 빠알리어는 로마자 정체로 표기했고, 영문은 로마자 이탤릭체로 표기했다. 미얀마어는 영어로 표기한 후 로마자 이탤릭체로 표기했다.

7. 약어에 전체 빠알리어가 제시된 문헌은 본문에 따로 빠알리어를 표기하지 않았다.

8. 미얀마어로 된 참고문헌은 로마자 이탤릭체로 표기한 뒤 그 의미를 이어서 소괄호 안에 표기했다. 저자도 로마자 이탤릭체로만 표기했다.

9. 반복 인용된 문헌은 처음에만 저자를 표기하고 두 번째부터는 책의 제목만 표기했다.

10. 인용문과 게송은 들여쓰기를 했다.

11. 우리말 어순이나 표현법 등에 어울리지 않는 부분이 더러 있지만 불교적·경전적 표현으로 허용해 사용했다.

마하시 사야도 일대기

장차 '마하시 사야도*Mahāsi Sayadaw*'라고 불리게 될 귀한 아들이 1904년 7월 29일 금요일 새벽 3시, 사가인 주, 쉐보 시, 세익쿤 마을에서 아버지 우 깐도와 어머니 도 쉐오욱 사이의 둘째 아들로 태어났다. 어릴 때의 이름은 마웅 뜨윈이었다.

마웅 뜨윈은 1910년 6세 때 세익쿤 마을 인진또 정사의 뻬마나 짜웅 사야도 밧단따 아딧짜Bhaddanta Ādicca 스님에게 기초학문을 배웠다. 1916년 12세 때는 부모님의 후원으로 어릴 적 스승이었던 밧단따 아딧짜 스님에게 사미계를 수지했다. 법명은 아신 소바나Ashin Sobhana였다. 그리고 1923년 11월 26일 월요일[1] 오전 8시, 인진또 정사의 밧다Baddha 계단戒壇에서 우 아웅보와 도 띳의 후원으로 탄신 마을에 있는 수메다 짜웅 사야도 밧단따 님말라Bhaddanta Nimmala 장로를 은사로 비구계를 수지하셨다.[2]

1924년[3] 9월 2일, 비구로서 첫 번째 안거를 나기도 전에 정부가 주

---

1 저본에는 10월 26일로 되어 있으나 1923년 10월 26일은 금요일이다. 미얀마 본에는 미얀마 대왕력 1285년 음력 10월 하현의 4일로 나온다. 미얀마 만세력인 Mycal 앱에 따르면 이날은 양력으로 11월 26일, 월요일이다. 또한 *Ashin Sīlānandābhivaṁsa*, 『*Biography of The most venerable Mahāsi Sayadaw*』, *part I*, p.23에도 1923년 11월 26일로 돼 있다.

2 저본에 이 단락부터 경어체를 써서 그대로 따랐다.

3 저본에는 1925년으로 돼 있으나 저본에 병기한 미얀마력 1286년과 양력의 9월 1일이라는 표현, 그리고 비구로서 한 번의 안거도 지내지 않았다는 사실을 고려하면 1924년도가 돼야 한다. 미얀마 만세력인 Mycal 앱과도 일치한다.

관하는 빠알리어 시험의 초급에 합격했고, 1927년 중급에 이어 1928년 고급단계까지 합격하셨다. 1942년에는[4] 정부가 두 번째로 시행한 '정부 주관 담마짜리야' 시험에서 필수 세 과목을 포함해 특별 다섯 과목에 합격함으로써 사사나다자 시리빠와라 담마짜리야Sāsanadhaja Sīripavara Dhammācariya 칭호를 받으셨다.

1929년에는 어릴 때의 여러 스승을 포함해서 만달레이 시 서쪽 외곽에 있는 킨마깐 짜웅다익의 브와도 짜웅에 주석하던 찬다지 다익 사야도 밧단따 락카나Bhaddanta Lakkhaṇa, 킨마깐 다익띠짜웅 사야도 밧단따 인다왐사비왐사Bhaddanta Indavaṁsābhivaṁsa 등 교학으로 유명했던 여러 사야도에게 성전과 주석서 등을 배우고 익혀 교학에 능통하게 되셨다. 1930년 음력 6월, 이전에 스승이었던 밧단따 아딧짜 장로의 청으로 몰라마인의 따운와인갈레이 강원으로 가서 비구와 사미 등 학인들에게 교학을 가르치셨다.

1932년 1월 29일, 사마타 수행과 위빳사나 수행을 실천하기 위해 도반이었던 밧단따 떼자완따Bhaddanta Tejavanta와 함께 진짜익, 따토웅, 껠라사, 먀더베익 산, 짜익티요우 산, 쉐이야운빠 산, 우오웅칸 숲속 정사 등에서 여러 수행주제를 실천하면서 검증하고 익힌 뒤 마지막에는 따토웅 시의 밍군 제따완 사야도를 찾아가 새김확립 관찰방법을 배우고 실천하셨다. 그러던 중 1932년 7월 9일, 고향이 같은[5] 아딧짜 장로의 건강이 좋지 않다는 소식을 듣고 따토웅에서 다시 몰라마인 따운와인갈레이 강원으로 가셨다.

4 이전 책들에는 1941년으로 나오는데 미얀마 음력과 양력의 차이 때문에 생긴 오류다.
5 이전 본에는 '스승이었던'이라고 설명했다.

1938년 5월에는 친척들을 섭수하기 위해[6] 고향인 세익쿤 마을 마하시 짜웅다익으로 가셨다. 그곳에서 7개월 정도 머무르며 친척인 우 툰 에이, 우 포우초웅, 사야 짠 세 명에게 새김확립 위빳사나 수행을 처음 지도하셨다. 그리고 1941년에 다시 몰라먀인 따운와인갈레이 강원으로 돌아가셨다.

1941년 12월,[7] 제2차 세계대전으로 몰라먀인 따운와인갈레이 강원에서 고향인 세익쿤 마을로 다시 돌아오셨고, 바로 그해부터 새김확립 위빳사나 수행법을 본격적으로 설하셨다. 이후 수행자들이 매년 늘어났다. 이때 주석하시던 곳이 마하시 짜웅*Mahāsi kyaung*이었다. 마하시 짜웅은 세익쿤 마을의 수행자들에게 수행시간을 알리면서 쳤던 큰*Mahā* 북*si*이 있는 정사*kyaung*라는 뜻이다. '마하시 사야도'라는 이름은 여기에서 유래됐다.

1944년에는 총 950쪽이나 되는 『*Vipassanā Shunyikyan*(위빳사나 수행방법론)』(전체 2권)을[8] 7개월 만에 저술하셨고, 이후로 여러 쇄가 출판됐다. 이 외에도 『*Visuddhimagga Mahāṭīkā Nissayakyan*(위숫디막가 마하띠까 대역)』(전체 4권)을 비롯해 설하신 법문집과 저술하신 책이 80권이 넘는다.

1947년 11월 13일, 거룩하신 부처님의 교학과 실천의 가르침을 진흥하고 선양하려는 목적으로 불교진흥회*Buddhasāsanānuggaha Organization*가 사우뜨윈을 회장으로 양곤에 설립됐다. 다음 해 1948년 9월 6일에

6 이전 본에는 '동생의 부고 소식을 전해듣고'라고 설명했다.

7 저본에 1941년 음력 11월로만 나와 있는데, 이는 양력으로 11월과 12월에 걸쳐 있다. 그중 12월을 택했다.

8 이전 본에는 '위빳사나 수행의 실제와 경전 근거에 관해 총망라한 위대한 책이다'라는 설명이 첨가돼 있다.

는 사우뜨윈이 양곤 시 바한 구의 대지 5에이커를 불교진흥회에 보시해 수행센터를[9] 개원하게 됐다. 이 수행센터는 현재 20에이커까지 확장됐고, 수행 법당과 수행 지도자 및 남녀 출가자와 재가자 건물 등이 속속 들어섰다.

마하시 사야도께서는 당시 수상이었던 우 누와 사우뜨윈 등의 요청으로 1949년 11월 10일부터 양곤 수행센터에서 주석하시다가 그해 12월 4일부터는 집중수행자 25명에게 위빳사나 수행법을 지도하셨다. 그 후 몇 년 지나지 않아 미얀마 전역에서 마하시 수행센터가 개원됐으며, 현재 그 수가 미얀마 국내외를 합쳐 697곳에 이른다. 태국이나 스리랑카 등 여러 이웃 나라에도 수행센터가 개원돼 마하시 사야도의 위빳사나 수행법을 지도하고 있다. 2018년 12월 31일 현재 마하시 방법으로 위빳사나 수행을 경험한 미얀마 국내외 수행자들은 무려 518만 3천15명에 이른다.[10]

마하시 수행센터에서 지도하신 지 2년 후인 1952년에는[11] 사야도의 계·삼매·통찰지의 덕목을 존중하고 기리면서 정부에서 수여하는 최승대현자Aggamahāpaṇḍita 칭호를 받으셨다.

1954년 5월 17일, 음력 4월의 보름날(수요일)을 시작으로 2년간 제6차 결집Chaṭṭhasaṅgayanā이 열렸다. 마하시 사야도께서는 제6차 결집의 여러 중요한 모임에서 의무를 다하셨다. 특히 성전과 주석서, 복주서를 최종적으로 검증해 결정하는 최종결정회osānasodheyya의 위원으로서 여러 성전과 주석서를 독송하고 결정하셨다. 그리고 사야도께서

9 저본에는 '마하시 수행센터'라고 표현했다.

10 2018년도 자료는 마하시 사사나 수행센터 불교진흥회 71번째 연례보고서를 참조했다.

11 이전 여러 본에서는 1957년, 1954년으로 되어 있다.

는 제6차 결집 질문자pucchaka 역할도 맡으셨다. 마하시 사야도의 질문에 대답하는 송출자visajjaka 역할은 밍군 삼장법사께서 맡으셨다.

중요한 내용 한 가지를 덧붙이자면, 부처님께서 완전 열반에 드신 뒤 열린 첫 번째 결집에서 마하깟사빠Mahākassapa 존자가 질문자를 맡고 우빨리Upāli 존자와 아난다Ānanda 존자가 독송하고 송출하며 결집에 올리셨던 것과 마찬가지로 삼장 성전을 독송하며 결집한 뒤 주석서와 복주서는 마하시 사야도의 주도로 편집하고 교정, 검증해서 제6차 결집에 올리셨다.

마하시 사야도와 관련된 책은 100권이 넘는다. 그중 『*Visuddhimagga Mahāṭīkā Nissayakyan*(위숫디막가 마하띠까 대역)』 초고는 직접 저술하신 지 6년여 만인 1967년 2월 23일에 완성됐다. 제1권이 1966년에 출간됐고 1967년에 제2권, 1968년에 제3권, 1969년에 제4권까지 모두 출간됐다. 또한 『위숫디막가 마하띠까』의 「사마얀따라Samayantara」 부분을 발췌해 『*Visuddhimagga Mahāṭīkā Samayantara Ganṭhi Nissaya*(위숫디막가 마하띠까 사마얀따라 간티 대역)』라는 제목으로 편집, 출간되기도 했다.

마하시 사야도께서는 태국, 라오스, 캄보디아, 스리랑카, 네팔, 인도, 인도네시아, 일본 등[12] 동양의 여러 국가와 미국, 영국, 프랑스, 이탈리아 등 서양의 여러 국가에 가서 새김확립 위빳사나 수행법을 지도하시면서 테라와다 불교 교법Theravāda Buddhasāsana을 널리 보급하셨다.

현재 세계 곳곳에서 마하시 새김확립 위빳사나 관찰방법을 지도하

12 이전 본에는 싱가포르, 말레이시아, 베트남도 언급됐다.

고 있는 정사들, 수행센터들이 늘어나고 있다. 양곤과 만달레이에 있는 국립불교대학의 교과 과정에 수행이 포함돼 있는데, 교학 과정을 마친 뒤 양곤과 만달레이의[13] 마하시 수행센터에서 수행과정을 이수해야만 학위를 받을 수 있다.

1982년 8월 13일 저녁, 마하시 사야도께서는 평상시처럼 수행자들에게 수행방법에 관해 법문하셨다. 그러다 그날 밤 심각한 마비 증세가 왔고, 다음날인 8월 14일 토요일 오후 1시 36분, 마하시 쌴자웅 건물에서 세랍 78세, 법랍 58하夏로 입적하셨다. 다비식은 1982년 8월 20일 열렸다.

특출한 용모와 예리한 지혜, 특별한 위빳사나 지혜를 두루 갖춘 마하시 사야도께서는 교학과 실천을 통해 여러 법문을 설하고, 새김확립 위빳사나 법을 능숙하게 지도하셨다.

사야도께서 한평생 설하고 지도하고 저술하신 위빳사나 법은 동서양을 막론하고 온 세계에 퍼져 수많은 사람에게 많은 이익을 주었다. 이렇듯 직접 실천하고 닦으셨던 위빳사나 수행, 평생에 걸친 법과 관련된 업적으로 마하시 사야도께서는 테라와다 교법에서 특별하고 거룩하고 뛰어난 분으로 추앙받고 있다.

2018년 8월에 새로 고쳐 실었다.[14]

13 저본에는 양곤으로만 되어 있으나 만달레이 국립불교대학 학인들은 만달레이의 마하시 센터에서 수행한다.

14 *Mahāsi Sayadaw*, 『*Cittānupassanā tayatogyi hnin Dhammānupassanā tayatogyi*(마음 거듭관찰의 큰 가르침과 법 거듭관찰의 큰 가르침)』의 서문에서 인용했다.

분명하게 드러내셨다

교학과 실천 모두에 능통해서 세상에 명성이 자자한 마하시 사야도께서는 제도 가능한 여러 중생에게 도와 과, 열반이라는 특별하고 거룩한 법을 확실하게 증득하게 하는 여러 경전에 대해 설법하고 저술하셨습니다.

경전들에 대한 설법과 저술을 통해 교학적 측면으로는 미묘하고 감춰져 있어 알기 어려운 내용을 분명하고 쉽게 드러내 주셨고, 실천적 측면으로는 위빳사나 지혜가 생겨나는 모습을 수행자들의 직접 경험과 연관 지어 분명하게 드러내 주셨습니다.

읽을수록 존경과 기쁨이 더할 나위 없다

그래서 교학과 문헌에 대해 지혜가 깨끗한 현자들은 거듭 읽어도 만족되지 않을 정도로 존경과 기쁨과 칭송이 끊이질 않습니다. 문헌에는 능숙하지 않지만 새김확립 위빳사나 수행을 열심히 정확하게 노력했던 적이 있는 수행자들 또한 거듭 읽어도 만족되지 않을 정도로 흡족해 합니다. 왜냐하면 수행할 때 자신이 직접 경험해서 알았던 모습과 문헌에서 설하신 모습이 매우 일치하기 때문입니다.

믿을 만한 일화

서문을 쓰고 있는 이 비구의 후원자인 우 먀세인은 저녁마다 두 시간씩 한 달 정도 수행했습니다. 그의 아내는 투지*Thugyi* 시의 45일 집중수행 중 43일을 수행했습니다. 그로부터 얼마 후 후원자에게 온 편지에는 다음과 같이 적혀 있었습니다.

"제가 수행해서 얻은 이익 중 하나는 거룩하신 마하시 사야도께서 쓰신 책들을 읽을 때 법의 맛을 경험한다는 것입니다. 한 번 읽으면 책을 손에서 놓고 싶지 않을 정도입니다. 제 아내 미에이먀인도 제게 자주 책을 읽어 달라고 말합니다. 자기가 수행할 때 경험해서 안 것과 매우 일치한다고 말하면서 말입니다. 아내는 글을 읽지 못해서 제가 읽어줘야 합니다. 저도 수행하기 전에는 마하시 사야도의 책을 읽거나 법문을 듣는 일에 흥미가 없었습니다. 이제는 법문도 듣고 책도 읽습니다. 수행을 너무 늦게 시작한 것이 아닌가 생각할 정도입니다."

말루꺄뿟따숫따 법문

교학에 정통한 현자들과 실천으로 직접 지혜를 경험한 현자들이 기대하던 『말루꺄뿟따숫따 법문』이 이제 출간됐습니다. 이 『말루꺄뿟따숫따 법문』에서 마하시 사야도께서는 "diṭṭhe diṭṭhamattaṁ bhavissati, 보이는 것에 대해서는 보는 정도만 생겨날 것이다" 등의 구절에 따라 여섯 문에서 분명하게 드러나는 물질·정신을 관찰해서 위빳사나 지혜가 생겨나는 모습, 번뇌가 없어지는 모습, 윤전의 괴로움이 없어지는 모습을 확실하고 분명하게 설명해 놓으셨습니다.

즉시 행복하고 싶다면

"오, 지혜가 좋은 참사람이여, 그대가 지금·여기의 행복을 얻기 바란다면 수행하는 모습을 완벽하게 설명해 놓은 이 『말루꺄뿟따숫따 법문』을 잘 읽고 나서 정확하고 구족하게 노력해 보십시오."

분명하게 장담하셨다

부처님께서는 새김확립 수행의 이익을 「마하사띠빳타나숫따」 '이익에 관한 말씀ānisaṁsakathā'에서 다음과 같이 설하셨습니다.

Yo hi koci, bhikkhave, ime cattāro satipaṭṭhāne evaṁ bhāveyya sattāhaṁ, tassa dvinnaṁ phalānaṁ aññataraṁ phalaṁ pāṭikaṅkhaṁ diṭṭheva dhamme aññā; sati vā upādisese anāgāmitāti. (D.ii.251)

대 역

Bhikkhave비구들이여; 윤회의 허물과 나중을 내다보는 지혜로운 참사람들이여, yo hi koci누구든지; 어떠한 비구, 비구니, 청신사, 청신녀든지 ime cattāro satipaṭṭhāne이 네 가지 새김확립을; 몸 거듭관찰 새김확립, 느낌 거듭관찰 생김확립, 마음 거듭관찰 새김확립, 법 거듭관찰 새김확립을 evaṁ이와 같이; 지금까지 설했던 관찰방법에 따라 sattāhaṁ칠 일 동안 bhāveyya수행한다고 하자. 《evaṁ sati이렇게 수행한다면》 tassa그에게는; 어떠한 비구, 비구니, 청신사, 청신녀에게든 diṭṭheva dhamme현재의 바로 이 생에서 aññā vā구경지든지; 아라한과든지, sati upādisese아직 집착이 남아 있다면 anāgāmitā vā

> 아나함과든지, dvinnaṁ phalānaṁ두 가지 결과 중 aññataraṁ phalaṁ어느 한 가지 결과를 pāṭikaṅkhaṁ틀림없이 확실하게 얻을 것이라고 믿을 수 있다; 기대할 수 있다.

이 내용은 부처님의 분명하고도 확실한 장담입니다. 칠 일 정도 수행하면 아라한이 되거나 아나함이 돼 즉시 행복을 얻을 수 있다고 장담하셨습니다. 사다함이 되거나 수다원이 돼 즉시 행복을 얻을 수도 있습니다. 이러한 성자의 단계까지 도달하지 못한다 하더라도 위빳사나 지혜를 완벽하게 갖추도록 노력한 수행자라면 마음속에 여러 족쇄나 장애가 생겨나더라도 관찰하여 제거하면 지금·여기의 행복을 얻을 수 있습니다. 정확하고 충분하게 수행해 본 적이 있는 수행자라면 이러한 부처님의 장담을 거부할 수 없을 것입니다.

직접 관찰해 보라

원하고 즐기는 애착 마음, 받아들이지 않고 싫어하는 성냄 마음 등이 분명하게 일어나면 〈원한다; 즐긴다; 싫어한다〉 등으로 관찰해 보십시오. 다섯 번, 열 번 관찰해서 없어지지 않으면 스무 번, 서른 번 거듭거듭 관찰해 보십시오. 이렇게 관찰하면 원함, 즐김, 싫어함 등이 사라지고 지금·여기의 행복을 직접 경험하여 흡족할 것입니다.

진짜 위빳사나

새김확립이 포함되지 않으면 진짜 위빳사나가 아닙니다. 그래서 "위빳사나 수행을 위해 숲에 들어갈 때는 새김확립 책자를 지니고 가야 한다"라고[15] 옛 성현들이 당부하고 훈계하지 않았습니까? 「마하사띠빳타나숫따」의 가르침에 일치하게 수행해야 진짜 위빳사나가 생겨납니다.

진짜 위빳사나가 생겨나기 때문에 원하고 즐기는 성품인 탐욕, 받아들이지 않고 싫어하는 성품인 성냄 등 법 거듭관찰의 대상을 관찰하고 새기는 위빳사나 지혜로 고유특성sabhāvalakkhaṇa과 무상·고·무아라는 공통특성sāmaññalakkhaṇa을 사실대로 바르게 알 때 그러한 탐욕과 성냄 등 번뇌들이 사라지고 다시 생겨나지 않아 지금·여기의 행복을 얻는 것입니다.

「마하사띠빳타나숫따」의 가르침과 일치한다

마하시 사야도께서는 이 『말루꺄뿟따숫따 법문』을 「마하사띠빳타나숫따」의 가르침으로 정확하고 구족하게 찬탄하며 장식해서 "diṭṭhe diṭṭhamattaṁ bhavissati. 보이는 것에 대해서는 보는 정도만 생겨날 것이다" 등에 따라 볼 때마다, 들을 때마다, 맡을 때마다, 먹을 때마다, 닿을 때마다, 갈 때마다, 굽힐 때마다, 펼 때마다, 기울일 때마다, 돌 때마다, 가져올 때마다, 일어날 때마다, 앉을 때마다, 누울 때마다, 설 때마다, 부풀 때마다, 꺼질 때마다, 뜨거울 때마다, 차가울 때마다, 따뜻할 때마다, 생각할 때마다, 계획할 때마다, 숙고할 때마다, 여섯 문에서 드러나는 물질·정신을 관찰하여 위빳사나 지혜가 생겨나는 모습, 도와 과의 지혜가 생겨나는 모습, 열반을 실현하여 알고 보는 모습, 번뇌가 없어지는 모습, 윤전의 괴로움이 없어지는 모습을 매우 자세하게 지혜 있는 참사람들이 이해할 수 있도록 여러 가지로 설하셨습니다.

15 마하시 사야도 지음, 비구 일창 담마간다 옮김, 『마하사띠빳타나숫따 대역』, p.24 참조.

주목할 만한 여러 내용

이 『말루꺄뿟따숫따 법문』을 자세하게 읽어본다면 부처님께서 바라시는 바와 정확히 일치하는, 올바른 위빳사나 수행방법을 확실하게 알고 이해할 것입니다. 그 밖에도 여러 가지 알아야 할 내용, 기억할 만한 내용이 가득해서 많이배움bahusuta도 확실히 갖추게 될 것입니다. 그러한 여러 내용을 소개하면 다음과 같습니다.

선행을 할 필요가 없다는 견해를 반박하다 보시·지계·사마타 수행·위빳사나 수행을 할 필요가 없다는 견해가 최근 대두되자 그러한 잘못된 견해를 본서 p.39, 세 번째 바른 정근을 설명하면서 바로잡으셨습니다.

몸과 목숨에 연연하지 마라 열반을 증득하기 위해 실로 열심히 노력하려는 수행자라면 몸과 목숨에 연연하지 말고 치열하고 과감하게 노력해야 한다는 사실을 본서 pp.39~41, "pahitatto 전념하면서"를 설명하면서 바르게 보이셨습니다.

본받아야 한다 나이가 젊더라도 수행해야 마땅한 모습, 나이가 많더라도 낙담할 필요가 없는 모습을 본서 pp.42~43에서 말루꺄뿟따 노비구를 본보기로 삼아 알게 하셨습니다.

이전에 본 적이 없다 몸과 관련해서 번뇌가 생겨날 수 있는지 없는지에 관한 질문을 통해 위빳사나 수행방법을 제시하신 내용도 본서 p.46을 통해 알 수 있습니다. 대상잠재번뇌ārammaṇānusayakilesa가 잠재되는 모습을 사진 비유를 통해 본서 p.56에서 설명하셨습니다. 연기나 빳타나, 아비담마 등을 익힌 뒤 물질·정신, 무상·고·무아를 생각만으로 관찰하는 가짜 위빳사나를 본서 pp.78~79에서 살펴 바른 가르침을 보이셨습니다. 볼 때 마음이 일어나는 모습도 본서 p.61에서 흥미롭게 읽을 수 있습니다.

• **대상잠재번뇌가 없어지도록** 볼 때 생겨나는 물질·정신을 관찰하지 못해 무상·고·무아라고 사실대로 바르게 알지 못하면 번뇌가 잠재되고 나중에 적당한 조건이 형성됐을 때 생겨날 기회를 가지게 됩니다. 그렇게 번뇌가 생겨날 기회를 가지게 된 것을 '대상잠재번뇌가 잠재된다'라고 말합니다. 그렇게 번뇌가 잠재되지 못하도록 개념 영역까지 도달하기 전에 〈본다〉라고 관찰해야 하는 내용이 본서 p.85에 설명돼 있습니다.

• **보는 정도에서 멈추는 모습** 〈본다〉라고 관찰하다가 삼매와 지혜의 힘이 좋아져 무너짐의 지혜가 강하게 생겨날 때는 "diṭṭhe diṭṭhamattaṁ bhavissati. 보이는 것에 대해서는 보는 정도만 생겨날 것이다"라는 가르침과 일치하게 단지 보는 정도에서 멈추는 모습을 수행자의 직접 경험을 통해 본서 p.86에서 확인할 수 있습니다.

• **비난에 대한 반박** 눈문眼門 인식과정 전체와 그 마음들이 의지하는 토대의 생멸을 관찰하여 아는 모습에 대한 비난과 아비담마와 경전을 근거로 그 비난에 대해 반박하는 내용을 본서 p.75에서 파악할 수 있습니다. 형색 대상의 생성과 소멸을 바르게 알아야 한다는 사실과 현재만 관찰해야 한다는 사실에 대해서도 "사라지자마자 제일 가까운 현재만 관찰하여 알 수 있다"라는 설명을 통해 본서 p.79에서 확인할 수 있습니다. 아비담마 스승들이라면 특히 지혜가 많이 늘어날 것입니다.

"Na tattha. 그것에 머물지 않는다"라는 구절에 대한 설명은 본서 p.88에서 찾아볼 수 있습니다. 그와 관련해서 열반을 경험하는 모습과 다른 스승들의 견해를 지금 수행자의 경험과 비교하는 내용은 본서 p.91에서 확인할 수 있습니다. 본서 p.93을 이어서 읽는다면 열반에 도달하는 모습도 알 수 있을 것입니다.

또한 법의 측면에서 '잊어버리는 모습'과 세상의 측면에서 '잊어버리는 모습'이 서로 다른 점을 본서 p.99에서 흥미롭게 읽어 볼 수 있습니다.

본서 p.106에는 "rūpaṁ disvā 형색을 보고 나서"라는 구절을 통해 '생각 위빳사나' 스승들을 밝은 곳으로 인도하는 내용이 수록돼 있습니다.

본서 p.109에서는 연기緣起를 교학적으로 가르치고 배우는 과정만 앞세우고 중시하는 이들에게 "vedanāpaccayā taṇhā. 느낌을 조건으로 갈애가 생겨난다"라는 연기 가르침에 따라 느낌에 이어 갈애 등 번뇌 윤전, 업 윤전, 과보 윤전이 일어나지 않는 모습과 윤전에서 벗어나는 모습을 설명하신 뒤 직접 수행해야 한다고 당부하셨습니다.

지혜단계가 필요하지 않다는 이들에게 본서 p.116에는 위빳사나를 바른 방법으로 정확하게 수행하는 이들 모두에게 정신·물질 구별의 지혜를 시작으로 차례대로 위빳사나 지혜가 생겨난다는 사실을 『빳타나』 성전을 근거로 설명하면서 "지혜단계는 필요하지 않다. 부처님께서는 세 가지 지혜만 설하셨다"라고 잘못 아는 이들에게 사실을 바로잡아 주셨습니다.

눈으로 보는 것을 의미한다 "Suṇato 듣기도 하지만"이라는 구절을 근거로 "passato 보기도 하지만"이라는 경문이 관찰을 통해 보는 것이 아니라 눈으로 보는 것만 의미한다는 사실을 문헌에 해박한 이들을 위해 본서 p.139에서 주석서를 인용해 설명해 놓으셨습니다.

위빳사나 관찰을 해야 한다고 알지 못한다 위빳사나 수행자가 가끔 혐오스러운 악취를 맡기도 한다는 사실을 본서 p.148에서 보이셨습니다. "먹을 때 혐오스러운 것으로 숙고해서 먹으면 안 된다"라는 견해를 본서 p.162에서 언급하고 나서 비구들이라면 반조 혹은 음식혐오인식을 통해 숙고한 뒤 공양하는 것이 적당하다는 사실과 관찰하면서 먹는 것이 제일 좋다는 내용을 본서 p.163에서 보이셨습니다. 이것은 매우 기억할 만하고 실천할 만한 내용입니다. 그 뒤 먹으면서 위빳사나 관찰을 하여 도와 과를 얻는 모습을 확고한 근거인『뿍갈라빤냣띠 주석서』를 인용해서 본서 p.174에서 보이셨습니다.『참게음식 궁전일화Kakkaṭakarasa Vimānavatthu』를 통해서도 먹을 때 관찰해야 한다는 사실을 분명히 알 수 있습니다.[16]

주목할 만한 여러 대답

"들숨날숨을 관찰하도록 지도하지 않고 부풂과 꺼짐을 관찰하도록 지도하는 이유는 무엇인가?"라는 질문에 대한 흥미진진한 대답을 본서 p.181에서 읽어볼 수 있습니다.

감촉 대상들과 닿을 때도 관찰해야 한다는 사실을 알지 못해 새김을 확립하지 못한 채 잊어버리고 지내는 사람들이나 "닿을 때마다 관찰해야 한다"라고 들어 본 적이 있어도 계속해서 열심히 관찰하지 않고 잊

16 한 비구가 수행하다가 병에 걸려 낫지 않자 부처님께서 참게로 요리된 음식이 적당하다고 아시고 논으로 탁발을 나가라고 말씀하셨다. 부처님의 말씀대로 그 비구가 논으로 탁발을 나갔을 때 잠시 쉬고 있던 논지기가 자신이 먹으려고 준비해 온 참게 음식을 비구에게 올렸다. 참게 음식을 먹은 비구는 병이 즉시 나았고 마음도 편안해져 공양을 하면서 수행이 진전돼 공양을 마치기 전에 아라한이 됐다.(VvA.225)

어버리며 지내는 사람들을 위해 감촉을 관찰하는 바른 방법을 알도록 본서 p.187 등에서 자세하게 설명하셨습니다.

"'요소, 요소'라고 관찰해야 한다. '물질, 물질'이라고 관찰해야 한다. '정신, 정신'이라고 관찰해야 한다. 직접 보고 경험한 것은 관찰하면 안 된다. 지혜로 본 것만 관찰해야 한다" 등 잘못된 수행지침들을 본서 p.193에서 바로잡으셨습니다.

바른 위빳사나 방법을 배제하며 잘못된 법adhamma·非法을 설하는 것을 본서 p.201에서 성전을 근거로 계도하신 내용을 살펴볼 수 있습니다.

"생각에 드러나는 성품대상이란 무엇인가?"라는 질문에 대한 주목할 만한 대답을 본서 p.205에서 찾아볼 수 있습니다. 눈을 감고 〈부푼다, 꺼진다〉 등으로 관찰하다가 생각에서 부처님 모습 등을 보는 경험과 관련해서 알아야 할 사항도 본서 p.216에서 살펴볼 수 있습니다.

지금까지 서문에서 언급한 내용은 일부분일 뿐입니다. 내용을 건너뛰지 않고 차례대로 이 책을 읽어나간다면 여러 가지 실천할 만한 내용, 기억할 만한 내용을 확실하게 알게 될 것입니다.

이 『말루꺄뿟따숫따 법문』을 읽고 이해하고 그대로 관찰하여 이 생에서 지금·여기의 행복을 얻게 되길 기원합니다.

아신 짠다와라*Ashin Candāvara*
순회법사 수행지도스승
마하시 사사나 수행센터
양곤
미얀마력 1936년 음력 11월 상현의 11일
서기 1977년 12월 21일

말루꺄뿟따숫따 법문

1976년 7월 18일

(음력 6월 하현의 8일)부터 설하시다

오늘은 1976년 음력 6월 하현의 8일(7월 18일) 포살날입니다. 오늘부터 「말루꺄뿟따숫따Mālukyaputtasutta(말루꺄뿟따 경)」(S35:95)[17]를 설하겠습니다. 지금처럼 새벽에 계를 수지한 뒤 이 경을 설하는 데는 이유가 있습니다. 안거 기간 중의 포살날에는 팔계를 수지하고 실천하는 이들이 많습니다. 삼사백 명 정도 됩니다. 그런데 본승[18]은 한 달 중에 보름날 하루만 법문합니다. 법문하는 날이 많지 않습니다. 그래서 많은 대중이 법문을 듣도록 『말루꺄뿟따숫따 법문』을 매일 한 시간씩 나누어 설하는 것이 좋겠다고 생각했습니다. 이 경은 이전에도 여러 번 설했습니다. 하지만 그때는 녹음을 하지 않았기 때문에 법문을 다시 들을 수가 없었습니다. 녹음도 새로 하고, 더욱이 위빳사나 수행과 관련해 기본 내용을 잘 알려주는 경이기도 해서 「말루꺄뿟따숫따」를 다시 설하고자 합니다.

서문

1 Evaṁ me sutaṁ. Ekaṁ samayaṁ bhagavā sāvatthiyaṁ viharati jetavane anāthapiṇḍikassa ārāme. (S.ii.294)

해 석

이와 같이 저는 들었습니다. 한때 세존께서는 사왓티에 있는 제따와나 숲의 아나타삔디까 원림에 머무셨습니다.

17 각묵 스님 옮김, 『상윳따 니까야』 제4권, pp.214~224 참조.

18 원 법문자인 마하시 사야도가 본인을 언급할 때 '본승本僧'이라고 표현했다.

2 Atha kho āyasmā mālukyaputto yena bhagavā tenupasaṅkami, upasaṅkamitvā bhagavantaṁ abhivādetvā ekamantaṁ nisīdi. Ekamantaṁ nisinno kho āyasmā mālukyaputto bhagavantaṁ etadavoca. (S.ii.294)

해 석

그때 말루꺄뿟따 존자가 세존께 다가갔습니다. 다가가서는 세존께 예경을 올린 뒤 한쪽에 앉았습니다. 한쪽에 앉은 말루꺄뿟따 존자는 세존께 다음과 같이 말씀드렸습니다.[19]

경의 이름

이 경은 「말루꺄뿟따숫따Mālukyaputtasutta(말루꺄뿟따 경)」입니다. '말루꺄Mālukya'란 바라문 여인의 이름입니다. 부처님께 법문을 청한 이의 어머니입니다. 'Mālukya'라는 단어 중 'kya'를 인도나 스리랑카에서는 'kaya 까야'라고 발음합니다.[20] 또한 스리랑카 본에서는 'ka'와 'ya'를 결합할 때 'ṅ'도 포함시킵니다. 그래서 'Māluṅkya 말룽꺄'라고도 표기합니다. '뿟따putta'란 '아들'이라는 뜻입니다. 따라서 '말루꺄뿟따Mālukyaputta'란 '말루꺄Mālukyā'라는[21] 바라문 여인의 아들을 말합니다. 스리랑카 본에 따르면 '말룽꺄Māluṅkyā'라는[22] 바라문 여인의 아들입니다. 말루꺄뿟따라는 비구 존자가 법을 청했고, 부처님께서 말루꺄뿟따 존자에게 설하신 경전이어서 「말루꺄뿟따숫따」라고 경의 제목을

19 서문 내용은 저본에 없어 역자가 첨가했다.

20 미얀마에서는 '꺄'라고 발음한다. 본서에서 사용된 빠알리어 표기법에 따라 본서 전체에서는 '꺄'라고 표현했다.

21 저본에서 'Mālukyā'라고 마지막을 장음으로 표기해서 그대로 따랐다.

22 저본에서 'Māluṅkyā'라고 마지막을 장음으로 표기해서 그대로 따랐다.

붙였습니다. 이 경은 『상윳따 니까야』에 결집돼 있습니다.(S.ii.294~299/S35:95) 또한 이 경 속에 들어있는 게송 24수는 『테라가타』에도 수록돼 있습니다.(Thag.794~817)

청법

경을 설하시게 된 연유

말루꺄뿟따 존자는 부처님께 다가가서 정중하게 예경 올린 뒤 다음과 같이 법을 청했습니다.

3 Sādhu me, bhante, bhagavā saṁkhittena dhammaṁ desetu, yamahaṁ bhagavato dhammaṁ sutvā eko vūpakaṭṭho appamatto ātāpī pahitatto vihareyyaṁ. (S.ii.294)

해 석

세존이시여, 세존께서 저에게 간략하게 법을 설해주시면 좋겠습니다. 저는 세존의 그 법을 듣고서 홀로 은둔하며 방일하지 않고 열심히 노력하고 전념하면서 지내겠습니다.

대 역

Bhante세존이시여, bhagavā세존께서 me저에게 dhammaṁ법을 saṁkhittena간략하게 sādhu desetu설해주시면 좋겠습니다. ahaṁ저는 bhagavato세존의 yam dhammaṁ그 법문을; 간략하

게 설하신 그 법을 sutvā듣고서 eko홀로 vūpakaṭṭho은둔하며; 조용한 곳에서 appamatto방일하지 않고 ātāpī열심히 노력하고; 번뇌를 뜨겁게 태워 말라 없어지도록 열심히 노력하는 네 가지 정근을 갖추어 pahitatto전념하면서; 특별한 법을 얻도록 마음과 몸을 보내고서; 몸과 마음을 버리고서 vihareyyaṁ지내겠습니다.

'Sādhu'라는 단어에는 '좋다'라는 의미도 있습니다. 그래서 "desetu설해 주십시오, 설해주시면 sādhu좋겠습니다, 좋을 것입니다"라고 위와 같이 대역해도 적당합니다. 일반적으로는 "'sādhu'는 간청의 의미를 지닌āyācanatthe 불변사이다"라는(SA.i.43) 주석서의 설명에 따라 "bhante부처님, sādhu청합니다, bhagavā세존께서는 me저에게 saṁkhittena간략하게 dhammaṁ법을 desetu설해 주십시오"라고 대역합니다.

이렇게 청한다는 의사를 먼저 내보인 뒤 이어서 청하는 내용을 밝혔습니다.[23] 간청 내용은 "저에게 수행주제와 관련된 법을 간략하게 설해 주십시오, 부처님. 저는 그 법을 듣고서 홀로 조용한 곳에서 지내며 방일하지 않고 열심히 노력하고 전념하면서 지내겠습니다"라고 요약할 수 있습니다.

홀로 은둔하며

여기서 "eko vūpakaṭṭho 홀로 은둔하며", 즉 '홀로 조용한 곳에서 지내며 수행하겠습니다'라는 사실이 매우 중요합니다. 혼자서 수행하면

23 ㉯㉰"무엇을 하기 위해 청하는가?"라고 질문할 여지가 있기 때문에 이어서 다음 구절을 말했다.

다른 사람들로 인해 삼매가 깨지는 일이 없습니다. 삼매를 얻는 데, 통찰지를 얻는 데는 혼자서 수행하는 것이 제일 좋습니다. 하지만 혼자서 지낼 여건이 되지 않아 여러 사람과 같이 지내면서 수행하더라도 다른 수행자들이 각각 자신의 수행에만 신경 쓰고, 자신 또한 다른 수행자들을 신경 쓰지 않고 자기 수행에만 신경 쓴다면 홀로 조용한 곳에서 지내는 것처럼 삼매와 통찰지가 생겨날 수 있습니다. 그러므로 (다른 수행자들과 함께 수행할 때는) 다른 수행자들을 보지도 말고, 다른 수행자들과 대화도 하지 말고, 오로지 자신의 수행에만 신경 쓰며 지내야 합니다. 그렇게 한다면 가까이에 다른 사람들이 있어도 홀로 수행하는 것처럼 마음의 고요함을 얻을 수 있습니다.[24]

방일하지 않고

"홀로 은둔하며"라는 구절에 이어 "appamatto 방일하지 않고"라고 말했습니다. 수행과 관련해서 '방일하지 않다'라는 의미는 이미 이해하고 있을 것입니다. 방일하지 않고 수행하는 것은 매우 중요합니다. 지금 이 수행센터의 수행자들은 방일하지 않고 수행하고 있습니다. 볼 때마다 계속해서 방일하지 않고 관찰하고 있습니다. 들을 때마다, 맡을 때마다, 먹을 때마다, 맛볼 때마다, 닿을 때마다, 생각할 때마다 방일하지 않고 관찰하고 있습니다. 몸의 동작들이 생겨날 때마다, 느낌들이 생겨날 때마다, 마음의 현상들이 생겨날 때마다, 보는 것 등의 성품법들이 분명하게 생겨날 때마다 방일하지 않고 관찰하고 있습니다.

24 비구 천 명과 함께 지내더라도 원래 수행주제를 버리지 않고 계속 마음 기울이며 앉아 있으면 '홀로 앉는 것'이라고 말한다.(DhpA.ii.294)

열심히 노력하고

"방일하지 않고"라는 구절에 이어 "ātāpī 열심히 노력하고"라고 말했습니다. '번뇌를 뜨겁게 태워 말라 없어지도록 열심히 노력하는 네 가지 정근을 갖추고'라는 뜻입니다. 'ātāpa'라는 단어는 '뜨겁게 태우는 것'이라는 뜻입니다. 무엇을 뜨겁게 태울까요? 번뇌를 뜨겁게 태웁니다. 태양이나 불의 열기 때문에 습기들이 말라 버리듯이 정진vīriya으로 열심히 노력하고 있으면 탐욕·성냄 등 번뇌들이 일어날 기회를 갖지 못하고 사라져 버립니다.

예를 들어 뜨겁게 달아오른 철판에는 파리들이 다가갈 수 없습니다. 철판이 뜨겁지 않고 시원해야 파리들이 가까이 다가갈 수 있습니다. 그와 마찬가지로 관찰하지 않는 일반인들에게는 번뇌들이 가까이 다가갈 수 있습니다. 번뇌들이 생겨날 수 있습니다. 볼 때마다, 들을 때마다, 닿을 때마다, 알 때마다 번뇌들이 여섯 문에서 들어와 생겨날 수 있습니다. 이렇게 일반 범부들에게 번뇌들이 생겨나는 것은 관찰하지 않기 때문입니다. 끊임없이 관찰하는 수행자에게는 볼 때 번뇌들이 생겨날 기회를 갖지 못합니다. 들을 때 등에도 번뇌들이 생겨날 기회가 없습니다. 마치 뜨겁게 달구어진 철판에 파리들이 가까이 다가갈 수 없는 것처럼 관찰하기 위해 열심히 노력하는 정진 때문에 번뇌가 생기지 못하는 것입니다. 정진은 축축한 습기와도 같은 번뇌들을 말려 없애는 성품입니다.

바른 정근 네 가지

이렇게 번뇌라는 축축한 습기를 태워 말려버리는 노력을 '바른 정근 sammappadhāna 정진vīriya'이라고 말합니다. 바른 정근에는 작용에 따라 네 가지가 있습니다.

첫 번째는 아직 생겨나지 않은 불선법이 생겨나지 않도록 노력하는 작용입니다. 전염병이 돌 때 자신에게는 그 전염병이 생겨나지 않도록 주의하고 예방하는 것처럼, 다른 사람들에게 불선법이 생겨나는 것을 보거나 들으면 자신에게는 그러한 불선법이 생겨나지 않도록 주의하고 노력해야 합니다.[25]

두 번째는 이미 생겨난 불선법이 다시 생겨나지 않도록 노력하는 작용입니다. 어떠한 이유로 자신에게 불선법이 생겨났다면 그러한 불선법이 다시는 생겨나지 않도록 주의하고 노력해야 합니다. 실제로는 아직 생겨나지 않았지만 조건이 형성되면 생겨날 수 있는 잠재번뇌 anusayakilesa도 'uppanna', 즉 생기고 있고 존재하고 있는 불선법이라고 할 수 있습니다. 그렇게 생겨날 수 있는 잠재번뇌라는 불선법도 생겨날 기회를 얻지 못하도록 노력해야 한다는 뜻입니다. 볼 때마다, 들을 때마다, 닿을 때마다, 알 때마다, 끊임없이 관찰하는 수행자에게는 대상잠재번뇌ārammaṇānusayakilesa라는 불선법이 생겨날 기회를 갖지 못한 채 없어집니다. 성스러운 도에 이르렀을 때는 상속잠재번뇌santānānusayakilesa라는 불선법도 없어집니다. 이렇게 이미 생겨난 보통의 불선법도 생겨나지 않도록, 잠재된 불선법도 생겨나지 않고 사라지도록 노력해야 합니다.[26]

25 ㉻다른 사람들이 살생이나 도둑질, 삿된 음행, 거짓말 등을 하는 것을 보거나 소문으로 듣게 되면 '다른 사람들은 저렇게 불선업을 일으키지만 나는 일으키지 않겠다. 나에게는 그러한 불선업들이 생겨나지 않게 하겠다'라고 아직 생겨나지 않은 불선업들이 생겨나지 않도록 노력하는 것이다. 이것은 오계나 팔계를 수지하는 것, 그리고 계를 수지하는 것을 통해 그러한 일들을 저지르지 않으면 성취된다.

26 번뇌에는 위범번뇌vītikkamakilesa·違犯煩惱, 현전번뇌pariyuṭṭhānakilesa·現前煩惱, 잠재번뇌anusayakilesa·潛在煩惱가 있고 잠재번뇌에는 대상잠재번뇌와 상속잠재번뇌가 있다. 본서 부록 pp.250~251 참조.

세 번째는 아직 생겨나지 않은 선법이 생겨나도록 노력하는 작용입니다. 보시든 지계든 수행이든 아직 생겨나지 않은 선법이라면 생겨나도록 노력해야 합니다. 특히 위빳사나 수행 선법이 아직 생겨나지 않았다면 생겨나도록 노력해야 합니다. 기초단계의 위빳사나 지혜 정도만 생겨났다면 그 윗단계의 위빳사나 지혜들도 생겨나도록 노력해야 합니다. 제일 중요한 것은 성스러운 도 선법이 생겨나도록 위빳사나 수행으로 관찰하며 노력해야 한다는 사실입니다.

네 번째는 이미 생겨난 선법도 계속 생겨나면서 지속되도록, 더욱 향상되도록, 도와 과의 지혜까지 구족되도록 노력하는 작용입니다.

위빳사나 수행자라면 관찰할 때마다 계속해서 아직 생겨나지 않은 불선법이 생겨나지 않도록 노력하고 있다고 말할 수 있습니다. 이미 생겨난 불선법을 제거하도록, 아직 생겨나지 않은 위빳사나 선법이나 성스러운 도 선법이 생겨나도록, 생겨난 위빳사나 선법이 지속되고 향상되도록 노력하고 있다고도 말할 수 있습니다. 그래서 말루꺄뿟따 존자는 이러한 네 가지 바른 정근의 작용을 통해 열심히 노력하겠다는 사실을 "ātāpī열심히 노력하고; 번뇌를 뜨겁게 태워 말라 없어지도록 열심히 노력하는 네 가지 정근을 갖추어"라고 장담하며 부처님께 말씀드린 것입니다. 간략하게는 "열심히 노력하며 지내겠습니다"라는 뜻입니다.

전념하면서

"열심히 노력하고"라는 구절에 이어 "pahitatto 전념하면서"라고도 장담하며 부처님께 말씀드렸습니다. "전념"이란 몸과 목숨을 아끼지 않고 과감하게 노력하는 것을 말합니다.

과거 한 문헌에서는 "pahitatto전념하면서; 열반으로 보낸 마음이 있는 이가 되어"라고도 대역했습니다. 그 문헌을 근거로 일부는 "마음을 열반으로 보내어 놓으면 충분하다. 따로 수행할 필요가 없다"라고 부처님께서 설하신 경전과 반대로 설하기도 합니다. 사실은 몸과 마음을 아끼지 않고 도와 과, 열반을 얻는 것만 중시하면서 매우 열심히 수행해야 한다는 뜻입니다.

『상윳따 니까야 주석서』에서는 다음과 같이 설명했습니다.

Pahitatto vihareyyanti visesādhigamatthāya pesitatto hutvā vihareyyaṁ. (SA.ii.195)

대역

Pahitatto vihareyyanti"전념하면서 지내겠습니다"란 'visesādhigamatthāya특별함을 증득하기 위해; 도와 과, 열반이라는 특별한 법을 얻기 위해 pesitatto hutvā보낸 마음으로; 향한 마음으로 vihareyyaṁ지내겠습니다'라는 뜻이다.

이 구절에서 '특별함'을 '도·과·열반'이라고 세 가지로 설명했습니다. 그중 기본이 되는 열반만 드러내어 과거 여러 문헌에서 "pahitatto전념하면서; 열반으로 보낸 마음이 있는 이가 되어"라고 대역한 것입니다.

『디가 니까야 주석서』에서는 다음과 같이 설명했습니다.

Pahitattoti kāye ca jīvite ca anapekkhatāya pesitacitto vissaṭṭha attabhāvo. (DA.i.299)

대역

Pahitattoti"전념하면서"란 'kāye ca몸도 jīvite ca목숨도 anapekkhatāya아끼지 않고 pesitacitto버려 버린 마음으로, vissaṭṭha attabhāvo버려 버린 자신으로; 몸으로'라는 뜻이다.

따라서 "pahitatto전념하면서; 특별한 법을 얻도록 마음과 몸을 보내고서; 몸과 마음을 버리고서"란 "열반을 얻으면 그만이다. 몸과 목숨을 아끼지 않고 매우 열심히 수행하리라"라는 의미를 나타냅니다. 그렇다면 "pahitatto전념하면서; 열반만을 중시하고서"라고 대역해도 적절합니다.

말루꺄뿟따 존자가 이렇게 "홀로 조용한 곳에서 방일하지 않고, 열심히 수행하고자 합니다. '죽을 테면 죽어도 좋다'라는 마음으로 열반을 얻는 것만 중시하고서 열심히 노력하고자 합니다. 그러니 수행주제를 간략하게 설해 주십시오"라고 간청하자 부처님께서는 다음과 같이 설하셨습니다.

부처님의 질책과 격려

4 Ettha dāni, mālukyaputta, kiṁ dahare bhikkhū vakkhāma! Yatra hi nāma tvaṁ, bhikkhu, jiṇṇo vuddho mahallako addhagato vayoanuppatto saṁkhittena ovādaṁ yācasi. (S.ii.294)

해석

말루꺄뿟따여, 거기에 대해서 이제 젊은 비구들에게 어떻게 말해야 하겠는가? 비구여, 그대는 늙었고, 나이가 들었고, 나이가 많고, 연로하고, 만년에 이르러서야 간략하게 훈계를 청한단 말인가?

대역

Mālukyaputta말루꺄뿟따여; 말루꺄의 아들인 비구여[27], ettha 거기에 대해서; 지금 그대가 청한 그 말에 대해서 dāni이제 dahare bhikkhū젊은 비구들에게 kiṁ vakkhāma어떻게 말해야 하겠는가; 말할 것이 없다. bhikkhu비구여; 말루꺄뿟따 비구여, yatra=yo tvaṁ그대는 jiṇṇo늙었고, vuddho나이가 들었고, mahallako나이가 많고, addhagato연로하고, vayoanuppatto만년에 이르러서야; 마지막 연령대에 이르러서야 saṁkhittena간략하게 ovādaṁ훈계를 yācasī nāma청한단 말인가?

부처님의 대답 중 "jiṇṇo 늙었고" 등의 구절을 통해 당시 말루꺄뿟따 존자는 팔십이나 구십이 넘어 죽음에 가까운 나이였다고 알아야 합니다. 부처님의 이와 같은 대답은 말루꺄뿟따 노비구를 질책하는 것이기도 하고, 칭송하는 것이기도 합니다.

질책하는 모습은 다음과 같습니다. "말루꺄뿟따는 젊었을 때 수행하지 않고 방일하게 지내다가 나이가 많이 들어 죽음에 가까운 나이가 돼서야 수행을 하고자 한다. 그러니 나이가 젊은 그대 비구들도 말루꺄뿟따처럼 젊을 때는 수행하지 않고 방일하게 지내다가 나이가 많이 들어서야 수행하라"라고 말하는 것처럼 돼 버리는 상황을 염두에 두면 말루꺄뿟따 존자[28]를 질책하는 것이 됩니다.

칭송하는 모습은 다음과 같습니다. "말루꺄뿟따는 나이가 많이 들

27 이하 '말루꺄뿟따여'라고만 대역했다.

28 이하 '말루꺄뿟따 존자'라고 통일해서 표현했다. 적당한 곳에서는 '말루꺄뿟따 비구'라고도 표현했다.

었는데도 숲에 들어가서 수행하고자 한다. 그러니 나이가 젊은 그대 비구들도 수행해야 마땅하다는 사실은 특별히 말할 필요도 없다"라는 의미을 염두에 두면 말루꺄뿟따 존자를 칭송하는 것이 됩니다. 맞습니다. 지금도 나이가 많이 든 할아버지나 할머니들이 열심히 수행하는 모습을 본다면 나이가 어린 이들은 열심히 수행하는 것이 그리 큰 부담이 되지 않을 것입니다. 할아버지나 할머니 수행자들을 본받아 열심히 수행할 수 있습니다. 반대로 나이가 어린 이들이 열심히 수행하는 것을 보고서 나이가 많은 이들도 그것을 본받아 수행할 수 있습니다.

말루꺄뿟따 존자의 재청

그러자 말루꺄뿟따 존자는 다시 다음과 같이 청했습니다.

5 Kiñcāpāhaṁ, bhante, jiṇṇo vuddho mahallako addhagato vayo-anuppatto. Desetu me, bhante, bhagavā saṁkhittena dhammaṁ, desetu sugato saṁkhittena dhammaṁ, appeva nāmāhaṁ bhagavato bhāsitassa atthaṁ ājāneyyaṁ. Appeva nāmāhaṁ bhagavato bhāsitassa dāyādo assaṁ. (S.ii.294)

해석

세존이시여, 제가 늙었고, 나이가 들었고, 나이가 많고, 연로하고, 비록 만년에 이르렀지만, 세존이시여, 세존께서는 저에게 간략하게 법을 설해 주십시오. 선서께서는 간략하게 법을 설해 주십시오. 제가 세존께서 말씀하신 것의 의미를 잘 이해할 수도 있을 것입니다. 제가 세존께서 말씀하신 것의 상속자가[29] 될 수도 있을 것입니다.

대 역

Bhante세존이시여, ahaṁ제가 jiṇṇo늙었고, vuddho나이가 들었고, mahallako나이가 많고, addhagato연로하고, vayoanuppatto kiñcāpi homi만년에 이르렀지만《pana그렇더라도》bhante세존이시여, bhagavā세존께서는 me저에게 dhammaṁ법을 saṁkhittena간략하게 desetu설해 주십시오. sugato선서께서는 dhammaṁ법을 saṁkhittena간략하게 desetu설해 주십시오. ahaṁ제가 bhagavato세존께서 bhāsitassa말씀하신 것의 atthaṁ의미를 appeva nāma ājāneyyaṁ잘 이해할 수도 있을 것입니다. ahaṁ제가 bhagavato세존께서 bhāsitassa말씀하신 것의 dāyādo상속자가 appeva nāma assaṁ될 수도 있을 것입니다.[30]

"저는 비록 나이가 많이 들었지만 부처님께서 저에게 간략하게 법을 설해 주신다면, 저는 그 법을 알고 이해하는 이가 될 것입니다. 부처님의 법이라는 유산을 상속받는 진짜 법 상속자가 될 것입니다"라고 다시 청했습니다.

그러자 부처님께서는 위빳사나 수행의 기초부터 알도록 먼저 질문을 하셨습니다. 부처님의 질문들은 매우 명쾌합니다. 이해해 두면 매

29 ㉻열심히 위빳사나 수행을 해서 도와 과, 열반이라는 아홉 가지 출세간법을 증득하면 '진짜 법의 상속자'라는 칭호를 얻는다. 출세간법을 아직 증득하지 못했지만 증득하기 위해 열심히 위빳사나 수행을 실천하고 있다면 '유사 법의 상속자'라고는 말할 수 있다. 계속 실천하면 '유사 상속자'에서 '진짜 상속자'가 될 날이 올 것이다.

30 원문과 해석, 대역은 역자가 첨가했다. 대역은 *Myanmarnaingan Buddhasāsanāphwe*, 『*Saṁyuttanikāya Saḷāyatanavagga Saṁyutta Pāḷito Nissaya*(상윳따 니까야 여섯 감각장소 상응 빠알리 대역)』, p.58을 참조했다.

우 좋은 내용입니다. 하지만 경전에 관한 배움이 적은 이들에게는 조금 어려울 수도 있습니다. 과거에 본승은 새로운 곳에서 법을 설할 때 항상 이 경을 제일 먼저 설했습니다. 지금은 많은 이가 관찰 모습이나 방법을 이해하고 있어서 이 경을 설하지 않은 지 몇 년이 지났습니다. 부처님의 질문을 살펴봅시다.

위빳사나 기초 문답 1

위빳사나 기초 문답

6 Taṁ kiṁ maññasi, mālukyaputta, ye te cakkhuviññeyyā rūpā adiṭṭhā adiṭṭhapubbā, na ca passasi, na ca te hoti passeyyanti? Atthi te tattha chando vā rāgo vā pemaṁ vā?[31] No hetaṁ, bhante.[32] (S.ii.294)

해 석

말루꺄뿟따여, 이것을 그대는 어떻게 생각하는가? 그대가 아직 보지 않았고, 이전에 본 적도 없고, 지금 보고 있는 것도 아니고, 앞으로 볼 것도 아닌, 눈으로 알 수 있는 어떤 형색들이 있다면, 그것들에 대해 그대에게 욕망이나 애착이나 애정이 있겠는가? 그렇지 않습니다, 세존이시여.

31 저본에서 인용을 나타내는 'ti'를 생략해서 그대로 따랐다.

32 저본에서 대답 구절을 생략했지만 본서에서 첨가했다.

대 역

Mālukyaputta말루꺄뿟따여, taṁ이것을; 내가 물으려고 하는 이 질문을 《tvaṁ그대는》 kiṁ maññasi어떻게 생각하는가?; 이해한 대로 말해 보라. cakkhuviññeyyā눈으로 알 수 있는; 볼 수 있는 ye rūpā어떤 형색들을 te그대는 adiṭṭhā아직 보지 않았다. adiṭṭhapubbā이전에 본 적도 없다; 이전의 생들에서도 본 적이 없다. na ca passasi보고 있는 것도 아니다; 지금 보고 있는 것도 아니다. te그대에게 na ca hoti passeyyanti'볼 수 있을 것이다'라고 생각 속에서도 생겨나지 않을 것이다. tattha그것들에 대해; 아직 본 적도 없고, 보고 있는 것도 아니고, '볼 것이다'라고 생각조차 할 수 없는 그러한 형색들에 대해 te그대에게 chando vā욕망이나; 바라고 좋아하는 것이나 rāgo vā애착이나; 애착하고 집착하는 것이나 pemaṁ vā애정이; 좋아함이 atthi있겠는가; 생겨나겠는가? No hetaṁ, bhante그렇지 않습니다, 세존이시여.

먼저 "cakkhuviññeyyā눈으로 알 수 있는; 볼 수 있는 ye rūpā어떤 형색들"이라고 설하셨습니다. 이때 형색은 빠라맛타paramattha 절대성품인[33] 형색 물질을 말합니다. 눈으로 볼 수 없는 형색도 있습니다. 예를 들어 마음속으로 상상해서 보는 형색들, 꿈에서 본 형색들, 삼매 때문에 생겨나는 형색들, 이러한 형색들은 실제로 존재하는 절대성품이 아

33 빠라맛타paramattha 절대성품이란 틀리지 않고 직접 경험해서 알 수 있는 물질, 마음, 마음부수, 열반이라는 법을 말한다. 우 소다나 사야도 법문, 비구 일창 담마간다 편역, 『아비담마 강설 1』, pp.50~52 참조.

닙니다. 빤냣띠앗타paññattiattha 개념성품일[34] 뿐입니다. 여기서는 그러한 개념인 형색들을 말하는 것이 아닙니다. 실제로 존재하기 때문에 눈으로 직접 볼 수 있는 형색들을 말합니다.

그러한 형색들 중에 "adiṭṭhā아직 보지 않았다", 이것은 이번 생의 과거에 한 번도 본적이 없는 형색들을 말합니다. "adiṭṭhapubbā이전에 본 적도 없다", 이것은 과거의 여러 생에서도 본 적이 없는 형색을 말합니다. 특히 이 구절은 과거의 생을 돌이켜 기억할 수 있는 사람들을 대상으로 한 말씀입니다.

부처님 당시에 빠띠뿌지까Patipūjikā라는 여인은 과거 생의 남편인 말라바리Mālābhārī 천신을 기억하고 있었습니다. 그래서 말라바리 천신 곁으로 다시 돌아가기를 원했습니다.[35] 빠띠뿌지까와 같은 사람들을 염두에 두고 "이전에 본 적도 없고"라고 말씀하신 것입니다. 일반인의 경우라면 "조금 전에도 보지 못했고, 과거에도 본 적이 없는 형색들"이라고 말하면 충분합니다.

이어서 "na ca passasi보고 있는 것도 아니다", 지금 보고 있는 형색도 아니라고 말씀하셨습니다. 과거에도 본 적이 없고, 지금 보고 있지도 않는 형색들이 분명히 있습니다.

또한 "na ca hoti passeyyanti'볼 수 있을 것이다'라고 생각 속에서도 생겨나지 않을 것이다.", '언젠가 볼 것이다. 볼 수 있을 것이다'라는 생각조차 생겨나지 않는 형색들이 있습니다.

그렇게 아직 본 적도 없고, 보고 있는 것도 아니고, '볼 것이다'라고

34 빤냣띠앗타paññattiattha 개념성품이란 서로 의사소통을 하기 위해 정해 놓은 명칭이나 그 명칭이 뜻하는 의미를 말한다. 『아비담마 강설 1』, pp.50~52 참조.

35 Dhp.48 일화; 무념·응진 역, 『법구경 이야기』 제1권, pp.542~545 참조.

생각조차 할 수 없는 그러한 형색들에 대해 "te그대에게 chando vā욕망이나; 바라고 좋아하는 것이나 rāgo vā애착이나; 애착하고 집착하는 것이나 pemaṁ vā애정이; 좋아함이 atthi있겠는가; 생겨나겠는가?"라고 부처님께서 질문하셨습니다.

"과거에 본 적도 없고, 지금 보고 있는 것도 아니고, '이러한 형색을 볼 것이다'라고 생각조차 할 수 없는 그러한 형색"이라고 말했지만 사실은 형색뿐만이 아닙니다. 어떤 여자, 어떤 남자라는 '개인'을 말하는 것입니다. "과거에 본 적도 없고, 지금 보고 있는 것도 아니고, 볼 것이라고 생각조차 할 수 없는 그러한 형색, 즉 그러한 여자나 남자를 대상으로 욕망이나 애착이나 애정이 생겨나겠는가?"라고 질문하신 것입니다.

그런 형색, 그런 사람들은 어디에 있을까요? 한 번도 가보지 않은 곳에 있습니다. 다른 마을, 다른 도시, 다른 국가들에는 보거나 만나면 좋아할 만한 여자들이나 남자들이 많이 있을 것입니다. 같은 마을, 같은 도시 안에서도 아직 만나보지 못한 사람들이 있습니다. 세상에는 본 적이 있는 사람들보다 아직 보지 못한 사람들이 헤아릴 수 없을 정도로 더 많습니다. "그렇게 아직 보지 못한 사람들, 여자들이나 남자들을 대상으로 욕망이나 애착이나 애정이 생겨나겠는가?"라고 부처님께서 질문하셨습니다. 《법문을 듣고 있는 말루꺄뿟따 존자의 경우라면 여성 형색이 기본이 될 것입니다.》

그러자 말루꺄뿟따 존자는 "no hetaṁ, bhante. 그렇지 않습니다, 세존이시여"라고 대답했습니다. "아직 본 적도 없고, 보고 있는 것도 아니고, '볼 것이다'라고 생각조차 할 수 없는 그러한 형색들에 대해서 욕망이나 애착이나 애정은 생겨날 수 없을 것입니다, 부처님"이라고 대답한 것입니다.

이 대답은 매우 정확합니다. 한 번도 본 적이 없는 미녀를 대상으로 해서는 남자에게 욕망이 생겨날 수 없습니다. 한 번도 본 적이 없는 미남을 대상으로 해서는 여자에게 욕망이 생겨날 수 없습니다. 과거에 보았거나 최근에 본 여자나 남자를 대상으로 해야 욕망이 생겨날 수 있습니다. 지금 보고 있을 때도 욕망이 생겨날 수 있습니다. 생각 속에서 '볼 것이다'라고 바라고 있는 사람과 관련해서도 욕망 등이 생겨날 수 있습니다. 이 사실은 아닛티간다꾸마라Anitthigandhakumāra 일화를 통해 분명하게 알 수 있습니다.

아닛티간다꾸마라 일화

부처님 당시 사왓티Sāvatthi 성에 아닛티간다꾸마라라는 젊은이가 있었습니다. 그는 범천에서 죽어 사람으로 태어났습니다. 범천의 생에서는 여성과 관계된 욕망이나 애착이 없이 지냈습니다. 그렇게 오랫동안 감각욕망애착kāmarāga이 없었기 때문에 어릴 때부터 그는 여자들 가까이 가기를 꺼렸습니다. 어머니를 비롯해 여자들이 만지면 울었다고 합니다.

세월이 흘러 아닛티간다꾸마라가 성인이 됐을 때 부모는 그에게 결혼을 하라고 재촉했습니다. 그때마다 그는 "na me itthiyā attho. 저는 여자를 바라지 않습니다"라며 거절했습니다. 하지만 부모가 거듭거듭 재촉하자 그는 금세공사를 불러 금으로 매우 아름다운 여인의 형상을 만들게 했습니다. 그리고는 부모가 결혼하라고 다시 재촉하자 "금으로 만든 이 여인상만큼 아름다운 여인이 있다면 부모님의 뜻에 따르겠습니다"라고 대답했습니다. 그러자 재산이 많았던 부모는 유명한 바라문들을 불러 그 황금 여인상과 같은 여인을 찾아보도록 시켰습니다.

바라문들은 황금 여인상을 가지고 여러 마을과 지역을 찾아다녔습니다. 그러다가 맛다Madda 국의 사갈라Sāgala 성에 황금 여인상과 닮은 16세의 아름다운 여인이 있다는 소식을 듣고 그 집을 찾아갔습니다. 여인의 부모는 아름다운 딸을 저택의 칠층에서 내려오게 한 뒤 바라문들에게 보여주었습니다. 여인이 황금 여인상 바로 옆에 앉자 황금 여인상보다 그 여인이 더욱 빛나고 아름다웠습니다.

바라문들은 즉시 황금 여인상을 여인의 부모에게 준 뒤 아닛티간다꾸마라와 혼인시켜 달라고 청했습니다. 그리고 다시 돌아와 아닛티간다꾸마라의 부모에게 그 사실을 말했습니다. 부모는 서둘러 여인을 데려오라고 다시 바라문들을 보냈습니다.

아닛티간다꾸마라도 자신의 신붓감이 황금 여인상보다 더 아름답다는 것을 알게 되자 그 여인에 대해 좋아하는 마음이 생겨서 "속히 데리고 오시오"라고 말했습니다. 그것이 바로 '이러한 아름다운 여인을 볼 수 있다. 볼 것이다'라고 마음으로 생각하고 기대해서 생겨나는 욕망, 애착, 애정입니다.[36]

책임을 맡은 바라문들이 그 여인을 탈것에 태우고 데려오는 동안 여인은 너무나 연약했기 때문에 탈것에 타서 생기는 풍병風病으로 인해 도중에 죽고 말았습니다. 맛다 국의 사갈라 성은 지금의 펀잡 부근이고, 사왓티 성과 천 킬로미터 넘게 멀리 떨어져 있습니다. 탈것이라고

36 ㉻만약 아닛티간다꾸마라가 "황금 여인상보다 더 아름다운 여인이 있습니다"라는 소리를 들었을 때 〈들린다, 들린다〉라고 관찰했다면 이러한 애착이 생겨나지 않았을 것이다. 그렇게 관찰하지 않았기 때문에 애착, 즉 갈애가 생겨났다. 진리 가르침에 따라 말하면 갈애는 생겨남의 진리다. 그리고 "황금 여인상보다 더 아름다운 여인이 있습니다"라는 소리 자체는 괴로움의 진리다. 소리를 듣고 〈들린다, 들린다〉라고 관찰했다면 관찰할 때 생겨나는 도 구성요소 법들은 도의 진리다. 관찰하지 않으면 생겨날 갈애가 관찰을 통해 생겨나지 않은 채 없어지는 것, 그리고 갈애로 인해 생겨날 업과 업으로 인해 생겨날 새로운 생의 물질·정신 무더기가 없어지는 것은 부분적인 소멸의 진리다.

는 하지만 어떤 종류인지 알 수 없습니다. 말이 끄는 마차일 가능성이 제일 큽니다. 당시에는 길도 그리 좋지 않았을 것입니다. 그래서 장거리 여행으로 인한 극심한 피로감으로 병이 생겨 죽었을 것입니다.

아닛티간다꾸마라는 여인이 죽었다는 소식을 듣고 '그렇게 아름다운 여인과 만날 기회조차 없는가?'라고 생각하면서 매우 슬퍼했습니다. 잠도 자지 못하고 음식도 먹지 못했습니다. 사정을 아신 부처님께서 대연민심으로 탁발을 하시다가 그 집에 가셨습니다. 아닛티간다꾸마라의 부모는 부처님을 정성스럽게 청하고 공양을 올렸습니다. 부처님께서는 공양을 다 마치신 뒤 아닛티간다꾸마라에 대해 물으셨습니다. 아닛티간다꾸마라도 부모를 따라 부처님 앞에 와서 예경을 올린 뒤 적당한 곳에 앉았습니다. 부처님께서 물으시자 아닛티간다꾸마라는 "여행 도중에 죽은 여인을 대상으로 슬픔과 근심이 매우 많이 생겨나서 잠도 못 자고 음식도 못 먹을 정도로 힘듭니다"라고 부처님께 말씀드렸습니다. 그러자 부처님께서는 "슬픔이나 근심, 두려움은 원할 만한 감각욕망거리와 그것을 좋아하고 바라는 탐욕을 의지해서 생겨난다"라고 하시면서 다음의 게송을 설하셨습니다.

Kāmato jāyate[37] soko, kāmato jāyate bhayaṁ;
Kāmato vippamuttassa, natthi soko kuto bhayaṁ. (Dhp.215)

37 제6차 결집본에는 'jāyatī'라고 표현됐다. ㊙㊙빠알리어 문법에 따라 제3인칭 단수 주어와 호응하는 어미인 'ti'로 끝나는 것이 적당하다는 일부 스승들의 견해가 있다. 또한 빠알리어 시의 운율까지 고려하면 'tī'라고 장음으로 표현하는 것이 적당하다. 하지만 '운율 지키기chandānurakkhaṇa'에 따라 그렇게 바꾸지 않고 동사의 동작이 자신을 위해 행해지는 의미를 나타내는 제말attanopada 어미 'te'라고 표현하는 것이 더 낫다고 말할 수 있다. 이 설명은 빠알리어에 능숙한 이들을 위한 내용이다. '제말'에 대해서는 현진 편저, 『빠알리 문법』, p.82 참조.

해 석

욕망에서 슬픔은 생겨난다네.
욕망에서 두려움은 생겨난다네.
욕망에서 벗어난 그런 이에게
슬픔이 없거늘 두려움이 어디에.

대 역

Kāmato욕망에서; 좋아하고 바라는 감각욕망 대상과 바라고 원하는 감각욕망 때문에 soko슬픔은 jāyate생겨난다네. kāmato욕망에서; 좋아하고 바라는 감각욕망 대상과 바라고 원하는 감각욕망 때문에 bhayaṁ두려움은; 두려운 대상과 두려움은 jāyate생겨난다네. kāmato욕망에서; 좋아하고 바라는 감각욕망 대상과 바라고 원하는 감각욕망에서 vippamuttassa벗어난 이에게는 soko슬픔이 natthi없거늘 bhayaṁ두려움이 kuto어디에 있겠는가? 없다.

"욕망에서 슬픔은 생겨난다네", 바라고 좋아할 만한 대상인 여성이나 남성 등 감각욕망 대상과 바라고 좋아함이라고 하는 감각욕망kāma이 있기 때문에 그렇게 좋아하고 바라는 대상과 헤어졌을 때 슬픔이나 근심이 생겨납니다.[38] 이것도 지금은 보고 있지 않은 대상에 해당됩니다.

그리고 "욕망에서 두려움은 생겨난다네./ 욕망에서 벗어난 그런 이

38 ㉻게송에서 언급된 '감각욕망kāma'은 감각욕망 대상을 즐기고 좋아하는 성품이다. 진리 가르침에서는 갈애, 생겨남의 진리에 해당한다. 슬픔과 두려움은 괴로움의 진리에 해당한다. 생겨남의 진리 때문에 괴로움의 진리가 생겨나는 것을 표현했다.

에게/ 슬픔이 없거늘 두려움이 어디에", 감각욕망 대상과 감각욕망 번뇌에서 두려움도 생겨나기 때문에 그러한 감각욕망 대상과 감각욕망 번뇌에서 벗어난 이에게 어찌 슬픔이 있겠습니까? 슬픔이 없다고 설하셨습니다.

이 한 게송의 법문을 듣고 아닛티간다꾸마라는 수다원 도와 과를 증득해 수다원이 됐습니다.[39]

아닛티간다꾸마라는 처음에 여인의 냄새조차 참지 못할 정도로 여인을 혐오했습니다. 그래서 (결혼하지 않을 방법을 찾다가) 황금 여인상과 같은 여인은 당연히 이 세상에 존재하지 않을 것으로 생각했기 때문에 그런 여인을 찾으면 부모의 바람대로 결혼하겠다고 말했던 것입니다. 그때 아닛티간다꾸마라는 '이 세상에 황금 여인상만큼 아름다운 여인은 없을 거야. 그런 여인은 절대 만날 수 없을 거야'라고 생각했습니다. 그래서 그런 아름다운 여인의 형색과 관련해서 욕망이나 애착이 없었습니다. 그런데 황금 여인상보다 더 아름다운 여인을 실제로 만났다는 소식을 듣고 나니 '그런 여인을 나도 볼 수 있겠구나. 나도 봐야겠다'라는 마음이 일어나게 된 것입니다. 아직 보지는 못했지만 ('볼 수 있을 것이다'라고 생각되는) 그 여인을 대상으로 욕망이나 애착이 크게 일어난 것입니다.

---

39 『법구경 이야기』 제3권, pp.53~56 참조.
㊖게송을 듣고 수다원이 됐다고 해서 오직 게송만 듣고 수다원이 됐다고 알아서는 안 된다. 이전에 새김확립 수행을 이미 알고 있었거나, 부처님께서 설명을 해 주셔서 법문을 듣는 중에 몸·느낌·마음·법이라는 네 가지 중 어느 한 가지를 관찰해서 빠르게 위빳사나 지혜가 진전돼 수다원이 된 것이라고 알아야 한다. 주석서에서는 "몸·느낌·마음·법이라는 새김확립의 대상 네 가지 중 어느 한 가지를 관찰하지 않고서 위빳사나 지혜나 도의 지혜를 생겨나게 할 수 있는 통찰지수행paññābhāvanā이란 있을 수 없다"라고(DA.ii.338) 설명했다. 『마하사띠빳타나숫따 대역』, p.42 참조.

질문과 대답의 고찰

부처님께서는 "좋아할 만하지만 아직 보지 않았고, 보고 있는 것도 아니고, '그러한 형색을 볼 수 있다. 볼 것이다'라는 생각조차 일어나지 않는 그러한 형색이나 사람과 관련해서 욕망이나 애착이나 애정이 생겨나겠는가?"라고 질문하셨습니다. 그 질문에 말루꺄뿟따 존자는 "생겨날 수 없습니다"라고 대답했습니다.

이 문답은 분명합니다. 이곳 수행센터에서 위빳사나를 닦고 있는 수행자들에게는 매우 쉬운 내용입니다. 하지만 수행을 해 보지 않은 일반인들이라면 이해하지 못할 수도 있습니다. 그리 쉬운 법문은 아닙니다. 빠떼인*Pathein* 시의 삿담마시따구*Saddhammasītagū* 수행센터, 봉꾜*Boungkyo* 수행센터가 갓 개원한 1952년 즈음에 본승은 그곳에서 이「말루꺄뿟따숫따」를 설한 적이 있습니다. 당시 삿담마시따구 사야도의 여동생도 본승의 법문을 들었는데 처음에는 법문 내용을 이해하지 못해 '과거에 본 적도 없고, '볼 수 있다. 볼 것이다'라는 생각조차 일어나지 않는 그러한 형색이란 어떤 것들을 말하는가? 무엇을 말씀하고 계신가?'라고 생각했다고 합니다. 그러다가 수행을 하고 나서야 비로소 법문 내용을 이해하게 됐다고 본승에게 말한 적이 있습니다. 그녀는 지혜가 매우 예리했습니다. 수행을 하고 나서 바르게 이해했을 때 "이제 법문을 잘 이해했습니다. 그때 법문이 매우 좋았습니다"라고 칭송까지 했습니다. 그뿐만 아니라 자신이 이해한 것을 다른 사람에게도 말해 주었다고 합니다. 그녀가 처음 법문을 들을 때처럼 아직 수행을 하지 않은 분들은 이 문답 내용을 이해하지 못할 수도 있습니다. 하지만 수행을 해 본 적이 있는 분들은 잘 이해할 것입니다.

볼 수도 없는 형색이나 사람에 대해 좋아하고 갈망하는 애착rāga이 생겨날 수 없다는 사실은 매우 분명합니다. 한번 생각해 보십시오. 아직 한 번도 만나본 적 없는 사람들을 대상으로 욕망이나 애착이 생겨날 수 있겠습니까? 생겨날 수 없습니다. 욕망이나 애착만 생겨날 수 없는 것이 아닙니다. 한 번도 만나본 적 없는 사람들을 대상으로는 성냄dosa도 생겨날 수 없습니다. '항상하다. 행복하다. 어떤 개인이나 중생이다'라고 잘못 아는 어리석음moha도 생겨날 수 없습니다. 그 외에 자만이나 사견 등도 생겨날 수 없습니다. 어떠한 번뇌도 생겨날 수 없습니다. 이 내용을 "못보는것 번뇌가 저절로없네"라고 게송으로 표현했습니다. 같이 독송합시다.

못보는것 번뇌가 저절로없네

부처님께서는 갈애taṇhā, 애착rāga을 기본으로 물으셨습니다. 그 질문을 통해 기본이 아닌 성냄dosa, 어리석음moha, 사견diṭṭhi 등의 번뇌도 생겨날 수 없다는 사실을 알게 하셨습니다. 그래서 알기에 적당한 의미는 모두 알고 이해하도록 "못보는것 번뇌가 저절로없네"라고 게송으로 표현했습니다. 이 게송은 의미가 분명합니다. 글을 잘 파악할 수 있는[40] 사람이라면 '보지 못하는 형색을 의지해서는 어떠한 번뇌도 일어날 수 없다. 그러한 대상과 관련해서는 어떠한 번뇌도 생겨날 기회가 없다. 번뇌가 존재하지 않는다'라는 의미를 분명하게 알 수 있습니다.

볼 수 없는 대상과 관련해서 어떠한 번뇌도 생겨나지 않고 존재하지 않는 것은 무엇 때문일까요? 볼 수 없기 때문입니다. 그렇다면 그렇게

40 저본에서는 미얀마어로 표현된 게송이어서 '미얀마어를 잘 아는'이라고 설명했다.

볼 수 없는 대상과 관련해서 번뇌가 없어지도록 노력할 필요가 있겠습니까? 노력할 필요가 없습니다. 그렇게 볼 수 없는 대상에 대해서는 번뇌가 생겨나지 않도록 일부러 반조해서 관찰할 필요도 없습니다. 이 사실을 확실하게 기억해 두어야 합니다.

'볼 수 없는 대상에 대해서는 번뇌가 생겨나지 않는다'라는 구절을 통해 '볼 수 있는 대상에 대해서는 번뇌가 생겨날 수 있다'라는 의미도 분명하게 드러납니다. 바로 그 의미를 알고 이해시키기 위해 부처님께서 질문하신 것입니다. 이 내용을 "보이는것 번뇌가 잠재생기네"라고 두 번째 게송으로 표현했습니다. 같이 독송합시다.

보이는것 번뇌가 잠재생기네

볼 수 있다면 보고 있는 중에도 번뇌가 생겨날 수 있습니다. 보고 난 뒤에도 그 보았던 대상을 돌이켜 생각하면서 번뇌가 생겨날 수 있습니다. 사진으로 찍어 놓았던 모습을 보고 좋아함과 즐김이 생겨나는 것과 마찬가지입니다. 돌이켜 생각할 때마다 원래 보았던 당시의 모습이 마음속에 분명하게 드러납니다. 당시에 웃는 모습이었다면 웃는 모습이 드러납니다. 찌푸리거나 화난 모습이었다면 찌푸리거나 화난 모습 그대로 드러납니다. 이렇게 이전에 보았던 대상을 다시 돌이켜 생각할 때마다 좋아하고 즐기는 애착이 생겨납니다. 싫어하거나 화를 내는 성냄도 생겨납니다. 항상 그대로 유지된다고 생각하는 어리석음도 생겨납니다. 그렇게 애착·성냄·어리석음이 생겨나는 것은 볼 때 그 대상을 관찰하지 않아서 무상·고·무아라고 사실대로 바르게 알지 못하기 때문입니다. 볼 때마다 계속해서 관찰하고 새겨서 '즉시 사라진다. 항상하지 않다' 등으로 안다면 돌이켜 생각하지 않게 됩니다. 생각하더라도

'항상하지 않다' 등으로 이전에 알았던 그대로만 마음속에 드러납니다. 따라서 그렇게 항상하지 않은 것, 사라져 버리는 것과 관련해서 좋아함이나 싫어함 등의 번뇌들이 전혀 생겨날 수 없습니다.

그러므로 '볼 때 번뇌들이 잠재될 기회, 생겨날 기회를 얻지 못하도록 볼 때마다 계속해서 관찰해서 제거해야 한다'라는 의미도 분명하게 드러납니다. 이 내용을 "보아관찰 번뇌들 잠재제거해"라고 세 번째 게송으로 표현했습니다. 같이 독송합시다.

보아관찰 번뇌들 잠재제거해

볼 수 없다면 볼 수 없는 대상에 대해서는 번뇌가 생겨날 수 없습니다. 저절로 생겨날 기회를 얻지 못한 채 없어집니다. 볼 수 있다면 볼 수 있는 그 대상을 돌이켜 생각해서 번뇌가 생겨날 수 있습니다. 그렇게 생겨날 수 있게 된 것을 '잠재된다'라고 말합니다. 여기서 '잠재된다'라는 말은 그러한 번뇌가 어느 곳에 들어와서 머물고 있다는 것이 아니라 '생겨날 기회를 갖게 된 상태'를 의미합니다. 그렇게 번뇌가 잠재될 기회, 생겨날 기회를 얻지 못하도록 볼 때마다 계속해서 관찰하여 제거해야 합니다. 그렇게 관찰하여 무상 등으로 사실대로 바르게 계속 알아 나가면 보게 된 형색에 대해서도 번뇌가 생겨날 기회를 얻지 못한 채 없어집니다. 볼 수 없는 대상처럼 돼 버립니다. 그러므로 볼 때마다 계속해서 무상 등의 바른 성품을 알도록 관찰하여 번뇌가 잠재되는 것, 생겨날 기회를 갖게 되는 것을 계속 제거해 나가야 한다는 의미입니다.

지금까지 설명한 대로 "볼 수 없으면 번뇌가 생겨날 수 없다. 보게 되면 번뇌가 생겨날 수 있다. 그러므로 번뇌가 없어져 윤회 윤전의 괴로움에서 벗어나고자 한다면 볼 때마다 계속해서 관찰하여 번뇌가 생겨날 기회를 제거해야 한다"라는 내용을 부처님께서 질문을 통해 이해하도록 설하셨습니다. 이 내용도 "질문으로 수행법 드러나게해"라고 결어 게송으로 표현했습니다. 같이 독송합시다.[41]

질문으로 수행법 드러나게해

부처님께서는 "볼 수 없는 대상에 대해서는 번뇌가 생겨나지 않는다. 그러므로 볼 수 없는 대상들을 일부러 생각하고 숙고해서 무상·고·무아 등으로 관찰할 필요가 없다. 보게 된 대상에 대해서는 번뇌가 생겨날 수 있다. 그러므로 볼 때마다 계속해서 번뇌가 생겨날 기회를 얻지 못하도록 관찰해서 제거해야 한다"라는 위빳사나 수행법을 이해시키기 위해 말루꺄뿟따 존자에게 질문으로 드러내어 물으셨던 것입니다. 매우 훌륭한 질문입니다. 새김확립 가르침에 따라 관찰해 본 적이 있는 수행자에게는 그 의미가 매우 분명합니다.

보이는 형색과 관련해서 먼저 질문하신 뒤 부처님께서는 마찬가지로 들리는 소리 등과 관련해서도 이어서 질문하셨습니다. 소리 등의 다른 대상에 대한 질문들은 이후에 설명하겠습니다.《경전의 차례를 조금 바꾸어 수행법에 관한 법문을 먼저 설명하겠습니다.》부처님의 질문을 말루꺄뿟따 존자가 잘 이해했을 때 부처님께서는 위빳사나 수행 차례를 다음과 같이 간략하게 설하셨습니다.

41 전체 게송은 본서 부록 p.294 참조.

위빳사나 수행방법 요약

12 Ettha ca te, mālukyaputta, diṭṭhasutamutaviññātesu[42] dhammesu diṭṭhe diṭṭhamattaṁ bhavissati, sute sutamattaṁ bhavissati, mute mutamattaṁ bhavissati, viññāte viññātamattaṁ bhavissati.

(S.ii.295)

해 석

말루꺄뿟따여, 《그대가 장담한 대로 방일하지 않고 끊임없이 관찰하며 지내고 있는》 그대에게 보이고 들리고 감각되고 알게 된 이런 법들 중에서도 보이는 것에 대해서는 보는 정도만 생겨날 것이다. 들리는 것에 대해서는 듣는 정도만 생겨날 것이다. 감각된 것에 대해서는 감각하는 정도만[43] 생겨날 것이다. 알게 된 것에 대해서는 아는 정도만 생겨날 것이다.

대 역

Mālukyaputta말루꺄뿟따여, 《appamattassa viharatto그대가 장담한 대로 방일하지 않고 끊임없이 관찰하며 지내고 있는》[44] te그대에게 ettha ca diṭṭhasutamutaviññātesu dhammesu

42 ㉪㉬다른 문헌에는 가능이나 당위를 나타내는 '-tabba' 어미가 첨가돼 'viññātabbesu'라고 표현된 경우도 있다. 이것은 앞에 나오는 'diṭṭhasutamuta'라는 구절과 일치하지 않는다. 또한 뒤에 'viññāte'라는 추출된niddhāraṇīya 구절(전체 속에서 각각 요소를 뽑아내 따로 언급하는 구절)과도 일치하지 않는다. 그래서 이 책에서는 'ta'만 첨가해 'viññātesu'라고 표현했다. 이 설명은 빠알리어에 능숙한 이들을 위한 내용이다.

43 저본에서는 '감각된'을 '도달한'이라고 표현했다.

44 ㉪㉬이해를 돕기 위해 "appamattassa viharatto 그대가 장담한 대로 방일하지 않고 끊임없이 관찰하며 지내고 있는"이라는 구절을 첨가했다. 본서 p.74 참조. 혹은 "te" 앞에 "yathā어떻게 수련해야 하는가 하면"을 넣고 마지막에 "evaṁ이와 같이 sikkhitabbaṁ수련해야 한다"라고 첨가해서 대역해도 적당하다. 본서 부록 pp.248~249 참조.

보이고 들리고 감각되고 알게 된 이런 법들 중에서도 diṭṭhe 보이는 것에 대해서는; 보이는 형색에 대해서는 diṭṭhamattaṁ bhavissati보는 정도만 생겨날 것이다. sute들리는 것에 대해서는; 들리는 소리에 대해서는 sutamattaṁ bhavissati듣는 정도만 생겨날 것이다. mute감각된 것에 대해서는; 맡게 된 냄새나 맛보게 된 맛이나 닿게 된 감촉에 대해서는 mutamattaṁ bhavissati감각하는 정도만 생겨날 것이다. viññāte알게 된 것에 대해서는; 알게 된 성품법에 대해서는 viññātamattaṁ bhavissati아는 정도만 생겨날 것이다.

앞서 문답을 통해 "보이지 않는 형색, 들리지 않는 소리 등 이러한 여섯 대상에서는[45] 번뇌가 생겨날 기회가 없기 때문에 보이지 않는 형색 등과 관련해서는 번뇌를 제거하도록 노력할 필요가 없다"라고 설명하셨습니다. 그렇다면 "보이는 형색 등과 관련해서 생겨날 수 있는 번뇌를 제거하려면 어떻게 해야 합니까?"라고 질문할 수 있기 때문에, 또한 앞서 "간략하게 수행법을 설해 주십시오"라고 청했기 때문에 "보이는 것에 대해서는 보는 정도만 생겨날 것이다" 등으로 위빳사나 수행방법을 간략하게 설하신 것입니다.

"간략하게 설하셨다"란 맡아서 아는 것, 먹어서 아는 것, 닿아서 아는 것이라는 세 가지를 "muta 감각된 것"이라는 하나로 모아서 설하신 것을 말합니다. 그리고 무상·고·무아라고 관찰하는 모습이나 "netaṁ mama, nesohamasmi, na me so attā. 이것은 나의 것이 아니다. 나가

45 여섯 문을 다 언급한 뒤 수행법을 설명했기 때문에 소리 등도 언급한 것이다.

아니다. 나의 자아가 아니다" 등으로 관찰하는 여러 모습도 "보는 정도만 생겨날 것이다" 등의 네 가지로만 간략하게 설하셨습니다. 이 설법에서 말씀하시고자 하는 바는 "보이지 않는 형색 등과 관련해서는 번뇌가 생겨날 수 없다. 그러므로 그렇게 보이지 않는 형색 등과 관련해서 번뇌를 제거하도록 노력할 필요가 없다. 보이는, 볼 수 있는 형색 등과 관련해서는 번뇌가 생겨날 수 있다. 그러므로 그렇게 보이는, 볼 수 있는 형색 등과 관련해서 생겨날 수 있는 번뇌를 제거하도록 수행해야 한다. 어떻게 수행해야 하는가? 보이는 것, 들리는 것, 감각된 것, 알게 된 것이라는 네 가지 중에서 볼 때는 보는 것만 생겨나게 해야 한다. 보는 정도에서 멈추게 해야 한다"라는 내용입니다.

볼 때 인식과정이 생겨나는 모습

'본다'라는 것은 눈 감성물질에 드러나는 형색을 보아서 아는 것입니다. 빠알리어로는 'cakkhuviññāṇa 눈 의식眼識'이라고 합니다. 미얀마어로는 줄여서 '쌕쿠윈닌'이라고 말합니다. 쉽게 설명하면 '단지 보아서 아는 성품'입니다. 이 눈 의식에는 탐욕 등의 번뇌들이 전혀 포함돼 있지 않습니다. 눈 의식 다음에는 드러난 형색 대상을 받아들이는 접수sampaṭicchana 마음이 생겨납니다. 접수 마음 다음에는 대상을 살피는 조사santīraṇa 마음이 생겨납니다. 조사 마음까지도 '좋다, 나쁘다' 등으로 결정하는 성품이 포함돼 있지 않습니다. 어떤 번뇌도 포함돼 있지 않습니다. 조사 마음 다음에 '좋아할 만한 것이다. 싫어할 만한 것이다. 존경할 만한 것이다' 등으로 확정 짓는 결정voṭṭhapana 마음이 생겨납니다. 결정 마음에도 번뇌가 아직 포함돼 있지 않습니다. 하지만 결정 마음은 '좋아할 만한 것이다. 싫어할 만한 것이다' 등으로 확정 짓는 성품이어서 탐욕이나 성냄 등의 번뇌와 매우 가깝습니다. 그래서 결정 마음이 '좋아할 만한 것이다. 싫어할 만한 것이다'라고 확정지으면 결정 마음 다음에 탐욕·성냄·어리석음 등의 번뇌와 결합한 불선不善 속행javana 마음들이 일곱 번 연속해서 생겨납니다. 이렇게 하나의 인식과정vīthi이 차례대로 진행되는 모습을 "요인전향 본뒤에 다시접수해" 등의 게송으로 표현했습니다. 이 게송을 기억하는 분들도 있을 것입니다. 게송을 같이 독송한 뒤 자세하게 설명하겠습니다.

요인전향 본뒤에 다시접수해

잠이 깊이 들었을 때 생겨나고 있는 마음들을 존재요인bhavaṅga 마음이라고 합니다. 존재요인 마음은 일반적으로 접하는 것들을 대상으로 하지 않습니다. 전생에 죽을 즈음 집착한 것들을 대상으로 합니다. 금생에 제일 처음 생겨나는 마음인 재생연결paṭisandhi 마음도 마찬가지입니다. 존재요인 마음은 보는 인식과정, 듣는 인식과정 등 여러 인식과정의 중간중간에 끊임없이 생겨나고 있습니다.[46] 그렇게 존재요인 마음이 끊임없이 생겨나고 있는 중에 눈에 형색의 영상이 드러나면 존재요인 마음이 끊어진 뒤 눈에 드러난 형색을 '무엇인가?'라고 전향하는 특별한 마음이 생겨납니다. 그 마음은 잠들어 있다가 깨어나는 것처럼 존재요인 마음에 이어서 생겨나는 전향āvajjana 마음입니다. 이렇게 존재요인 마음에 이어서 전향 마음이 생겨나는 모습을 게송에서 '요인전향'이라고 표현했습니다. 잠들어 있는 것처럼 존재요인 마음이 연속되다가 존재요인 마음의 연속을 끊어버리고 대상 쪽으로 향하는 전향 마

46 ㉻존재요인이 인식과정의 중간중간에 계속 일어나기 때문에 존재가 유지된다. 이렇게 존재bhava의 중요한 구성요소aṅga이므로 '존재요인bhavaṅga'이다. 『아비담마 강설 1』, p.437 참조.

음이 생겨나는 것을 말합니다.

전향 마음도 생겨나서는 즉시 사라집니다. 그 뒤 눈에 드러난 형색을 봅니다. 그 마음을 눈 의식cakkhuviññāṇa이라고 말합니다. 눈 의식이 사라진 뒤에는 대상을 받아들이는 접수 마음이 생겨납니다. 이러한 차례로 마음이 일어나는 모습을 게송에서 '요인전향 본뒤에 다시접수해'라고 표현했습니다.

받아들이는 접수 마음이 사라진 뒤에는 살피는 조사 마음이 생겨납니다. 조사 마음 다음에는 확정 짓는 결정 마음이 생겨납니다. 결정 마음 다음에는 (결정 마음이) '좋아할 만한 것이다. 싫어할 만한 것이다. 존경할 만한 것이다. 연민할 만한 것이다' 등으로 결정한 대로 좋아하고 싫어하는 등 불선不善 속행 마음이나 존경하고 연민하는 등 선善 속행 마음이 일곱 번 연달아 생겨납니다. 속행 마음 다음에는 속행 마음의 대상을 그대로 대상으로 삼아서 여운tadārammaṇa 마음이 두 번 연달아 생겨납니다. 여운 마음 다음에는 마치 다시 잠에 드는 것처럼 존재요인 마음들이 이어서 생겨납니다.[47] 이렇게 생겨나는 모습도 게송에서 '조사결정 속행칠 여운이두번'이라고 표현했습니다. 같이 독송합시다.

조사결정 속행칠 여운이두번

47 ㉺이렇게 각각 마음이 자신의 역할을 하면서 생멸하며 이어지는 것을 '마음 결정법칙citta niyama'이라고 한다. 창조주나 절대자가 "전향 마음 다음에 눈 의식이 생겨나라"라고 명령하는 것이 아니다. 무질서하게 마음대로 생겨나는 것도 아니다. '전향하는 내가 생겨났으니 이제 보아서 아는 눈 의식 그대가 생겨나면 좋겠다'라고 의논해서 생겨나는 것도 아니고, 힘이 센 누군가가 '어느 마음 다음에는 어느 마음이 생겨나라'라고 명령해서 생겨나는 것도 아니다. 마음 결정법칙에 따라 차례대로 마음들이 생겨나고 사라진다.

이 게송에서 '속행칠'이라는 표현은 속행 마음이 일곱 번 생겨난다는 뜻입니다. 일반인들은 결정 마음이 '좋아할 만하다. 싫어할 만하다' 등으로 결정하는 것에 따라 탐욕이나 성냄 등 불선 속행들이 생겨나는 경우가 많습니다. 참사람들은 결정 마음이 '존경할 만하다. 연민할 만하다' 등으로 결정하는 것에 따라 믿음이나 연민 등 선 속행들이 생겨나는 경우가 많습니다. 앞서 언급한 두 게송에 표현한 대로 전향 마음에서 여운 마음까지 열네 번의 마음이 볼 때 생겨나는 인식과정입니다. 대상의 힘이 약할 때는 속행 마음을 마지막으로 인식과정이 끝나는 경우도 있습니다. 속행이 여섯 번이나 다섯 번만 일어나는 경우도 있습니다. 대부분은 속행이 일곱 번, 여운이 두 번 생겨납니다.[48] 그래서 볼 때 생겨나는 인식과정을 '형색보면 생겨나 과정기억해'라고 게송으로 표현했습니다. 같이 독송합시다.

형색보면 생겨나 과정기억해

들을 때 등에 인식과정이 생겨나는 모습

소리를 들을 때, 냄새를 맡을 때 등에 인식과정이 생겨나는 모습도 형색을 볼 때와 동일합니다. 다만 듣는 경우 등에는 '요인전향 본뒤에'의 구절에서 '본뒤에'라는 표현을 '들은뒤' 등으로 바꾸면 됩니다. 그래서 '문후식촉 봄처럼 과정기억해'라고[49] 게송으로 표현했습니다. 같이 독송합시다.

문후식촉 봄처럼 과정기억해

48 간략하게 정리한 내용은 본서 부록 p.299 참조. 자세한 내용은 대림스님·각묵스님 옮김, 『아비담마 길라잡이』 제1권, pp.394~409 참조.

49 저본에서 듣고 맡고 먹고 닿는 것을 한 음절씩으로 표현해서 '문후식촉聞嗅食觸'이라고 표현했다.

'소리를 들을 때, 냄새를 맡을 때, 맛을 보아서 알 때, 감촉에 닿아서 알 때 마음이 생겨나는 모습과 과정은 볼 때 보는 모습과 같다'라는 뜻입니다. '본뒤에'라는 표현을 '들은뒤', '맡은뒤', '먹은뒤', '닿은뒤'라고 바꾸기만 하면 됩니다. 들을 때 등에 마음이 생겨나는 차례와 모습은 나중에 설명하겠습니다. 지금은 "diṭṭhe diṭṭhamattaṁ bhavissati. 보이는 것에 대해서는 보는 정도만 생겨날 것이다"라는 성전 구절에 따라 볼 때 마음이 생겨나는 모습을 설명하고 있습니다.

〈본다〉라고 관찰하여 절대성품을 아는 모습

앞서 설명한 대로 눈 의식으로 보아 안 뒤에 접수 마음, 조사 마음, 결정 마음, 속행 마음, 여운 마음이라는 이 마음들도 절대성품인 형색만을 대상으로 생겨납니다. 여자나 남자 등의 개념이나 모습을 대상으로 하지 않습니다. 그러므로 불선 속행들이 일어나더라도 그러한 속행들은 그리 힘이 강하지 않습니다. 이렇게 보아 안 뒤에 즉시 〈본다〉라고 관찰할 수 있다면 보아 알게 된 절대성품 형색 물질과 보아서 아는 마음인 절대성품 정신을 사실대로 바르게 알 수 있습니다. 이렇게 볼 때마다 계속해서 관찰하여 절대성품 물질과 절대성품 정신만 계속 알고 있으면 '여자를 본다. 남자를 본다' 등 개념을 생각하는 마음들이 생겨나지 않습니다. 이것이 '보는 것만 생겨날 것이다'라는 가르침에 따라 볼 때 보는 정도에만 머무는 모습입니다.

보아 안 뒤에 생각해서 아는 마음이 생겨나는 모습

지금 말한 대로 보아서 아는 즉시 바로 〈본다〉라고 관찰하여 알기란 그리 쉽지 않습니다. 처음 수행을 시작한 초보 수행자는 그렇게 빨리 관찰할 수 없습니다.[50] 그래서 보아서 안 형색을 돌이켜 생각해서 아는 인식과정이 생겨납니다. 생각해서 아는 인식과정이 생겨나는 모습은 다음과 같습니다. 먼저 존재요인 마음으로부터 나와서[51] 전향 마음이 생겨납니다. 전향 마음 다음에 속행 마음이 일곱 번, 이어서 여운 마음이 두 번 생겨납니다. 여운 마음 다음에 다시 존재요인 마음이 생겨납니다. 이렇게 생겨나는 모습을 '전향속행 여운이 맘문생겨나'라고 게송으로 표현했습니다. 같이 독송합시다.

전향속행 여운이 맘문생겨나

생각해서 알 때는 대상으로 전향하는 맘문전향 마음, 속행 마음 일곱 번, 여운 마음 두 번, 합쳐서 마음이 열 번 생겨납니다. 대상의 힘이 약하면 속행 마음 일곱 번까지만 생겨나기도 합니다. 속행 마음 여섯 번, 속행 마음 다섯 번으로 인식과정이 끝나는 경우도 있습니다.[52] 보고 나서 바로 다음에 생겨나는 맘문 인식과정을 통해 이렇게 생각해서 알 때도 여자나 남자 등의 모습이나 형체라는 개념은 아직 드러나지 않습니다. 보아서 알 때와 마찬가지로 절대성품으로서의 형색만 드러납니다. 돌이켜 생각해서 아는 이 인식과정에서는 사라져 버린 과거의 형색으로 분명하다는 점만 다릅니다. 형색 물질로는 절대성품일 뿐입니다. 그래서 생각해서 아는 즉시 바로 〈본다〉라고 관찰할 수 있어도 절대성품으로서 형색 물질을 사실대로 바르게 아는 것입니다. 하지만 수

50 ㊞마음이 매우 빠르게 생멸하기 때문이다. 눈 한 번 깜박할 사이나 번개가 한 번 번쩍할 사이에 마음은 1조 번 이상 생멸한다.(SA.ii.91) 물질은 그보다 1/17 정도 느리다.(Ah.23)

51 '존재요인 마음이 사라진 뒤 바로'라는 뜻이다.

52 『아비담마 길라잡이』 제1권, pp.410~417 참조.

행을 처음 시작한 초보 수행자는 아직 이렇게 생각해서 아는 첫 번째 인식과정 바로 다음에 관찰할 수 없습니다.

개념이 분명하게 드러나는 모습

생각해서 아는 첫 번째 인식과정 바로 다음에 관찰하지 못하면 두 번째 생각해서 아는 인식과정이 이어서 생겨납니다. 그 인식과정에서는 여자나 남자 등 형체 개념이 드러납니다. 그 다음 세 번째 생각해서 아는 인식과정에서는 '여자'나 '남자' 등 명칭 개념도 드러납니다.[53] 두 번째나 세 번째 생각해서 아는 맘문 인식과정을 통해 형체 개념, 명칭 개념으로 저절로 빠르게 아는 것은 어리석음moha의 힘 때문입니다. 이렇게 잘못된 것을 어리석음이 먼저 알기 때문에 주석서에서 어리석음의 역할을 "ārammaṇasabhāvacchādanaraso. 대상의 바른 성품을 덮어버리는 역할이 있다"라고(Vis.ii.97) 설명한 것입니다.[54]

지금 새김확립 가르침에 따라 볼 때마다 계속해서 〈본다〉라고 즉시 관찰하는 것은 그 생각해서 아는 두 번째 인식과정 등을 통해 잘못된 개념을 대상으로 하기 전에 바른 성품에 따라 절대성품인 형색 물질만을 알기 위해서입니다. 하지만 수행을 갓 시작한 초보 수행자는 새김이나 삼매, 지혜의 힘이 부족하기 때문에 아직 사실대로 바르게 알

53 『아비담마 길라잡이』 제1권, pp.411~412 참조.

54 ㉻레디 사야도는 "보았을 때 즉시 형체 개념이나 명칭 개념으로 아는 것은 시작을 알 수 없는 과거로부터 지금까지 계속해서 형체나 명칭 등 '개념 나라'에서만 지내왔기 때문이다. 물질과 정신이라는 '절대성품 나라'에서는 오래 머물지 않았기 때문이다. 실제로 존재하는 것은 물질과 정신일 뿐인데 '남자다. 여자다. 어떤 모습이다'라고 개념으로 드러나게 하는 것이 어리석음이다"라고 설명했다. 더 나아가 "'어떠한 모습이다'라는 정도는 돼지도 안다. 그렇게 형체를 통해서는 눈이 있는 중생들이라면 모두 안다. 그래서 '이것은 물질일 뿐이다. 정신일 뿐이다'라고 모르는 것은 사람이나 개, 돼지나 모두 똑같다"라고까지 비유했다.

수 없습니다. 새김이나 삼매, 지혜의 힘이 좋아졌을 때는 보아서 아는 인식과정 바로 다음에도 즉시 관찰하여 사실대로 바르게 알 수 있습니다. 무너짐의 지혜, 형성평온의 지혜 등의 단계에 이르면 눈 의식 다음에 속행까지도 생겨나지 않고 결정 마음만 두 번이나 세 번 정도 일어난 뒤 그 인식과정 바로 다음에 관찰하여 아는 여섯 구성요소 평온chaḷaṅgupekkhā 위빳사나 지혜가 생겨납니다. 이러한 사실은 『맛지마 니까야 주석서』 등에 설명돼 있습니다.(MA.i.129) 이 내용에 대해서는 『*Vipassanā Shunikyan*(위빳사나 수행방법론)』에 볼 때 관찰하는 모습에 대해 자세히 설명해 놓았으니 참고하십시오.[55] 여기서는 뽓틸라 Poṭṭhila 장로의 일화를 간략하게 설명하겠습니다.

뽓틸라 장로의 일화

부처님 당시에 뽓틸라라는 장로 한 분이 있었습니다. 그는 삼장을 수지하여 경전을 가르치던 대강백이었습니다. 하지만 수행을 하지 않았기 때문에 부처님께서는 장로를 볼 때마다 "tuccha poṭṭhila. 아무 쓸모없는 뽓틸라여"라고 부르셨습니다. 이렇게 부처님께서 자기를 깎아내리며 부르시자 뽓틸라 장로는 다음과 같이 반조했습니다.

"나는 교학에서는 모자람 없이 구족하고 있다. 그런데도 부처님께서 나를 'tuccha 쓸모없는 이'라고 부르는 것은 수행에서 모자라기 때문일 것이다. 수행에서도 구족하도록 노력하리라."

이렇게 합리적 마음기울임yoniso manasikāra으로 올바르게 숙고한 뒤 서른 분의 아라한이 주석하고 있는 숲속 절로 가서 제일 법랍이 높

55 마하시 사야도 지음, 비구 일창 담마간다 옮김, 『위빳사나 수행방법론』 제1권, pp.401~407 참조.

은 장로에게 수행주제를 청했습니다. 첫 번째 장로는 뽓틸라 장로에게 교학과 관련된 자만이 아직 남아 있음을 알고서 두 번째 장로에게 보냈습니다. 두 번째 장로도 같은 이유로 세 번째 장로에게 보냈습니다. 세 번째 장로는 네 번째 장로에게 같은 방법으로 차례대로 보내다가 마지막에는 일곱 살인 아라한 사미에게까지 이르게 됐습니다.

사미가 "저는 아직 어리기도 어리고 경전을 많이 익히지도 못했습니다. 제가 오히려 스님께 배워야 합니다"라며 거절했지만 뽓틸라 장로는 정중하게 다시 청했습니다.[56] 그러자 아라한 사미는 다음과 같이 수행주제를 주었습니다.

> 스님! 여섯 개의 구멍이 있는 개미탑에 도마뱀이 들어갔다고 합시다. 그 도마뱀을 잡으려면 다섯 구멍을 막아 버리고 나머지 한 구멍에서만 기다려야 합니다. 그와 마찬가지로 여섯 문에서 여섯 대상이 드러나더라도 다섯 문은 닫아 버리고 맘문 하나에서만 수행해야 합니다.(DhpA.ii.263)

"눈·귀·코·혀·몸이라고 하는 다섯 문에서 속행까지 도달하게 하지 않고 맘문에서 관찰하여[57] 아는 위빳사나 속행이 생겨나도록 노력하라"라는 의미입니다. 사미가 이 정도로 말하자 삼장을 수지하고 가르칠 만큼 법에 해박했던 장로는 관찰방법을 즉시 자세하게 이해했습니다. 보

56 장로는 "무엇이든 따르겠습니다. 불구덩이 속에 뛰어들라고 해도 뛰어들겠습니다"라고 장담했다. 사미는 한 번 시험해 보려고 "그렇다면 저 연못 속으로 들어가 보십시오"라고 근처에 있던 연못에 들어가게 했다. 장로는 그 한마디에 매우 값비싼 가사를 입은 채로 연못에 바로 들어갔다. 가사 끝자락이 약간 젖을 정도로 들어갔을 때, "돌아오세요"라고 어린 사미가 말하자 그 한마디에 바로 다시 올라왔다. 『위빳사나 수행방법론』 제1권, pp.408~409 참조.

57 저절로 맘문에서 관찰하게 되는 모습은 본서 부록 pp.251~253 참조.

아서 알고, 들어서 알고, 맡아서 알고, 먹어서 알고, 닿아서 알 때 결정 마음에서 바로 멈추도록 즉시 관찰하여 알고, 다시 관찰하여 알아 나가라는 뜻이었습니다. 지금 이 「말루꺄뿟따숫따」에서 "볼 때는 보는 정도만 생겨날 것이다. 보는 정도만 생겨나도록 하라. 보는 정도에만 머물러라"라고 가르치시는 것과 같습니다. 뽓틸라 장로는 그 방법대로 관찰하다가 부처님께서 설하시는 게송 한 구절을 듣고서 아라한이 됐습니다.(DhpA.ii.263)[58]

부처님께서 뽓틸라 장로에게 설하신 게송은 다음과 같습니다.

Yogā ve jāyate bhūrī,
Ayogā bhūrisaṅkhayo;
Etaṁ dvedhāpathaṁ ñatvā,
Bhavāya vibhavāya ca;
Tathāttānaṁ niveseyya,
Yathā bhūrī pavaḍḍhati. (Dhp.282)

해석

수행에서 지혜가 확실히 생겨나네.
수행없음 때문에 지혜가 무너지네.
향상과 또한 향상하지 않음,
이러한 두 갈래의 길을 알고서
어떻게 머물 때 지혜가 커진다면
그렇게 자신을 머물게 하라.

58 『법구경 이야기』 제3권, pp.193~196 참조.

대역

Yogā수행에서; 수행하기 때문에 bhūrī지혜가 ve jāyate확실히 생겨난다. ayogā수행없음 때문에; 수행을 하지 않기 때문에 bhūrisaṅkhayo《hoti》지혜가 무너진다. bhavāya ca《지혜의》 향상과 vibhavāya ca향상하지 않음을 위해; 무너짐을 위해《pavattaṁ》생겨나는 etaṁ dvedhāpathaṁ그 두 갈림길을 ñatvā잘 알고서, yathā어떻게《nivesiyamāne자신을 머물게 하면》bhūrī지혜가; 위빳사나 지혜와 도의 지혜가 pavaḍḍhati커지는데 tathā그렇게 attānaṁ자신을 niveseyya머물게 하라.[59]

즉시 관찰하지 못하면 개념에 도달해 버리는 모습

앞서 설명한 내용 중 보아서 아는 즉시 바로 관찰하지 못하면 두 번째, 세 번째 맘문 인식과정을 통해 그릇되게 개념을 알게 되는 모습을 '현전형색 먼저보고 보고난법 다시생각 형체개념 드러나고 명칭을 끝에안다네'라고 게송으로 표현했습니다. 같이 독송합시다.

현전형색 먼저보고 보고난법 다시생각
형체개념 드러나고 명칭을 끝에안다네

"현전형색 먼저보고"는 보아서 아는 인식과정에서 아는 모습입니다.

"보고난법 다시생각"은 보고 난 뒤 첫 번째 맘문 인식과정에서 아는 모습입니다.

59 게송은 역자가 첨가했다. ㉭"각자 바라밀에 따라 노력을 기울여 수행하면 위빳사나 지혜가 생겨나는 것을 스스로 경험할 수 있다. 그러니 자신에게 위빳사나 지혜가 생겨나게 하는 그 길, 그 실천에 자신의 몸과 마음을 두라. 그 실천에 머물게 하라. 그 길을 따라 실천하라"라는 뜻이다.

"형체개념 드러나고"는 두 번째 맘문 인식과정에서 모양이나 형체개념을 아는 모습입니다.

"명칭을 끝에안다네"는 세 번째 맘문 인식과정에서 명칭 개념을 아는 모습입니다.

즉시 관찰하면 절대성품에 머무는 모습과 지혜가 생겨나는 모습

보아서 아는 즉시 바로 관찰할 수 있으면 보는 정도에만 머물러 절대성품인 물질과 정신도 구별하여 알 수 있습니다. 생겨남과 사라짐도 알 수 있습니다. 무상하고 괴로움이고 무아인 성품법들일 뿐이라고도 알 수 있습니다. 이 내용을 '보아즉시 관찰하면 보는것만 마음멈춰 명색구별 생멸보아 무상고 무아안다네'라고 게송으로 표현했습니다. 같이 독송합시다.

보아즉시 관찰하면 보는것만 마음멈춰
명색구별 생멸보아 무상고 무아안다네

"보아즉시 관찰하면"은 '보아서 아는 인식과정 다음에 관찰할 수 있으면, 혹은 그렇지 않고 첫 번째 맘문 인식과정 다음에 관찰할 수 있으면'이라는 뜻입니다.

"보는것만 마음멈춰"는 즉시 관찰할 수 있으면 보는 정도에만 인식과정이 멈춰 두 번째 맘문 인식과정 등이 생겨나지 않는 것을 말합니다. 이 「말루꺄뿟따숫따」에서 "diṭṭhe diṭṭhamattaṁ bhavissati. 보이는 것에 대해서는 보는 정도만 생겨날 것이다"라는 가르침과 일치합니다.

"명색구별 생멸보아", 물질色과 정신名 두 가지일 뿐이라는 성품, 생겨남과 사라짐의 성품도 스스로의 지혜로 알고 본다는 뜻입니다.

"무상고 무아안다네", 무상하고 괴로움이고 무아인 성품법들일 뿐이라고 스스로의 지혜로 안다는 뜻입니다.

앞서 설명한 대로 위빳사나 삼매와 지혜가 성숙돼 힘이 좋아졌을 때는 보고 나서 바로 관찰하여 볼 때 분명하게 드러나는 형색이라는 절대성품 물질과 보아서 아는 마음 등 절대성품 정신들도 구별하여 알 수 있습니다. 물질과 정신이 생겨나서는 사라져 가는 것도 압니다. 무너짐의 지혜가 매우 예리해졌을 때는 보이는 것과 보아서 아는 것이 휙, 휙 빠르게 사라지는 것을 경험하게 됩니다. 그렇게 휙, 휙 빠르게 사라지는 것을 경험해서 '눈이 이상해졌는가? 시력이 약해졌는가?'라고까지 생각하기도 합니다. 이렇게 빠르게 사라지는 것을 경험하여 '항상하지 않다'라고도 확실하게 알 수 있습니다. '생겼다가 사라졌다가 하므로 두려운 것이다. 괴로운 것이다'라고도 알 수 있습니다. '자기 성품에 따라 각각 생기고 사라지고 있는 성품법들일 뿐이구나. 무아구나'라고도 확실하게 알 수 있습니다. 바로 이것이 '보는 정도에만 머무는 모습'입니다. 이렇게 보는 정도에만 머물도록 관찰하게 하기 위해서 부처님께서 "diṭṭhe diṭṭhamattaṁ bhavissati. 보이는 것에 대해서는 보는 정도만 생겨날 것이다"라고 설하셨던 것입니다.

부처님께서 수행주제를 주시는 모습과 관련해 말루꺄뿟따 존자가 법문을 청하면서 장담했던 내용 중 "appamatto vihareyyaṁ. 방일하지 않고 지내겠습니다"라는 구절도 "te 그대에게"라는 구절을 수식하는 것으로 연결해서 다음과 같이 파악해야 합니다.

Ettha ca te, mālukyaputta, diṭṭhasutamutaviññātesu dhammesu diṭṭhe diṭṭhamattaṁ bhavissati.

대 역

Mālukyaputta말루꺄뿟따여, 《appamattassa viharatto그대가 장담한 대로 방일하지 않고 끊임없이 관찰하며 지내고 있는》 te 그대에게[60] ettha ca diṭṭhasutamutaviññātesu dhammesu보이고 들리고 감각되고 알게 된 이런 법들 중에서도 diṭṭhe보이는 것에 대해서는; 보이는 형색에 대해서는 diṭṭhamattaṁ bhavissati 보는 정도만 생겨날 것이다.

이렇게 말루꺄뿟따 존자가 앞서 장담한 말에 연결시켜야만 그 의미가 더욱 쉽게 드러납니다. 부처님께서 설하신 수행방법을 요약하자면 "말루꺄뿟따여, 그대가 스스로 방일하지 않고 수행하면서 지내겠다고 장담하지 않았는가? 그렇게 장담한 대로 방일하지 않고 끊임없이 관찰하고 있으면 그 보이는 것, 들리는 것, 감각된 것, 알게 된 것 중에서 보이는 것에 대해서는 보는 정도만 생겨날 것이다. 보는 정도만 생겨나도록 하라"라는 뜻입니다.

이 내용은 본승이나 수행자들에게 직접 경험을 통해 분명합니다. 무너짐의 지혜에 도달하면 보이는 것에 대해서도 보는 것 정도에서 멈춥니다. 들리는 것, 맡아지는 것, 먹어서 알아지는 것, 닿아서 알아지는 것, 생각해서 알아지는 것 등에 대해서도 단지 듣는 정도, 맡는 정도, 먹어서 아는 정도, 닿아서 아는 정도, 생각해서 아는 정도에서 멈

60 이렇게 연결해서 파악해야 한다는 뜻이다.

춥니다. 남자나 여자 등 개념 대상에까지 도달하지 못합니다. 매우 분명합니다.

반박하는 모습

하지만 볼 때 끊임없이 관찰하지 않는 사람들은 〈본다〉라고 관찰하는 방법에 의심을 가집니다. 들을 때, 맡을 때, 먹을 때, 닿을 때, 생각할 때도 마찬가지입니다. 어떤 사람들은 더 나아가 '틀렸다'라고까지 생각합니다. 본승이 한때 차우*Chau* 시에서 법문하고 있을 때 어떤 사람이 와서 "눈 의식이 보아서 알 때는 형색의 생성과 소멸을 볼 수 없는 것 아닙니까? 눈 의식은 형색을 보아서 아는 성품일 뿐입니다. 형색의 생성과 소멸을 알 수는 없습니다. 눈 의식이 형색의 생성과 소멸을 볼 수 없기 때문에 보아서 아는 성품을 관찰하는 것으로 형색의 생성과 소멸을 알 수 없습니다"라고 반박하기도 했습니다.

반박에 대한 설명

아비담마의 여러 주석서에 따르면 형색은 눈 의식이 생겨나기 4, 5 등의 마음찰나 전에 생겨납니다. 사라지는 것도 눈 의식이 사라진 12, 11 등의 마음찰나 후에 사라집니다.[61] 따라서 형색의 진짜 생성과 소멸은 눈 의식 마음이 볼 수 없습니다. 하지만 〈본다〉라고 관찰하는 새김

61 마음이 생성uppāda과 머묾ṭhiti과 소멸bhaṅga을 거치면서 한 번 일어나고 사라지는 데 걸리는 시간을 '마음찰나cittakkhaṇa'라고 한다. 물질의 수명은 17 마음찰나이며 눈문 인식과정의 대상인 형색은 매우 큰 대상인 경우 경과 존재요인 마음의 생성 찰나와 함께(눈 의식의 4 마음찰나 전) 생겨나고 마지막인 여운 마음의 소멸 찰나와 함께(눈 의식의 12 마음찰나 후) 사라진다. 큰 대상이라면 눈 의식의 5, 6 마음찰나 전에 생겨나고 11, 10 마음찰나 후에 사라진다. 작은 대상이라면 눈 의식의 7~12 마음찰나 전에 생겨나고 9~4 마음찰나 후에 사라진다. 『아비담마 길라잡이』 제1권, pp.394~408 참조.

과 지혜는 그 눈 의식의 생성과 소멸이라는 진짜 생멸을 관찰해서 알 수 있습니다. 그렇게 알 때도 보아서 아는 인식과정 전체와 관련된 생멸을 아는 것입니다.[62] 그렇게 보아서 아는 마음의 생성과 소멸을 알면[63] 그 보아서 아는 인식과정의 대상이 생겨나는 모습과 사라지는 모습도 아는 것이라고 경전 가르침 방법에 따라 말할 수 있습니다. 그래서 부처님께서 『앙굿따라 니까야』「자나숫따Jhānasutta(선정경)」(A.iii.220/A9:36) 등에 선정에서 출정했을 때, 선정에 들었을 당시 생겨났던 다섯 무더기를 관찰하는 모습을 분명하게 설하신 것입니다.[64] 선정에서 출정한 뒤에는 선정 마음이나 마음부수 등 정신법이 분명합니다. 이것은 〈본다〉라고 관찰할 때 보아서 아는 마음이 분명한 것과 같습니다. 물질의 생멸은 선정 마음이 대상으로 하지 않았기 때문에 직접적으로 분명하다고는 말할 수 없습니다. 하지만 선정 마음이나 마음부수 등 정신법들을 분명하게 알 수 있으면 그 선정의 의지처인 물질들이나 선정 마음 때문에 생겨나는 물질들의 생멸도 관찰하여 알 수 있습니다.

「자나숫따」에 설명된 관찰 모습에 따르자면 〈본다〉라고 관찰할 때도 보이는 형색, 보아서 아는 마음, 보아서 아는 마음의 토대 물질 등이 생멸하는 모습도 안다고 말할 수 있습니다. 실제로 관찰하고 있는 수행자라면 보이는 형색 물질들이 생겨나고 사라지는 모습을 마치 번갯불이 생겨나고 사라지는 것처럼 분명하게 알 수 있습니다. 『마하닛데사』에는 다음과 같이 설명돼 있습니다.

62 인식과정 중에 포함된 마음 하나하나의 생멸을 아는 것은 아니라는 뜻이다.

63 '보아서 아는 인식과정 전체의 생멸을 아는 것을 통해 보아서 아는 마음의 생성과 소멸을 알면'이라는 뜻이다.

64 대림스님 옮김,『앙굿따라 니까야』 제5권, pp.466~472 참조.

Vijjuppādova ākāse, uppajjanti vayanti ca. (Nd1.32)

대역

Ākāse공중의 vijjuppādo iva번갯불처럼 《saṅkhārā형성법들이》 uppajjanti ca생겨나기도 계속 생겨나고 vayanti ca사라지기도 계속 사라진다.

번갯불이 생겨나는 모습은 눈으로 직접 볼 수 없습니다. 사라지는 모습도 볼 수 없습니다. 하지만 번갯불이 생겨나서는 즉시 사라지는 것은 눈으로 분명하게 알 수 있습니다. 그와 마찬가지로 볼 때 〈본다〉라고 관찰하면 보이는 형색이 생겨나서는 즉시 사라지는 것을 생멸의 지혜나 무너짐의 지혜 등에 도달한 수행자라면 분명하게 알 수 있습니다. 특히 〈들린다〉라고 관찰할 때는 들리는 소리 물질의 생멸이 더욱 분명합니다. 또한 〈닿음〉이라고 관찰할 때도 닿아서 알아지는 감촉 물질의 생멸이 분명합니다. 경전 방법에 따라 말한다면[65] 이렇게 생멸을 분명하게 경험하여 무상하고 괴로움이고 무아라고 아는 것은 직접 경험하는 진짜 위빳사나 지혜입니다. 이렇게 순간도 끊임없이 생멸하는 것을 경험하게 되면 다음과 같이 여러 지혜가 생겨납니다.

Evaṁ passaṁ, bhikkhave, sutavā ariyasāvako rupasmimpi nibbindati, nibbindaṁ virajjati. (M.i.192)

65 아비담마 방법에 따르면 형색의 진짜 생성과 소멸은 눈 의식 마음이 볼 수 없지만 경전 방법에 따르면 〈본다〉라고 관찰하는 새김과 지혜가 형색의 생성과 소멸이라는 진짜 생멸을 관찰해서 안다고 말할 수 있다는 의미다.

대 역

Bhikkhave비구들이여, evaṁ passaṁ이렇게 보는 sutavā배움을 구족한; 듣고 봄을 구족한 ariyasāvako성제자는 rupasmimpi물질에 대해서도 nibbindati염오한다; 즐거워하지 않고 혐오스러워한다. nibbindaṁ염오하면 virajjati빛바랜다; 애착이 사라진다; 좋아함이 없어져서 성스러운 도가 생겨난다.

"nibbindati염오한다"라는 구절에 따라 염오의 지혜 등도 생겨나고 "nibbindaṁ염오하면 virajjati빛바랜다"라는 구절에 따라 열반을 직접 대상으로 도의 지혜도 생겨납니다. 이어서 과의 지혜도 생겨납니다. 도와 과의 지혜로 열반을 직접 증득해서 수다원 등이 될 수 있습니다.

경과 존재요인 마음과 같이 생겨나는 형색 물질의 생성이라는 생겨남과 두 번째 여운 마음 등과[66] 같이 사라지는 사라짐을 자신의 지혜로는 어떠한 방법으로도 알 수 없습니다. 주석서에서 설명한 대로 들어서 아는 지혜sutamaya ñāṇa를 통해 아는 정도일 뿐입니다. 그렇게 들어서 아는 지혜만으로는 진짜 위빳사나 지혜가 생겨날 수 없습니다. 숙고해서 아는 정도로는 염오의 지혜도 생겨날 수 없습니다. 또한 이렇게 한 번 볼 때 '형색은 경과 존재요인이 한 번 생겨날 때 그 첫 번째 경과 존재요인 마음과 함께 생겨난다'라거나 '경과 존재요인이 두 번, 혹은 세 번 생겨날 때 첫 번째 경과 존재요인 마음과 함께 생겨난다'라고 누구도 정확하게 알 수 없습니다. 사라질 때도 '두 번째 여운 마음과 함께

66 '~등'이라고 한 것은 매우 큰 대상이 아닌 경우 속행 다음에 생겨나는 존재요인 마음이나 속행 마음 등과 같이 사라지는 경우도 있기 때문이다. 『아비담마 길라잡이』 제1권, p.406 도표 4.2 참조.

사라진다' 등으로 누구도 정확하게 알 수 없습니다. 따라서 "형색 물질의 생멸을 정확하게 알아야만 위빳사나 지혜가 생겨난다"라고 말한다면 위빳사나 지혜가 생겨날 수 없을 것입니다. 그러므로 "아비담마나 주석서 등의 설명은 들어서 아는 지혜로 짐작하여 알도록 설명한 것이다. 위빳사나 수행을 해서 직접 알아야만 하는 것으로 설명한 것이 아니다"라는 사실을 이해해 두어야 합니다.

실제로는 앞서 언급했던 「자나숫따」 등과 일치하게 번갯불이 생겨나고 사라지는 것을 알듯이 물질이 생겨나면 생겨날 때 바로 관찰하여 직접 알 수 있는 만큼만 아는 것이 중요하다는 사실도 이해해 두어야 합니다.

이 정도의 설명이면 "물질의 생성과 소멸을 정확하게 알 수는 없다. 정확하게 알 필요도 없다. 'gacchanto vā gacchāmīti pajānāti. 가면서도 〈간다〉라고 안다'(D.ii.232) 등의 가르침과 일치하게 물질이 생겨날 때 즉시 관찰하여 각각의 찰나에 부분부분 끊어져 사라져 가는 성품을 알아야 한다"라는 사실도 이해할 수 있을 것입니다.

또한 '생겨나고 있는 현재를 관찰해야 한다'라고는 하지만 일부 물질과 정신 법들은 생겨나는 정확한 순간에 관찰할 수는 없습니다. 선정에서 출정한 뒤 선정 마음을 관찰하는 것을 '현재를 관찰하여 안다'라고 설명한 경전 방법에 따라 사라진 후 아주 가까운 현재만[67] 관찰하여 알 수 있습니다.

67 현재paccuppanna에는 기간addhā 현재, 상속santati 현재, 찰나khaṇa 현재라는 세 가지 현재가 있다. 대림스님 옮김,『청정도론』 제2권, pp.390~392 참조. 그중 위빳사나의 대상은 상속 현재와 찰나 현재이다.『위빳사나 수행방법론』 제1권, p.308 참조. 예를 들어 하나의 저림이 생겨나서 지속되다가 사라졌을 때 그것을 하나의 연속된 저림으로 관찰하는 것이 상속 현재로 관찰하는 것이다. 하나의 연속으로 저림이 생겨나더라도 첫 번째 저림이 따로, 두 번째 저림이 따로 등으로 나누어 관찰하는 것이 찰나 현재로 관찰하는 것이다.『위빳사나 수행방법론』 제2권, pp.262~264 참조.

들리는 것 등을 관찰하는 모습

볼 때 관찰하여 아는 모습은 이 정도면 충분할 것입니다. 이어지는 부처님의 다른 대답 구절도 있지만[68] 그 전에 "sute sutamattaṁ bhavissati. 들리는 것에 대해서는 듣는 정도만 생겨날 것이다" 등에 따라 관찰하는 모습을 간단하게 설명하겠습니다.

Sute sutamattaṁ bhavissati. (S.ii.295)

대 역

Mālukyaputta말루꺄뿟따여, 《appamattassa viharatto그대가 장담한 대로 방일하지 않고 끊임없이 관찰하며 지내고 있는》[69] te 그대에게 … sute들리는 것에 대해서는; 들리는 소리에 대해서는 sutamattaṁ bhavissati듣는 정도만 생겨날 것이다.

말루꺄뿟따 존자는 방일하지 않고 끊임없이 관찰하면서 지내겠다고 장담했습니다. 그래서 부처님께서는 "그대가 장담한 대로 들을 때마다 계속해서 〈듣는다; 들린다〉라고 방일하지 않고 끊임없이 관찰하여 들리는 대상에 대해서는 들리는 정도만 생겨나도록 하라. 듣는 정도에서 멈추도록 해야 한다"라고 설하셨습니다. 지금 법문 음성은 한 글자씩 차례대로 들릴 것입니다. 그 음성들을 〈들린다, 들린다〉라고 자세하게 관찰하고 있으면 전혀 그 의미가 들어오지 않습니다. 그와 마찬가지로 다른 소리들도 들릴 때마다 계속해서 〈들린다, 들린다〉라

68 본서 pp.84~89 참조.

69 ㉯㉰이해를 돕기 위해 다시 첨가했다.

고 자세하게 관찰하면 누구의 목소리인지, 무엇을 말하고 있는지 모릅니다. 명칭이나 의미 등 개념까지 도달하지 못하고 단지 들리는 정도에서 멈출 것이라는 뜻입니다. 이것은 위빳사나 지혜가 무르익은 수행자들에게는 분명합니다. 자세한 내용은 다음에 차례가 됐을 때 설명하겠습니다.[70]

이어서 감각되는 대상에 대해서도 설명하셨습니다.

Mute mutamattaṁ bhavissati. (S.ii.295)

대 역

Mute감각된 것에 대해서는; 맡게 된 냄새나 맛보게 된 맛이나 닿게 된 감촉에 대해서는 mutamattaṁ bhavissati감각하는 정도만 생겨날 것이다.

여섯 문에서 분명하게 드러나는 것을 모두 방일하지 않고 끊임없이 관찰하면서 지내야 하는데 그중 "감각된 것에 대해서는 감각하는 정도만 생겨나게 하라"라는 뜻입니다. 여기서 '감각된 것'이란 맡아서 알게 된 것, 맛보아서 알게 된 것, 닿아서 알게 된 것을 간략하게 표현한 구절입니다. 자세하게 설명하면 "냄새를 맡아서 알 때는 맡는 정도에서 마음이 멈추어야 한다. 맛을 보아서 알 때는 맛보아서 아는 정도에서 멈추어야 한다. 감촉에 닿아서 알 때는 닿아서 아는 정도에서 멈추어야 한다. 맡은 것이 어떤 냄새였고, 맛본 것이 어떤 맛이었고, 닿은 것이 어떤 감촉이었고 등으로 개념까지 도달하지 않도록 해야 한다"라는

70 본서 p.136 참조.

뜻입니다. 마찬가지로 이것은 간략한 설명입니다. 나중에 차례가 됐을 때 자세하게 설명하겠습니다.[71]

> Viññāte viññātamattaṁ bhavissati. (S.ii.295)
>
> **대 역**
>
> Viññāte알게 된 것에 대해서는; 알게 된 성품법에 대해서는 viññātamattaṁ bhavissati아는 정도만 생겨날 것이다.

"생각하거나 숙고할 때 〈생각한다; 숙고한다〉 등으로 관찰하면 생각해서 아는 정도에서 멈추게 될 것이다. 개념까지 도달하지 못해 이어서 번뇌가 생겨나지 않을 것이다"라는 뜻입니다. 이 내용도 마지막에 차례가 됐을 때 자세하게 설명하겠습니다.[72]

지금까지 설명한 성전 내용을 간략하게 다시 설명해 보겠습니다.

> 말루꺄뿟따여, 《그대가 장담한 대로 방일하지 않고 끊임없이 관찰하며 지낸다면》 그대에게 보이고 들리고 감각되고 알게 된 법들 중에서도 보이는 것에 대해서는 보는 정도만 생겨날 것이다. 들리는 것에 대해서는 듣는 정도만 생겨날 것이다. 《맡아서 알게 된, 먹어서 알게 된, 닿아서 알게 된》 감각된 것에 대해서는 감각하는 정도만 생겨날 것이다. 알게 된 것에 대해서는 아는 정도만 생겨날 것이다.

71 본서 pp.145~146 참조.

72 본서 p.206 참조.

이 구절은 부처님께서 말루꺄뿟따 존자에게 위빳사나 수행법을 간략하게 설명하신 내용입니다. 더 요약하면 "보는 정도 등에서만 멈추도록 드러난 대상을 끊임없이 관찰하라"라는 뜻입니다. 관찰하지 않으면 보는 정도 등에서만 멈출 수 없습니다. 끊임없이 관찰하더라도 갓 수행을 시작한 초보 수행자라면 보는 정도 등에서만 멈추지 않습니다. (인식과정이 진행돼 계속해서) 보고 듣고 하면서 '여자다. 남자다. 누구다' 등으로 개념까지 여전히 도달합니다.

어떤 사람은 "무상 등으로 숙고하는 것만으로 보이는 정도에서 멈출 수 있다"라고 말합니다. 어떤 사람은 "마음을 마음 그대로 두는 것만으로 보이는 정도에서 멈출 수 있다"라고 말합니다. 그렇게 말하는 사람들이라면 듣기 싫은 소리를 듣거나 좋아하지 않는 글을 읽었을 때 성냄 마음이 일어나는지 일어나지 않는지, 또한 몸에 참기 힘든 고통이 생겨날 때 성냄이나 참지 못함 등이 일어나는지 일어나지 않는지 잘 살펴서 자신의 말이 사실인지 아닌지 결정해 보아야 합니다.[73]

볼 때마다 등에서 드러나는 모든 대상을 끊임없이 관찰하다가 무너짐의 지혜 등에 이르게 됐을 때, 보는 정도 등에만 머무는 모습을 스스로의 지혜로 알 수 있습니다. 이렇게 끊임없이 관찰하여 보는 정도 등에만 머물고 있으면 얻을 수 있는 위빳사나 지혜의 이익에 대해서도 부처님께서는 다음과 같이 이어서 설하셨습니다.

73 ㉻"마음을 있는 그대로 두십시오, 아무 조작도 하지 말고 그대로만 두십시오. 그대로 보십시오"라고 법문하고 다니는 젊은이가 있었다. 어느 날 그의 삼촌이 갑자기 그의 뺨을 때렸다. 그가 "아니 왜 갑자기 뺨을 때립니까?"라고 묻자 삼촌은 "네가 계속해서 '마음을 그대로 두는 것만으로 번뇌가 생겨나지 않는다'라고 법문을 하고 다녀서 진짜 마음을 그대로 두면 번뇌가 생겨나지 않는지 확인해 보려고 뺨을 때렸다. 화가 나느냐 안 나느냐?"라고 물었다. 그는 "화가 나지요"라고 대답하고 그날 이후로 그런 법문을 하지 않았다고 한다. 관찰하더라도 아직 새김과 지혜의 힘이 약할 때는 마음이 달아나는데 그냥 마음을 가만히 두고 보는 것만으로 어떻게 마음이 그대로 멈추겠는가? 멈추지 않는다.

위빳사나 수행의 이익

13-1 Yato kho te, mālukyaputta, diṭṭhasutamutaviññātabbesu dhammesu diṭṭhe diṭṭhamattaṁ bhavissati, sute sutamattaṁ bhavissati, mute mutamattaṁ bhavissati, viññāte viññātamattaṁ bhavissati; tato tvaṁ, mālukyaputta, na tena.

(S.ii.295)

해 석

말루꺄뿟따여, 어느 때 보이고 들리고 감각되고 알게 된 법들 중에서 보이는 것에 대해서는 보는 정도만 생겨날 것이고 들리는 것에 대해서는 듣는 정도만 생겨날 것이고 감각된 것에 대해서는 감각하는 정도만 생겨날 것이고 알게 된 것에 대해서는 아는 정도만 생겨날 것이라면, 말루꺄뿟따여, 그때 그대는 그것과 관련되지 않을 것이다.

대 역

Mālukyaputta말루꺄뿟따여, yato어느 때 te그대에게 diṭṭhasutamutaviññātesu dhammesu보이고 들리고 감각되고 알게 된 법들 중에서 diṭṭhe보이는 것에 대해서는; 보이는 형색에 대해서는 diṭṭhamattaṁ bhavissati보는 정도만 생겨날 것이고 sute들리는 것에 대해서는; 들리는 소리에 대해서는 sutamattaṁ bhavissati듣는 정도만 생겨날 것이고 mute감각된 것에 대해서는; 맡게 된 냄새나 맛보게 된 맛이나 닿게 된 감촉에 대해서는 mutamattaṁ bhavissati 감각하는 정도만 생겨날 것이고 viññāte알게 된 것에 대해

서는; 알게 된 성품법에 대해서는 viññātamattaṁ bhavissati아는 정도만 생겨날 것이라면, mālukyaputta말루꺄뿟따여, tato그때 tvaṁ그대는 na tena《bhavissati》그것과 관련되지 않을 것이다.

요약하면 "볼 때마다, 들을 때마다, 감각할 때마다, 알 때마다 보는 정도, 듣는 정도, 감각하는 정도, 아는 정도만 생겨나게 한다면 그때는 그대에게 보이는 형색 등과《즐기는 애착rāga, 싫어하는 성냄dosa, 잘못 아는 어리석음moha에 따라서》관련되지 않을 것이다"라는 뜻입니다.

관찰하지 않는 이들은 보는 정도 등에서 멈추지 않고 보게 된 형색 등에 마음속으로 집착합니다. 그래서 그 형색 등을 다시 돌이켜 생각하여 즐기는 애착이 생겨납니다. 싫어하는 성냄도 생겨납니다. '항상하다' 등으로 잘못 아는 어리석음도 생겨납니다. 관찰하지 않는 이들은 그렇게 보이는 형색 등과 끊임없이 결합돼 있습니다.

분명하게 드러나는 모든 것을 방일하지 않고 끊임없이 관찰하는 수행자라면, 특히 무너짐의 지혜 등에 이르러 위빳사나 지혜가 매우 예리해졌을 때라면 관찰해서 알게 된 대상이나, 관찰하여 아는 성품이 즉시 사라져 버리는 것을 분명하게 경험하여 무상하고 괴로움이고 무아일 뿐이라고 알기 때문에 보는 정도 등에서만 머뭅니다. 어떤 것에도 집착하지 않습니다. 그 대상을 이어서 숙고하지도 않습니다. 그래서 보게 된 형색 등과 관련해 어떠한 번뇌도 생겨나지 않습니다. 원래부터 보지 않은 대상처럼 됩니다. 반면에 관찰하지 않아 사실대로 바르게 알지 못하면 그 대상과 관련해 번뇌가 생겨날 기회를 얻습니다. 그렇게 생겨날 기회를 얻은 번뇌를 대상잠재번뇌ārammaṇānusayakilesa

라고 말합니다. 관찰하여 바르게 알게 된 대상에 대해서는 그러한 대상잠재번뇌가 생겨나지 않는데 이것을 "위빳사나가 대상잠재번뇌를 부분제거tadaṅgapahāna로 제거했다"라고 말합니다. 그렇게 부분제거로 제거했기 때문에 관찰하여 아는 이들은 그 관찰하여 알게 된 대상들과 《애착 등에 따라서》 관련되거나 결합되지 않고 없어집니다. 그것을 "na tena (bhavissati) 그것과 관련되지 않을 것이다; 그 대상들과 관련해서 번뇌와 결합하지 않을 것이다"라고 설하신 것입니다. 이 내용을 간략하게 다시 설명해 보겠습니다.

> 말루꺄뿟따 비구여, 《그대가 장담한 대로 방일하지 않고 끊임없이 관찰하며 지낸다면》 그대에게 보이고 들리고 감각되고 알게 된 법들 중에서 보이는 것에 대해서는 보는 정도만 생겨날 것이고 들리는 것에 대해서는 듣는 정도만 생겨날 것이고 감각된 것에 대해서는 감각하는 정도만 생겨날 것이고 알게 된 것에 대해서는 아는 정도만 생겨날 것이다. 그렇게 된다면 그대는 그 형색 등과 《즐기고 싫어하고 잘못 아는 등으로》 관련되지 않을 것이다.

여러 주석서에서는 보는 정도만 생겨나도록 관찰하는 모습을 "볼 때 등에 바로 이어서 불선 속행이 생겨나지 않도록 해야 한다"라고 설명했습니다. 하지만 일부러 주의를 기울여 그렇게 노력할 필요는 없습니다. 끊임없이 관찰하고 있는 수행자에게는 저절로 불선 속행이 생겨나지 않고 없어지기 때문입니다. 위빳사나 지혜가 매우 예리해지면 속행조차 생겨나지 않은 채 결정 정도에서 멈추어 버린다는 사실을 앞서 뽓

틸라 장로의 일화에서 설명했습니다.[74]

중요한 것은 "무너짐의 지혜 등이 생겨나 관찰하여 알아지는 모든 대상에 대해 번뇌가 생겨날 기회를 얻지 못한 채 없어진다"라는 사실입니다. 이렇게 관찰하여 알아지는 대상에 대해 번뇌가 생겨날 기회가 없어지면 부분제거 작용도 성취됩니다. 「말루꺄뿟따숫따」에서 설하신 대로 보이는 형색 등과 애착 등으로 관련되거나 결합되지 않는다는 사실도 분명합니다. 그렇게 함께하지 않으면 그 대상들에 머물지 않는다는 사실도 부처님께서 다음과 같이 이어서 설하셨습니다.

13-2 Yato tvaṁ, mālukyaputta, na tena; tato tvaṁ, mālukyaputta, na tattha. (S.ii.295)

해석

말룻꺄뿟따여, 어느 때 그대가 그것과 관련되지 않는다면, 말루꺄뿟따여, 그때 그대는 그것에 머물지 않을 것이다.

대역

Mālukyaputta말루꺄뿟따여, yato어느 때 tvaṁ그대가 na tena그것과 관련되지 않는다면, mālukyaputta말루꺄뿟따여, tato그때; 그렇게 관련되지 않을 때 tvaṁ그대는 na tattha그것에 머물지 않을 것이다; 그 보이는 형색 등에 머물지 않을 것이다; 발판을 얻지 못할 것이다.

74 본서 pp.68~71 참조.

"머물지 않는다"는 것은 '나다. 나의 것이다. 나의 자아다'라고 자만과 갈애와 사견으로 집착하면서[75] 머물지 않는다는 뜻이라고 『우다나주석서』에서 설명했습니다.(UdA.82)[76] 이 내용을 간략하게 다시 설명해 보겠습니다.

관련되지 않는다면 그 보이는 형색 등에 머물지 않을 것이다.

'보이는 형색 등과 애착 등에 따라서 관련되지 않는다'라는 구절과 '그 대상에 갈애 등으로 집착하면서 머물지 않는다'라는 구절은 같은 내용입니다. 표현만 다릅니다. 다른 방법으로 "그 대상에 머물지 않는다"는 말은 "그 보이는 형색 등을 버리고서 열반 대상에 도달한다"라는 의미라고 생각해도 적절합니다. 그래서 형색 등의 대상에 머물지 않고 모든 괴로움의 끝인 열반에 도달한다는 내용을 부처님께서 다음과 같이 이어서 설하셨습니다.

열반에 도달하는 모습

13-3 Yato tvaṁ, mālukyaputta, na tattha; tato tvaṁ, mālukyaputta, nevidha, na huraṁ, na ubhayamantarena. Esevanto dukkhassa. (S.ii.295)

---

75 ㉻'나다. 나는 우월하다' 등으로 다른 이와 비교해서 집착하는 것이 자만으로 집착하는 것이다. '나의 것이다'라고 소유하고 즐기면서 집착하는 것이 갈애로 집착하는 것이다. '나의 자아가 있다. 영혼이 있다'라고 잘못된 견해로 집착하는 것이 사견으로 집착하는 것이다.

76 "etaṁ mama, esohamasmi, eso me attā"ti taṇhāmānadiṭṭhīhi allīno patiṭṭhito na bhavissasi. 원문에는 '나의 것이다. 나다. 나의 자아다'라는 순서대로 표현됐다.

해석

말루꺄뿟따여, 어느 때 그대가 그것에 머물지 않는다면, 말루꺄뿟따여, 그때 그대는 여기에도 없고 저기에도 없고 둘의 중간에도 없을 것이다. 바로 이것이 괴로움의 끝이다.

대역

Mālukyaputta말루꺄뿟따여, yato어느 때 tvaṁ그대가; 그대라고 불리는 물질·정신의 연속이 na tattha그것에 머물지 않는다면; 그 보이는 형색 등에 머물지 않는다면, mālukyaputta말루꺄뿟따여, tato그때; 그렇게 머물지 않을 때, tvaṁ그대는; '그대'라고 불리는 물질과 정신의 연속은 neva idha여기에도 없고; 이 세상에도 없고, na huraṁ저기에도 없고; 저 세상에도 없고, na ubhayamantarena둘의 중간에도 없다; 이 세상과 저 세상이라는 두 세상을 제외한 다른 곳에도 없다; 이 세상과 저 세상이라는 양쪽 모두에도 없다.[77] esevа바로 이것이; 이렇게 물질과 정신의 연속이 없는 것만이 dukkhassa anto괴로움의 끝이다; 모든 괴로움의 끝인 열반이다.

보이는 형색 등에 대해 '나, 나의 것, 나의 자아'라고 집착하면서 머물지 않는다면 부처님께서는 "그대"라고 부르고 말루꺄뿟따 존자 본인은 "나"라고 부르는 그 물질·정신의 연속은 눈앞의 세상인 인간 세상 등 이 세상에도 없습니다. 눈 밖의 세상인 천상의 생 등 저 세상에도

77 뒤의 해석은 『위빳사나 수행방법론』 제1권, p.388에서 발췌했다.

없습니다. 그 두 세상에서 벗어난 다른 세상에도 없습니다. 그렇게 '그대'라거나 '나'라고 부르는 물질·정신의 연속이 없어진 성품이 바로 모든 괴로움의 끝인 열반입니다.[78]

어떻게 없어지는가 하면, 성스러운 도의 지혜로 열반을 대상으로 할 때 '자신'이라고 불리는 생멸하는 물질·정신 모두가 사라진 성품을 경험합니다. 다른 방법으로 말하면 관찰하여 알아지는 물질·정신이나, 관찰하여 아는 정신이 완전히 끊어져 없어진 성품을 경험합니다. 그것이 성스러운 도가 생겨날 때 '나'라는 것이 없어진 모습입니다. 그렇게 '나'가 없는 성품이 모든 괴로움의 끝인 열반입니다. 또 다른 방법으로 설명하면 아라한은 완전열반에 들 때 '나'라고 할 만한 물질·정신이 아무것도 남지 않고 없어집니다. 완전열반의 임종 마음이 사라지는 것과 동시에 모두 사라져 버립니다.[79] 이것은 모든 괴로움이 남김없이 사라지는 무여열반anupādisesanibbāna입니다. 물질·정신이 완전히 소멸돼 적정한 성품으로는 성스러운 도와 과의 대상도 그 무여열반과 성품이 동일합니다.

주석서에는 "여기에도 없고 저기에도 없고 둘의 중간에도 없을 것이다"라는 구절에 대해 "aññe(다른 이들은)"이라고 언급하면서 다른 스승들의 견해를 다음과 같이 소개하고 있습니다.

> Aññe "idhāti ajjhattikāyatanāni, huranti bāhirāyatanāni, ubhayamantarenāti cittacetasikā"ti. (UdA.83)

78 ㉺괴로움의 끝이 열반이기 때문에 괴로움이 끝날 때까지 관찰하면 된다. 배의 부풂과 꺼짐도 괴로움이므로 부풂과 꺼짐이 완전히 끝날 때까지 관찰하면 열반에 도달한다. 물론 억지로 끝내서는 안 된다. 관찰을 통해 저절로 부풂과 꺼짐이 끝날 때 열반에 도달한다.

79 그리고 어떤 탄생지에도 다시 새로운 물질·정신이 생겨나지 않는다.

대역

Aññe다른 이들은 "idhāti'여기'란 ajjhattikāyatanāni내부 감각장소들, huranti'저기'란 bāhirāyatanāni외부 감각장소들, ubhayamantarenāti'둘의 중간'이란 cittacetasikā마음과 마음부수들이다"라고 iti말한다.[80]

성전 구절과 이 내용을 결합하면 다른 스승들의 견해는 다음과 같습니다.

"neva idha. 여기에도 없다"란 눈·귀·코·혀·몸·맘이라는 여섯 문에도 없다는 뜻이고, "na huraṁ. 저기에도 없다"란 형색·소리·냄새·맛·감촉·법이라는 여섯 대상에도 없다는 뜻이고, "na ubhayamantarena. 둘의 중간에도 없다"란 눈 의식·귀 의식·코 의식·혀 의식·몸 의식·맘 의식이라는 여섯 의식에도 없다는 뜻이다.

수행자의 경험으로는 위에서 소개한 다른 스승들의 설명이 더 이해하기 쉽습니다. 위빳사나 수행자가 무너짐의 지혜를 비롯해 형성평온의 지혜 등에 도달하면 보는 것, 듣는 것 등이 생겨날 때마다 관찰하여 즉시 사라지는 것을 알 수 있습니다. 관찰하여 아는 성품도 즉시 사라지는 것을 알 수 있습니다. 그렇게 알기 때문에 보이는 형색 등과 관련하여 좋아하고 들러붙는 애착이 생겨날 기회가 없습니다. 화를 내는 성

80 본문과 대역은 역자가 첨가했다.

냄도 생겨날 기회가 없습니다. 항상하다는 등으로 잘못 아는 어리석음도 생겨날 기회가 없습니다. 그래서 보이는 형색 등과 관련되지 않습니다. 그렇게 관련되지 않다가 형성평온의 지혜라는 위빳사나 지혜가 완전히 성숙됐을 때 형색 등의 대상을 수순의 지혜로 관찰하여 알고 나서 종성의 지혜로 버립니다.[81] 그렇게 버리는 것이 바로 보이는 형색 등에 머물지 않는 것입니다. 그렇게 머물지 않고 성스러운 도의 지혜로 물질과 정신이 없어져 완전히 적정한 열반을 증득합니다. 그때 부처님께서는 "그대"라고 부르고 말루꺄뿟따 존자 본인은 "나"라고 부르는 그 물질·정신의 연속이 눈이나 귀 등 여섯 문에도 드러나지 않고, 형색이나 소리 등 여섯 대상에도 드러나지 않고, 눈 의식이나 귀 의식 등 여섯 의식, 즉 차례대로 일어나는 마음에도 드러나지 않습니다. 그렇게 '그대'라거나 '나'라고 부르는 물질·정신의 연속이 없어진 성품이 바로 모든 괴로움의 끝인 열반입니다.

지금 위빳사나 수행자들이 수행 여정의 끝에 도달하는 모습과 비교해 보면 다른 스승들의 견해에 따른 이 설명이 더욱 분명합니다. 『밀린다빤하』에서 열반을 실현하는 모습을 설명한 아래 내용과도 비슷합니다.

『밀린다빤하』에서 설명하는 열반을 실현하는 모습

Tassa taṁ cittaṁ aparāparaṁ manasikaroto pavattaṁ samatikkamitvā apavattaṁ okkamati, apavattamanuppatto, mahāraja, sammāpaṭipanno nibbānaṁ sacchikarotīti vuccati.

(Mil.311)

81 도와 과를 처음 증득할 때 생겨나는 인식과정은 부록 p.301 참조.

대 역

Aparāparaṁ계속; 계속된 새김으로 manasikaroto마음을 기울이는; 관찰하여 알고 있는 tassa그의; 그 수행자의 taṁ cittaṁ 그 마음이; 관찰하여 알고 있는 그 마음이 《aparāparaṁ manasikaroto계속 마음을 기울이는; 계속해서 새김을 통해 수행하고 관찰하고 있는 연속인》 pavattaṁ samatikkamitvā진행을 넘어서서; 끊임없이 생겨나고 있는 물질과 정신의 연속을 넘어서서 apavattaṁ진행없음에; 끊임없이 생겨나고 있는 물질과 정신의 연속이 끊어진 성품에, 없어진 성품에 okkamati들어갑니다. mahāraja대왕이여; 밀린다 대왕이여, sammāpaṭipanno바르게 실천하여; 보이는 것 등에만 머물도록 방일하지 않고 끊임없이 관찰하여 알면서 apavattamanuppatto진행없음에 도달한 이를; 물질과 정신의 연속이 끊어진, 사라진 성품에 지혜로 도달한 수행자를 두고 nibbānaṁ sacchikarotīti'열반을 실현했다'라고 vuccati말합니다.

수행자는 원래 여섯 문에서 드러나는 닿아서 알아진 대상, 생각해서 알아진 대상, 들어서 알아진 대상, 보아서 알아진 대상 등《많이 생겨나는 순서대로 나열한 것입니다.》 끊임없이 생겨나고 있는 물질·정신들을 한 번 새기고, 다시 새기고, 이렇게 차례차례 계속해서 끊임없이 관찰하고 있습니다. 관찰하고 다시 관찰해도 완전히 없어지지 않고 다시 거듭 생겨나는 물질·정신의 생멸만을 경험하여 알고 있습니다. 그렇게 완전히 없어지지 않고 생멸하고 있는 물질·정신들을 무상 등으로 관찰하고 있다가 마지막 어느 순간에 관찰해서 알아지는 성품이나 관찰해서 아는 성품이 모두 끊어져 없어진 성품에 갑자기 도달합니다. 그렇게 도달하는 순간에는 닿아지는 감촉, 알아지는 법성품, 들리는 소리, 보이는 형색, 맡아지는 냄새, 먹어서 알아지는 맛이라는 여섯 대상도 분명하지 않습니다. 몸·심장·귀·눈·코·혀라는 여섯 문도 분명하지 않습니다. 몸 의식·맘 의식·귀 의식·눈 의식·코 의식·혀 의식이라는 여섯 의식도 분명하지 않습니다.[82] 아는 성품과 알아지는 성품이 모두 없어진 성품만 분명합니다. 그것을 "성스러운 도와 과로 열반을 실현했다"라고 말합니다. 그래서 "mahāraja대왕이여; 밀린다 대왕이여, sammāpaṭipanno바르게 실천하여; 보이는 것 등에만 머물도록 방일하지 않고 끊임없이 관찰하여 알면서 apavattamanuppatto진행없음에 도달한 이를; 물질과 정신의 연속이 끊어진, 사라진 성품에 지혜로 도달한 수행자를 두고 nibbānaṁ sacchikarotīti'열반을 실현했다'라고 vuccati말합니다"라고 설명한 것입니다. 여섯 문·여섯 대상·여섯 의식이 모두 사라진 성품이 열반이라는 주석서의 설명은 이러한『밀린다빤하』의 설명과도 비슷합니다.[83]

부처님께서 말루꺄뿟따 존자에게 설명한 위빳사나 수행방법을 간략하게 정리하면 다음과 같습니다.

「말루꺄뿟따숫따」의 위빳사나 수행법에 대한 간략한 번역

① 말루꺄뿟따 비구여,《그대가 장담한 대로 방일하지 않고 끊임없이 관찰하고 새기고 있으면,》그대에게 보이고 들리고 감각되고

82 모두 위와 마찬가지로 많이 생겨나는 순서대로 나열한 것이다.

83 열반의 특성·역할·나타남·가까운 원인은『아비담마 강설 1』, pp.83~85 참조.

알게 된 법들 중에서 보일 때는 보는 정도만 생겨날 것이다. 들릴 때는 듣는 정도만 생겨날 것이다. 감각될 때는 감각하는 정도만 생겨날 것이다. 알게 될 때는 아는 정도만 생겨날 것이다.

② 그렇게 되면 그대는 그 보이는 형색 등과 《탐욕·성냄·어리석음에 따라서》 관련되지 않을 것이다.

③ 관련되지 않으면 그대는 그 보이는 형색 등에 머물지 않을 것이다.

④ 그 보이는 형색 등에 머물지 않으면 그대는 여기에도 없고, 저기에도 없고, 중간에도 없을 것이다. 이것이 바로 모든 괴로움의 끝인 열반이다.

이 네 문장 중 첫 번째 문장을 통해 '보는 정도 등에만 머물도록 드러나는 모든 대상을 방일하지 말고 끊임없이 관찰하라'라고 가르치셨습니다. 이것은 부처님께서 위빳사나 수행을 간략하게 설하신 것입니다.

두 번째 문장을 통해서는 그렇게 관찰하여 알게 된 대상마다 대상잠재번뇌가 사라지는 모습을 설하셨습니다.

세 번째 문장을 통해서는 번뇌가 사라진 모습을 다른 방법으로 설하셨습니다. 혹은 보이고 들리고 감각되고 생각해서[84] 알게 된 세간의 대상들에 머물지 않고 열반이라는 대상에 도달하는 모습을 설하셨다고 설명할 수도 있습니다.

마지막 네 번째 문장을 통해서는 그 보이는 형색 등에 머물지 않아서 괴로움의 끝인 열반에 도달하는 모습을 설하셨습니다.

84 저본에 따라 첨가했다. 앞의 여러 구절에서도 '알게 된'이라고만 표현된 것은 '생각해서 알게 된'이라는 뜻이다.

위빳사나 수행방법 상설 게송

지금까지 부처님께서 말루꺄뿟따 존자에게 설하신 위빳사나 수행방법을 설명했습니다. 부처님의 가르침을 들은 뒤 말루꺄뿟따 존자는 스스로의 지혜로 이해한 내용을 부처님께 말씀드리기 위해 아래 소개한 구절을 시작으로 부처님께 24개의 게송으로 다시 말씀드렸습니다.

14-1 Imassa khvāhaṁ, bhante, bhagavatā saṁkhittena bhāsitassa vitthārena atthaṁ ājānāmi. (S.ii.295)

해 석

세존이시여, 세존께서 간략하게 설하신 이 법문의 의미를 저는 자세하게 압니다.

대 역

Bhante세존이시여, bhagavatā세존께서 saṁkhittena간략하게 bhāsitassa설하신 imassa이 법문의 atthaṁ의미를 vitthārena자세하게 ahaṁ저는 ājānāmi, kho압니다.[85]

말루꺄뿟따 존자가 24개의 게송을 아뢰자 부처님께서는 '훌륭하구나'라고 칭찬하시고 그 게송들을 당신께서 직접 다시 설하셨습니다. 그러므로 그 24개의 게송도 부처님의 가르침이라고 이해해야 합니다.

85 이 구절은 저본에 없어 *Myanmarnaingan Buddhasāsanāphwe*, 『*Saṁyuttanikāya Saḷāyatanavagga Saṁyutta Pāḷito Nissaya*(상윳따 니까야 여섯 감각장소 상응 빠알리 대역)』, p.60을 참조해서 대역했다.

말루꺄뿟따 존자의 24개 게송은 여섯 문마다 네 개의 게송이 있습니다. 그중 처음 두 게송은 위빳사나 수행을 하지 않는 이가 열반과 먼 모습을, 뒤의 두 게송은 위빳사나 수행을 하는 이가 열반과 가까운 모습을 각각 설명하고 있습니다. 성전에서는 여섯 문 전체에서 열반과 먼 모습을 언급한 뒤 다시 여섯 문 전체에서 열반과 가까운 모습을 언급했지만, 이 법문에서는 각각의 문에서 열반과 먼 모습과 가까운 모습을 연결해서 설명하겠습니다. 먼저 볼 때 관찰하지 않으면 열반과 먼 모습을 설명하겠습니다.

볼 때 관찰하지 않으면 열반과 멀다

14-2 Rūpaṁ disvā sati muṭṭhā,
Piyaṁ nimittaṁ manasi karoto;
Sārattacitto vedeti,
Tañca ajjhosa tiṭṭhati. (S.ii.295)

해 석

형색을 보고 나서 새김이 잊히네,
좋아하는 표상에 마음을 기울이면.
애착하는 마음으로 느끼기도 하고
그것을 또한 움켜쥐며 머문다네.

대 역

Piyaṁ좋아하는; 좋아할 만한 nimittaṁ표상에; 대상에 manasi karoto마음을 기울이면; 마음을 기울이고 있는 이에게는; 마음을 기울이는 이는 rūpaṁ형색을 disvā보고 나서; 보고 나면[86]

86 귀 등 나머지 다섯 문과 관련된 대역에서 '보고 나면'이라고 첨가해 대역해서 이곳에서도 첨가했다.

sati muṭṭhā새김이 잊히네; 새김을 잊어버리네.[87] sārattacitto애착하는 마음으로 vedeti느낀다네. tañca그것도; 그 보이는 형색이라는 대상도 ajjhosa tiṭṭhati움켜쥐며 머문다네; 삼켜서 가지듯이[88] 마음속에 움켜쥐면서 머문다네.

앞부분에서 "형색을 보고 나서 새김이 잊히네,/ 좋아하는 표상에 마음을 기울이면"이라고 표현했습니다. "좋아할 만한 대상에 마음 기울이는 이는 형색을 보고 나서 새김을 잊어버린다"는 뜻입니다.[89]

사람들은 마음에 드는 좋은 대상들과만 만나고 싶어 합니다. 마음에 들지 않는 나쁜 대상들과는 만나고 싶어 하지 않습니다. 집중해서 눈으로 무엇인가 보려고 하는 것은 좋은 대상과 만나기 위해서입니다. 그렇게 좋은 대상과 만나려는 마음으로 보기 때문에 그런 대상을 보게 되면 수행과 관련된 새김이 사라집니다. 새김을 잊어버립니다. 수행자라 하더라도 수행하는 중에 좋아할 만한 대상에 마음 기울이거나 기대하게 되면 비록 이전에 그 대상을 관찰하고 있었다 하더라도 좋아할 만한 것으로 여겨져 새김이 사라져 버립니다. 그래서 "형색을 보고 나서 새김

87 '마음을 기울이고 있는 이에게는 ~ 새김이 잊히네', '마음을 기울이는 이는 ~ 새김을 잊어버리네'라고 연결하라.

88 저본의 '삼키다'라는 표현을 그대로 따랐다. '남의 돈을 삼키다'처럼 '어떤 것을 자기 것으로 만들어 버리다'라는 의미가 분명하게 드러난다.

89 ㊞마음기울임manasikāra에는 합리적 마음기울임yoniso manasikāra과 비합리적 마음기울임ayoniso manasikāra이 있다. 무상한 법을 무상하다고, 괴로운 법을 괴로움이라고, 무아인 법을 무아라고, 깨끗하지 않은 법을 깨끗하지 않다고 바르게 마음을 기울이는 것이 합리적 마음기울임이다. 반대로 무상한 법을 항상하다고, 괴로운 법을 행복이라고, 무아인 법을 자아라고, 깨끗하지 않은 법을 깨끗하다고 바르지 않게 마음을 기울이는 것이 비합리적 마음기울임이다. "좋아할 만한 대상에 마음을 기울이는 이는 형색을 보고 나서 새김을 잊어버린다"라고 했기 때문에 이 구절의 마음기울임은 비합리적 마음기울임이다. 좋아할 만한 대상이라도 실제로는 생멸하기 때문에 좋아할 만한 것이 아니라 괴로움일 뿐인데 올바르지 않게 마음을 기울였기 때문에 〈본다, 본다〉라고 새기는 새김을 잊어버린다.

이 잊히네"라고 게송으로 표현한 것입니다. 세간적으로 원래 일어나던 기억으로서의 새김은 잊히지 않습니다. 세간적으로는 잊히지 않기 때문에 '여자다, 남자다, 누구다, 좋다' 등으로 기억합니다.

수행하지 않는 일반인들에게 "좋아할 만한 대상을 보고 나서 '좋다' 등으로 생각하여 새김이 사라진다"라는 것은 일반적인 현상입니다. '좋다고 생각하는 것'과 '새김을 잊어버리는 것'은 성품으로서는 똑같습니다. 그래서 "형색을 보고 나서"를 "좋아하는 표상에 마음 기울이면" 앞으로 두어 다음과 같이 대역할 수도 있습니다.

Rūpaṁ disvā sati muṭṭhā,
Piyaṁ nimittaṁ manasi karoto;

대 역

Rūpaṁ형색을 disvā보고 나서 piyaṁ좋아하는; 좋아할 만한 nimittaṁ표상에; 대상에 manasi karoto마음을 기울이면; 마음을 기울이는 이에게는; 마음을 기울이는 이는 sati muṭṭhā새김이 잊히네; 새김을 잊어버리네.

이전부터 좋아할 만한 것을 바라고 있었기 때문에 좋은 대상을 보고 나서 관찰하지 못해 좋아할 만한 것으로 마음을 기울이는 것입니다. 이 내용을 "형색보아 좋으면 잊어버리네"라고 표현했습니다. 같이 독송합시다.

형색보아 좋으면 잊어버리네

이것은 수행을 하지 않는 일반인들에게는 으레 일어나는 현상입니다. 보통 사람들은 대부분 '보면 보고 나서 바로 관찰해야 한다'라는 사실을 알지 못합니다. 들어본 적이 있어서 '관찰해야 한다'라는 사실을 안다고 하더라도 스스로 열심히 관찰하는 상태가 아니라면 보이는 대상을 좋아할 만한 것으로 생각하고서 관찰하지 못한 채 잊어버립니다. 관찰하고 있는 수행자라 하더라도 새김과 삼매의 힘이 무르익지 않은 상태에서는 관찰하지 못해 좋아할 만한 것으로 생각하고서 잊어버리는 경우가 있습니다.[90] 그렇게 좋아할 만한 것이라고 생각하면 보는 중에도 애착하는 마음이 생겨나고 이어서 즐기고 느끼는 성품도 생겨납니다. 보고 난 뒤 돌이켜 생각할 때도 애착하고 즐기며 느끼는 성품이 생겨납니다. 그래서 이어지는 구절에서 "애착하는 마음으로 느끼기도 하고/ 그것을 또한 움켜쥐며 머문다네"라고 표현했습니다.

누군가 미소 짓는 모습을 봤다면 그 모습을 마음속에 움켜쥐고 기억해 놓습니다. 그런 후 돌이켜 생각할 때마다 그 미소 짓는 모습이 드러납니다. 이것은 사진을 보는 것과 비슷합니다. 돌이켜 생각할 때마다 미소 짓는 모습이 마음속에 드러나서 애착하고 즐기며 느끼게 됩니다. 며칠, 몇 달, 몇 년, 오랫동안 계속해서 드러나기도 합니다.[91] 이 내용을 "애착하며 즐기며 맘속취하네"라고 게송으로 표현했습니다. 같이 독송합시다.

애착하며 즐기며 맘속취하네

90 선정과 신통을 증득한 보살조차 좋아할 만한 형색을 보고서 잊어버리는 경우가 있다.(J66) 본서 부록 pp.253~254 참조.

91 ㉿90세 할아버지와 85세 할머니가 화목하게 살다가 할아버지가 돌아가셨다. 장례식 때 할아버지의 상여가 나가는데 할머니가 매우 슬피 울었다. 그 모습을 본 한 사미가 '왜 할머니가 저렇게 슬피 울까? 함께 오랫동안 행복하게 살았으면 슬프지 않을 텐데'라고 생각해서 큰스님에게 그 사실을 여쭈었다. 큰스님께서 다음과 같이 물었다. "비유를 들어주겠다. 갓 심은 묘목을 손으로 뽑아낼 수 있느냐?" "쉽게 뽑아낼 수 있습니다." "그 나무가 백 년 동안 자라고 자라서 아름드리 큰나무가 됐다면 그때도 손으로 뽑아낼 수 있느냐?" "뽑아내지 못합니다." "왜 못 뽑아내느냐?" "뿌리가 크고 깊게 박혀있는데 어떻게 손으로 뽑아냅니까?" "그와 마찬가지다. 저 할머니와 할아버지는 오랫동안 같이 살면서 애착이 계속 굳어지고 심해졌기 때문에 마치 뿌리 깊은 나무처럼 애착을 뽑아내기가 매우 힘들어진 것이다. 그래서 저리도 슬피 우는 것이다."

일반인들은 대부분 좋아할 만한 형색을 보면 그대로 좋아할 만한 것이라고만 마음속에 움켜쥡니다. “좋아할 만한 형색을 보고 나서 애착하고 움켜쥔다”라는 내용은 대표적인 설명입니다. 그와 마찬가지로 싫어할 만한 것으로 생각해서 마음에 들지 않는 것으로 느끼는 경우도 있습니다. 중간인 형색을 보고 나서 좋아할 만하지도 않고 싫어할 만하지도 않은, 항상 그대로 유지되는 어떤 개인으로 잘못 움켜쥐며 느끼는 경우도 있습니다. 방금 설명한 대로 보이는 형색을 마음에 움켜쥐면 그 형색, 여자나 남자 등을 조건으로 즐거운 느낌이나 괴로운 느낌 등 여러 느낌이 생겨납니다. 탐욕이나 성냄 등 여러 번뇌, 그것을 조건으로 여러 업, 업의 과보인 윤전의 괴로움도 이어서 생겨납니다. 그렇게 차례대로 생겨나 괴로움을 겪는 모습을 다음과 같이 표현했습니다.

14-3 Tassa vaḍḍhanti vedanā,
Anekā rūpasambhavā;
Abhijjhā ca vihesā ca,
Cittamassūpahaññati;
Evaṁ ācinato dukkhaṁ,
Ārā nibbānamuccati. (S.ii.295)

해 석

그런 그에게 느낌이 늘어나네,
형색에서 생겨나는 여러 느낌이.
탐애도, 또한 괴롭힘도 늘어나니
그의 마음은 피곤하기만 하다네.

이와 같이 괴로움을 쌓는 이에게
열반은 매우 멀다고 말한다네.

대 역

Tassa그에게; 보이는 형색을 마음속에 집착하여 움켜쥐는 그 사람에게 rūpasambhavā형색을 시작으로 생겨나는; 집착하여 움켜쥔 형색 때문에 생겨나는 anekā여러 가지; 많은 vedanā느낌들이; 좋고 나쁜 여러 가지 느낌들이 vaḍḍhanti늘어난다네. abhijjhā ca탐애들도; 가지려고 하는 탐욕들도, vihesā ca괴롭힘들도; 괴롭히려고 하는 성냄들도 vaḍḍhanti늘어난다네.[92] assa그의 cittaṁ마음은 upahaññati피곤하다네; 탐욕과 성냄 등으로 피곤해진다네. evaṁ이와 같이; 관찰하지 않고 지내는 이런 방식으로 dukkhaṁ괴로움을; 번뇌의 괴로움과 윤전의 괴로움을 ācinato쌓는 이에게; 받아들여 쌓고 있는 이에게; 쌓는 이는 nibbānaṁ열반은; 모든 고통이 사라진 열반은; 열반을 ārā멀다고; 멀리한다고[93] vuccati말한다네.

앞부분에서 "그런 그에게 느낌이 늘어나네,/ 형색에서 생겨나는 여러 느낌이"라고 표현했습니다. 이 내용을 "형색따라 느낌들 늘어난다네"라고 게송으로 표현했습니다. 같이 독송합시다.

형색따라 느낌들 늘어난다네

92 대역에서는 문법에 따라 정확하게 '탐애들, 괴롭힘들'이라고 복수로 표현했고, 해석에서는 앞에 '여러'라는 수식어가 있어서 '탐애도, 또한 괴롭힘도'라고 단수로 표현했다.

93 '열반은 ~ 멀다; 열반을 ~ 멀리한다'라고 연결하라.

'좋아할 만한 형색'이라는 여자나 남자, 여러 가지 물건을 움켜쥔 채 그런 것들을 갖추고 사용하고 즐기면 마음의 행복과 몸의 행복 등 행복한sukha 느낌이 늘어납니다. 반면에 그런 것들을 갖추지 못하면, 혹은 갖췄다가 없어지면 몸의 괴로움과 마음의 괴로움 등 괴로운dukkha 느낌이 늘어납니다. 좋아하지 않는 대상들을 움켜쥐면 돌이켜 생각할 때마다 마음의 괴로움이라는 괴로운 느낌이 늘어납니다.

이어서 "탐애도, 또한 괴롭힘도 늘어나니/ 그의 마음은 피곤하기만 하다네", 그렇게 형색 대상을 얻기를 원하는 탐욕, 얻은 것을 아끼고 애착하는 탐욕이 늘어납니다. 형색 대상을 얻지 못하게 하거나 혹은 얻은 것을 무너뜨리거나 잃어버리게 만든다고 생각하는 이를 싫어하는 성냄도 늘어납니다. 그러한 탐욕이나 성냄이 시키고 부추긴 대로 노력하고 애쓰고 행하기 때문에 마음이 피곤하고 고통스럽게 됩니다. 이 내용을 "탐욕늘고 화늘어 마음피곤해"라고 게송으로 표현했습니다. 같이 독송합시다.

탐욕늘고 화늘어 마음피곤해

이 사실은 매우 분명합니다. 사람들이 피곤한 것은 탐욕과 성냄 등이 자극하고 부추겨 어떤 행위를 하고 있기 때문입니다.[94] 볼 때 관찰하지 못해 (새김을) 잊어버려 본 것을 좋아할 만한 것이나 싫어할 만한 것으로 잘못 생각하는 성품이 바로 '잘못된 앎'이라는 무명avijjā입니다. 그렇게 좋아할 만한 것이나 싫어할 만한 것으로 잘못 아는 무명 때문에 그것

94 ㉻이 가르침에 따르면 몸과 마음이 피곤한 것은 다른 사람이나 나 때문이 아니라 탐욕이나 성냄 등 번뇌 때문이다. 번뇌가 시켜서 어떤 행위를 했고 그 행위 때문에 피곤하고 괴로운 것이다. 이 사실을 확실하게 기억해 두어야 한다. 배우자나 다른 사람과 다툼이 생겨났을 때 "당신 때문이다" 등으로 마음 기울이지 말고 "이 싸움은 당신 때문도 아니고 나 때문도 아닙니다. 우리 둘 마음속에 있는 탐욕, 성냄, 어리석음 등 번뇌 때문입니다. 그러니 그 번뇌에게만 화를 냅시다. 서로에게는 화를 내지 맙시다"라고 말하면서 화해하는 것도 좋은 방법이다.

을 바라는 탐욕이나 괴롭히려고 하는 성냄이 생기고 늘어납니다. 그러한 탐욕과 성냄이 부추기는 대로 좋은 행위나 나쁜 행위를 합니다. 이런 행위의 근본 원인은 갈애입니다. 갈애 때문에 행하는 것입니다. 그러한 행위에는 불선업도 있고 선업도 있습니다. 그중 불선업이 과보를 줄 때는 사악도에 떨어져 고통을 받아야 합니다. 행복한 생을 바라면서 행한 선업이 과보를 줄 때는 사람의 생이나 천신의 생으로 태어나 늙음·병듦·죽음이라는 괴로움을 겪어야 합니다. 따라서 볼 때 관찰하지 않고 새김을 잊어버리고서 방일하게 지내는 것은 그러한 괴로움을 받아들이고 모으고 있는 것이라고 할 수 있습니다. 그렇게 관찰하지 않으면서 번뇌의 괴로움, 윤전의 괴로움을 받아들이고 모으고 있는 이들에게는 그러한 괴로움이 모두 적정해진 열반이 점점 멀어집니다. 그래서 이러한 내용을 마지막 구절에서 "이와 같이 괴로움을 쌓는 이에게/ 열반은 매우 멀다고 말한다네"라고 표현했습니다. 앞부분의 내용을 "이렇게만 안변해 고통찾는이"라고 게송으로 표현했습니다. 같이 독송합시다.

이렇게만 안변해 고통찾는이

"이렇게만 안변해"라는 구절은 볼 때 등에 관찰하지 않은 채 방일하게 새김을 잊어버리면서 지내는 삶의 방식이 바뀌지 않는다는 뜻입니다. 그렇게 지금까지 새김 없이 지내왔고, 앞으로도 그런 삶의 방식을 바꾸지 않는 이는 '볼 때마다 계속해서 번뇌의 괴로움과 윤전의 괴로움을 받아들이고 있는 이, 찾고 있는 이, 모으고 있는 이'라고 부릅니다. 그렇게 관찰하지 않고 지내면 열반에서 멀어집니다. 이 내용을 "고통만을 찾는이 열반멀다네"라고 게송으로 표현했습니다. 같이 독송합시다.

고통만을 찾는이 열반멀다네

볼 때 관찰하지 않아서 무상·고·무아의 바른 성품을 알지 못해 좋아할 만한 것으로 생각하면, 그 좋아할 만한 것으로 생각한 대상에 의지해서 번뇌의 괴로움, 윤전의 괴로움이 생기고 늘어납니다. 그래서 관찰하지 않는 이를 '그러한 괴로움만을 받아들이고 모으는 이'라고 말합니다. 괴로움들을 받아들이고 모으고 있기 때문에 괴로움의 종식과는 더욱 멀어지게 됩니다. 이것은 불이 활활 타고 있는 불무더기에 땔감을 계속해서 넣으면 불의 꺼짐과 더욱 멀어지는 것과 같습니다.

지금까지 설명한 14-2, 14-3 빠알리어 두 개의 게송을 줄여서 "보아 관찰 않는이 열반멀다네"라고 표현할 수 있습니다. 같이 독송합시다.[95]

보아관찰 않는이 열반멀다네

지금까지 볼 때 관찰하지 않아서 열반과 멀어지는 모습을 설명했습니다. 이제 볼 때 관찰하면 열반과 가까워지는 모습을 보인 두 개의 게송을 설명하겠습니다. 경전에서 사용하는 용어로 표현하면 지금까지 설명한 두 개의 게송은 'kaṇhapakkha 어두운 부분'이라고 하고, 앞으로 설명할 두 개의 게송은 'sukkapakkha 밝은 부분'이라고 합니다.

볼 때 관찰하는 이는 열반과 가깝다

14-14 Na so rajjati rūpesu,
Rūpaṁ disvā paṭissato;
Virattacitto vedeti,
Tañca nājjhosa tiṭṭhati. (S.ii.296)

95 전체 게송은 본서 부록 p.295 참조.

해 석

형색들에 대해 애착하지 않는다네,
형색을 보고 다시 새기는 그는.
애착 없는 마음으로 느끼기도 하고
그것도 움켜쥐지 않고 머문다네.

대 역

《Yo어떤 이가》 rūpaṁ형색을 disvā보고 나서; 보면 바로 paṭissato다시 새긴다면, rūpesu형색들에 대해 na rajjati애착하지 않는다네; 애착이 사라진다네. so그는; 보고 나서 즉시 새기는 그 사람은 virattacitto애착 없는 마음으로; 애착이 없는 마음이 되어 vedeti느낀다네. tañca그것도; 그 형색도 nājjhosa tiṭṭhati움켜쥐지 않고 머문다네.

앞의 두 구절 "형색들에 대해 애착하지 않는다네,/ 형색을 보고 다시 새기는 그는"이라는 표현 중에서 특히 "paṭissato 다시 새긴다면"이란 단어에 주의해야 합니다. '형색을 보고 나서 다시 새긴다'라는 말은 '형색을 보고 난 뒤 즉시 관찰해야 한다'라는 뜻입니다. 이것은 위빳사나 수행방법을 직접적으로 분명히 보여주는 구절입니다. 이 구절에 따라 "위빳사나 수행을 할 때는 보고 듣고 감각하고 닿고 알게 된 법들만 관찰해야 한다. 보이지 않는 것, 들리지 않는 것, 감각되지 않은 것, 닿지 않은 것, 생각하지 못하는 것들을 들어서 아는 지혜로 숙고하며 관찰하는 것이 아니다"라는 사실을 확실하게 기억해 두어야 합니다. 이 게송은 (의미에 따른 순서대로 해석하면 대역과 같이) "형색을 본 뒤 즉시 관찰하는 사람은 보게 된 형색에 대해서 애착하지 않는다. 애착이 없다"라는 의미입니다.

이 의미가 더욱 분명하게 드러나도록 『테라가타 주석서』의 설명을 소개하겠습니다.

Tattha na so rajjati rūpesu, rūpaṁ disvā paṭissatoti yo puggalo rūpaṁ disvā āpāthagataṁ rūpārammaṇaṁ cakkhudvārikena viññāṇasantānena gahetvā catusampajaññavasena sampajānakāritāya paṭissato hoti. 《so rūpārammaṇesu na rajjati rāgaṁ na janeti.》[96] (ThagA.ii.303)

대 역

'Na so rajjati rupesu rupaṁ disvā paṭissato'ti'형색을 보고 다시 새기는 그는 형색들에 대해 애착하지 않는다'란; 이 구절의 의미는 yo puggalo어떤 사람이 rūpaṁ disvā형색을[97] 보고 나서 āpāthagataṁ rūpārammaṇaṁ《눈에》 드러나는 형색 대상을 cakkhudvārikena viññāṇasantānena눈문에 생겨나는 의식의 상속을 통해; 전향부터 여운까지의 인식과정을 통해 gahetvā취하고서; 알고 나서 catusampajaññavasena네 가지 바른 앎을 통해 《네 가지 바른 앎이란 기초가 되는 것으로 이익이 있는지 없는지를 숙고하는 이익 바른 앎sātthaka sampajañña, 적당한지 적당하지 않은지를 숙고하는 적당함 바른 앎sappāya sampajañña, (계속해서 수행주제라는 영역을 관찰하고 새기는 영역 바른 앎gocara sampajañña,)[98] 그리고 무상 등을 아는 미혹없음 바른 앎asammoha

96 빠알리어 원문은 저본에 없어 부록의 내용을 바탕으로 첨가했다. 본서 부록 p.242 참조.
97 원본절대성품으로서 형색 물질이다.
98 저본에서는 생략됐으나 앞에 '네 가지 바른 앎을 통해'라는 구절이 있어서 역자가 첨가했다.

sampajañña으로 아는 것이다.》[99] sampajānakārikāya바른 앎을 행하면서; 바르게 알면서 행하는 이로서 paṭissato hoti다시 새기는 이라면《so그는; 보면 즉시 거듭 새기며 무상 등으로 바르게 아는 이는 rūpārammaṇesu형색 대상에 대해 na rajjati애착하지 않는다. rāgaṁ na janeti애착을 일으키지 않는다.[100] 이러한 뜻이다.》

이 구절은 앞서 언급한 보아서 아는 인식과정 바로 다음에 관찰하여 아는 모습을 설명했습니다. 아직 그 정도로 빠르게 관찰할 수 없다면 맘문의 첫 번째 인식과정 바로 다음에 관찰할 수 있으면 좋습니다. 그렇게 보고 나서 즉시 관찰하는 수행자는 절대성품으로서 형색만 바르게 알 수 있습니다. 형색과 보아서 아는 마음 등이 즉시즉시 사라지고 무너지는 것도 사실대로 바르게 알 수 있습니다. '여자다, 남자다, 멋있다' 등으로 좋아하는 개념들도 드러나지 않습니다. 따라서 보이는 형색을 계속해서 생각하지 않고 단지 보는 정도에서 멈춥니다. 이것은 "diṭṭhe diṭṭhamattaṁ bhavissati. 보이는 것에 대해서는 보는 정도만 생겨날 것이다"라는 내용과 일치합니다. 형색을 보긴 보더라도 보이지 않는 형색처럼 애착하고 좋아하는 탐욕 등의 번뇌들이 생겨나지 않고 없어집니다. 그래서 "na so rajjati rūpesu. 형색들에 대해 애착하지 않는다네"라고 표현한 것입니다. 이 내용을 "형색보아 관찰해 애착사라져"라고 게송으로 표현했습니다. 같이 독송합시다.

형색보아 관찰해 애착사라져

99 본서 부록 pp.244~246 참조.

100 뒤에 부록으로 자세하게 설명한 부분이다. 본서 부록 pp.242~247 참조.

지금 이곳에서 수행자들이 볼 때 〈본다〉라고 새기는 것은 이 경의 가르침과 매우 일치합니다. 하지만 처음 관찰할 때는 새김과 삼매, 지혜의 힘이 약해 보아서 아는 인식과정이 끝나자마자 바로 관찰하지 못합니다. 명상의 지혜, 생멸의 지혜 정도에 도달해야 지혜가 빠른 모습이 분명하게 드러납니다. 무너짐의 지혜에 도달하면 단지 보는 정도에서만 멈추는 모습, 좋아함 등의 번뇌들이 없는 모습 등이 매우 분명합니다. 따라서 〈부푼다, 꺼진다〉 등으로 끊임없이 관찰하다가 특별한 형색을 보게 되면 〈본다, 본다〉라고 관찰한 뒤 다시 〈부푼다, 꺼진다〉라고 관찰해야 합니다. 그렇게 관찰해 나가다가 새김과 삼매, 지혜의 힘이 좋아지면 그때는 보이는 형색을 좋아함이 없이 단지 느끼는 성품만 생겨나는 것을 분명히 알게 됩니다. 그 형색이나 마음에 집착하지 않는 성품도 분명히 알게 됩니다. 그렇게 번뇌들이 사라지는 모습, 집착이 사라지는 모습을 게송의 뒷부분에 "애착 없는 마음으로 느끼기도 하고/ 그것도 움켜쥐지 않고 머문다네"라고 표현했습니다. 이 내용을 "애착안해 느끼며 맘속안취해"라고 게송으로 표현했습니다. 같이 독송합시다.

애착안해 느끼며 맘속안취해

그렇게 애착 등이 없이 느끼는 느낌만 생기는 것, 마음속에 움켜쥐지 않는 것 때문에 그 보이는 형색이 마치 보이지 않는 형색처럼 돼 버립니다. 관찰하지 않는 일반인들에게는 "vedanāpaccayā taṇhā. 느낌을 조건으로 갈애가 생겨난다"라는 연기緣起 가르침에 따라 느낌만 생겨나지 않고 원래 그렇듯이 느낌을 조건으로 갈애가 생겨납니다. 하지만 보고 나서 즉시 관찰하여 사실대로 바르게 아는 수행자에게는 잘못 아는 무명이 사라지기 때문에 갈애 등의 번뇌가 생겨나지 않습니다. 번뇌에 의지해서 생겨날 업도 생겨나지 않습니다. 업이 생겨나지 않기 때문에 업의 과보와 새로운 생의 괴로움도 생겨나지 않습니다.[101] 그렇게 번뇌의 괴로움, 윤전의 괴로움이 사라지는 모습을 다음과 같이 표현했습니다.

14-15 Yathāssa passato rūpaṁ,
Sevato cāpi vedanaṁ;
Khīyati nopacīyati,
Evaṁ so caratissato[102];
Evaṁ apacinato dukkhaṁ,
Santike nibbānamuccati. (S.ii.296)

해 석

그처럼 형색을 보기도 하지만
그처럼 느낌을 의지도 하지만
다하기만 할 뿐 쌓이지 않는다네.
이와 같이 그는 새기면서 행한다네.
이와 같이 괴로움을 쌓지 않는 이에게
열반은 매우 가깝다고 말한다네.

101 계속 돌고 있는 것을 윤전vaṭṭa이라고 한다. 탐욕 등의 번뇌가 번뇌 윤전kilesavaṭṭa이다. 번뇌 때문에 행하는 선업과 불선업이 업 윤전kammavaṭṭa이다. 업 때문에 생겨나는 새로운 생의 물질·정신 무더기가 과보 윤전vipākavaṭṭa이다.

102 ㉯㉥다른 여러 본에서는 "caratī sato"라고 '운율 지키기chandānurakkhaṇa'에 따라 장음으로 표현됐다. 하지만 이 게송에서는 앞 게송의 "paṭissato"처럼 복자음 장음절dvebhāvagaru로 표현해야 더욱 훌륭하다고 생각해서 "caratissato"라고 표현하고 대역했다.(단모음이라도 복자음이 따라올 경우 장음으로 취급된다. 전재성, 『빠알리-한글사전』, p.907 참조.)

대 역

Yathā그처럼; 틈이 없이 바로 새겨 아는 것으로; 새겨 아는 것과 함께 생겨나는 것처럼 rūpaṁ형색을 passato cāpi 보기도 하지만, vedanaṁ느낌을 sevato cāpi의지하기도 하지만 (assa그에게)[103] dukkhaṁ괴로움이; 관찰하여 알지 못하면 생겨날 수 있는 번뇌의 괴로움과 윤전의 괴로움이 khīyati다한다네; 사라지고 없어지기만 한다네. nopacīyati 쌓이지 않는다네; evaṁ이와 같이 sato새기며 so그는; 그 수행자는 carati행한다네. evaṁ이와 같이; 보고 나서 즉시 관찰하여 새기는 것에 의해 dukkhaṁ괴로움을; 관찰하여 새기지 않으면 생겨날 기회를 얻는 번뇌의 괴로움과 윤전의 괴로움을 apacinato쌓지 않는 이에게; 무너뜨리고 있는 이에게 nibbānaṁ열반은; 모든 고통이 사라진 열반은; 열반을 santike가깝다고; 가까이 한다고 vuccati말한다네.

앞부분에서 "그처럼 형색을 보기도 하지만/ 그처럼 느낌을 의지도 하지만/ 다하기만 할 뿐 쌓이지 않는다네./ 이와 같이 그는 새기면서 행한다네"라고 표현했습니다.

보고 아는 성품이나 보고 느끼는 성품이 생겨났을 때 즉시 관찰하여 알면, 보기도 보고 느끼기도 느끼지만 일반인처럼 탐애 등 번뇌의 괴로움을 받아들여 모으지 않습니다. 번뇌의 괴로움을 없어지게 합니다. 그 번뇌들을 의지해서 생겨날 업 윤전의 괴로움, 업 윤전을 의지해서 생겨

103 『*Saṁyuttanikāya Saḷāyatanavagga Saṁyutta Pāḷito Nissaya*(상윳따 니까야 여섯 감각장소 상응 빠알리 대역)』, p.62를 참조해서 첨가했다.

날 과보 윤전의 괴로움도 없어지게 합니다.

"이와 같이 그는 새기면서 행한다네", 이러한 모습으로 보는 즉시 새기고 관찰하면서 실천하고 있다는 뜻입니다.

《"sevato cāpi vedanaṁ"에서 'ca ~도'는 포함sammuccaya의 의미입니다. "느끼기도 느낀다"라는 표현은 '느끼기만 하는 것이 아니다. 보기도 본다'라는 의미를 포함합니다. 또한 'api ~만'은 폄하garahā의 의미를 직접적으로 나타내면서 칭송sambhāvanā의 의미도 알게 합니다. 먼저 '위빳사나 수행자는 다른 일반인처럼 형색을 원래 보는 것처럼 보기도 하고 느끼기도 한다'라고 하면서 다른 일반인과 같은 위치에 두면서 폄하합니다. 하지만 다른 일반인들처럼 번뇌의 괴로움과 윤전의 괴로움이 생겨나지 않는다고 이어서 칭송하기도 합니다. 예를 들어 "이 아이는 아직 어리지만 매우 현명하구나"라는 표현에서 '아직 어리다'는 폄하의 의미이고, '그렇지만 현명하다'는 칭송의 의미입니다. 이것은 표현 용법과 관련된 것으로, 매우 엄밀하게 분석한 내용입니다.》

"그처럼 형색을 보기도 하지만"이라는 첫 구절에 대한 『테라가타 주석서』의 설명을 소개하겠습니다.

Yathāssa passato rūpanti assa yogino yathā tattha abhijjhādayo nappavattanti, evaṁ aniccādito rūpaṁ passantassa.[104](ThagA.ii.303)

104 빠알리어 원문은 저본에 없어 역자가 첨가했다.

대 역

Yāthassa passato rūpanti: '그처럼 형색을 보기도 하지만'이란 'assa yogino그 수행자에게; 관찰하여 새기고 있는 그 수행자에게 yathā그렇게 관찰하여 새기면 tattha그것에 대해; 그 보이는 형색에 대해 abhijjhādayo탐애 등이 nappavanti생겨나지 않는다. evaṁ이와 같이 aniccādito무상 등으로 rūpaṁ형색을 passantassa관찰하여 보는 이에게'라는 뜻이다.[105]

"그처럼 형색을 보기도 하지만"이라는 표현에서 '본다'는 "형색을 일반적인 눈으로 보고 나서 무상 등의 양상으로 관찰하여 본다"는 의미라고 설명하고 있습니다. (관찰하지 않는) 어두운 부분kaṇhapakkha과 비교해 보면 이 (관찰하는) 밝은 부분sukkapakkha에서 표현한 '본다'의 의미는 뒤이어 관찰이 바로 따라오는 '봄'이라고 이해해야 게송의 의미가 분명합니다. 왜냐하면 '다른 일반인들처럼 형색을 보기는 보지만 괴로움을 받아들여 쌓는 데까지는 이르지 않는다'라고 이어지는 구절에서 말하기 때문입니다.[106]

이어서 "느낌을 의지도 하지만"이라는 구절에 대한 주석서의 설명을 살펴보겠습니다.

105 주석서에서는 이렇게 '무상 등으로 보는'이라고 설명했지만 뒤에 들을 때 등과 비교해서 보면 관찰해서 보는 모습이 아니라 단지 보아서 아는 정도를 말한 것이라고 이해해야 한다. 본서 p.139 참조.

106 '형색을 본다'라는 구절에서 '본다'는 것은 형색을 단지 보아서 아는 정도로 보는 것을 말한다. 주석서에서는 "괴로움을 쌓지 않는다"라는 뒷구절까지 고려해 그 뒤에 관찰해서 보는 것까지 두루 설명한 것이다.

Sevato cāpi vedananti taṁ ārabbha uppannaṁ vedanaṁ taṁsampayuttadhamme ca gocarasevanāya sevato cāpi.

(ThagA.ii.303)

대역

Sevato cāpi vedananti'느낌을 의지도 하지만'이란 'taṁ ārabbha 그것을 대상으로; 그 형색을 대상으로 하여 uppannaṁ vedanaṁ ca생겨나는 느낌과 또한 taṁ sampayutta dhamme ca그 느낌과 결합된 다른 법들도 gocarasevanāya영역의지를 통해; 영역 바른 앎[107], 즉 수행주제를 관찰해서 바르게 아는 것을 통해 sevato cāpi의지하기도 하지만'이라는 뜻이다.

이 게송에서 말하는 '느낌을 의지한다'는 의미도 어두운 부분과 비교해서 파악해야 더욱 분명하게 드러납니다. 관찰하는 밝은 부분에서 표현한 '느낌을 의지한다'는 것은 형색을 대상으로 생겨나는 느낌, 그리고 그것과 결합한 다른 법들을 관찰하면서 의지한다는 뜻입니다. 왜냐하면 관찰하는 수행자에게도 다른 일반인들처럼 보아서 느끼는 느낌이 생겨나지만 "번뇌의 괴로움과 윤전의 괴로움을 받아들여 쌓는 데까지는 이르지 않는다"라고 이어지는 구절에서 말하기 때문입니다.

『상윳따 니까야 주석서』에서는 "sevato cāpi vedananti catumaggasampayuttaṁ nibbattitalokuttaravedanaṁ sevantassa('느낌을 의지도 하지만'이란 '네 가지 도와 결합하여 생겨나는 출세간 느낌을 의지하는 이에게'라는 뜻이다)"라고 설명했습니다.(SA.iii.29) 어두운 부분과 비교해

107 영역 바른 앎은 본서 p.245 참조.

보면 이 설명은 더욱 적당하지 않습니다.《이러한 내용들은 빠알리어에 능통한 이들로 하여금 심오한 의미를 숙고해 보도록 설명한 것입니다.》

이어서 "evaṁ이와 같이 sato새기며 so그는; 그 수행자는 carati행한다네"라는 구절에 특히 주의해야 합니다. 이 부분은 '볼 때마다 보고 나서 즉시 관찰해 나가야 한다'라는 가르침입니다. "그렇게 관찰해서 사실대로 바르게 알아 나가야 진짜 위빳사나가 생겨난다"라고 특별히 주의를 기울여 명심해야 합니다. 이 내용을 다음과 같이 표현했습니다. 같이 독송합시다.

관찰알아 보기도 느끼기도해
그렇지만 윤전고 사라진다네
이렇게만 수행자 실천해야해

마지막으로 "이와 같이 괴로움을 쌓지 않는 이에게/ 열반은 매우 가깝다고 말한다네"라고 표현했습니다. 볼 때마다 계속해서 관찰하는 수행자에게는 관찰하지 않으면 생겨날 수 있는 번뇌들이 없어집니다. 그것은 관찰하는 위빳사나가 부분제거를 통해 제거하기 때문입니다. 그렇게 번뇌들이 없어진 것을 부분열반tadaṅganibbāna이라고 부릅니다. 부분열반은 관찰하여 알아지는 대상과 관련해 번뇌의 괴로움과 윤전의 괴로움이 관찰하여 아는 지혜 한 부분에 의해 없어진 성품을 말합니다. 수행자는 관찰할 때마다 계속해서 부분열반에 도달합니다. 그렇게 부분열반에 계속 도달하고 도달하다가 새김과 지혜의 힘이 매우 강해져서 존재더미사견sakkāyadiṭṭhi 등 번뇌들의 힘이 약해졌을 때 성스러운 도의 지혜로 진짜 열반을 실현합니다. 그래서 "볼 때마다 계속해서 관찰하여 아는 수행자에게 열반은 가깝다"라고 말한 것입니다. 이 내용을 "보아관찰 고통끝 열반가깝네"라고 게송으로 표현했습니다. 같이 독송합시다.

보아관찰 고통끝 열반가깝네

볼 때마다 계속해서 관찰하여 사실대로 바르게 알고 있는 수행자는 관찰하지 않으면 생겨날 수 있는 번뇌의 괴로움와 윤전의 괴로움을 제거하고 있다고 말할 수 있습니다. 그렇게 괴로움을 제거해서 사라지게 하기 때문에 "괴로움이 적멸한 열반과 가깝다"라고 말하는 것입니다. 볼 때마다, 들을 때마다, 닿을 때마다, 알 때마다 관찰하여 사실대로 바르게 알고 있는 수행자에게 물질·정신 구별의 지혜부터 형성평온의 지혜까지 위빳사나 지혜들이 차례대로 생겨납니다. 형성평온의 지혜가 완전히 힘을 갖췄을 때 수순의 지혜가 생겨난 뒤 열반을 대상으로 하는 종성의 지혜, 이어서 도의 지혜, 과의 지혜가 차례대로 생겨납니다. 이렇게 지혜들이 차례대로 생겨나는 모습을 『빳타나』에서 다음과 같이 설하셨습니다.

Anulomaṁ gotrabhussa, gotrabhu[108] maggassa, maggo phalassa anantarapaccayena paccayo. (Pṭn.i.138)

대 역

Anulomaṁ수순은; 수순의 지혜는 gotrabhussa종성에게; 열반 쪽으로 향하는 종성의 지혜에게 anantarapaccayena paccayo 틈이 없는 조건으로 조건이 된다. gotrabhu종성은; 종성의 지혜는 maggassa도에게; 도의 지혜에게 anantarapaccayena pac-

108 저본에 성전 원문에서는 'gotrabhuṁ'이라고 표현한 뒤 대역할 때는 'gotrabhu'라고 표현했다. 제6차 결집본에는 성전 원문에서도 'gotrabhu'라고 표현했다. 제6차 결집본을 따랐다.

cayo틈이 없는 조건으로 조건이 된다. maggo도는; 도의 지혜는 phalassa과에게; 과의 지혜에게 anantarapaccayena paccayo 틈이 없는 조건으로 조건이 된다.

이『빳타나』의 가르침을 통해 "보이는 형색 등 물질·정신 법들을 무상·고·무아로 관찰하여 아는 수순의 지혜 바로 다음에 열반 쪽으로 향하는 종성의 지혜가 생겨난다. 종성의 지혜 바로 다음에 성스러운 도의 지혜가 생겨난다. 도의 지혜 바로 다음에 과의 지혜가 생겨난다"라는 사실을 분명하게 알 수 있습니다. 여기에서 '수순의 지혜'는 정점에 이른 위빳사나 지혜입니다. 그 지혜는 형성평온의 지혜가 힘을 완전히 갖췄을 때 생겨납니다. 형성평온의 지혜도 볼 때마다, 들을 때마다, 닿을 때마다, 알 때마다 관찰하여 아는 바탕이 되는 위빳사나 지혜들이 단계단계 차례대로 생겨난 뒤에라야 생겨납니다. 따라서 보는 것 등을 관찰하지 않으면 바탕이 되는 위빳사나 지혜 단계들이 생겨나지 않습니다. 바탕이 되는 위빳사나 지혜 단계들이 생겨나지 않으면 형성평온의 지혜도 생겨나지 않습니다. 형성평온의 지혜가 생겨나지 않으면 수순의 지혜도 생겨나지 않습니다. 수순의 지혜가 생겨나지 않으면 종성의 지혜도 생겨나지 않습니다. 종성의 지혜가 생겨나지 않으면 도의 지혜와 과의 지혜도 생겨나지 않습니다. 이 내용을 명심해 두어야 합니다.

특히 주의할 점

앞서 설명했던 "rūpaṁ disvā sati muṭṭhā. 형색을 보고 나서 새김이 잊히네", "rūpaṁ disvā paṭissato. 형색을 보고 다시 새기는 그는" 이 두 구절을 통해 "눈으로 형색 물질을 보고 나서 관찰하지 않는 이에게는 탐욕 등의 번뇌들이 생겨난다. 관찰하는 이에게는 탐욕 등의 번뇌들이 생겨나지 않는다”라는 사실을 분명하게 알 수 있습니다.

「마하사띠빳타나숫따Mahāsatipaṭṭhānasutta(새김확립 긴 경·大念處經)」 가르침을 통해서도 “생겨나고 있는 몸·느낌·마음·법을 관찰하고 새겨서 알아야 한다. 그렇게 관찰하고 새겨서 아는 새김확립 없이는 도와 과, 열반에 도달할 수 없다”라는 사실을 매우 분명하게 드러내고 있습니다.

또한 “anulomaṁ gotrabhussa, gotrabhuṁ maggassa, maggo phalassa anantarapaccayena paccayo. 수순은 종성에게, 종성은 도에게, 도는 과에게 틈이 없는 조건으로 조건이 된다”라는 『빳타나』 가르침을 통해서도 “위빳사나 수행을 하지 않고서는 성스러운 도의 지혜가 생겨날 수 없다”라는 사실을 분명하게 밝히고 있습니다.

「말루꺄뿟따숫따」 앞부분의 “evaṁ ācinato dukkhaṁ, ārā nibbānam vuccati. 이와 같이 괴로움을 쌓는 이에게/ 열반은 매우 멀다고 말한다네”라는 구절을 통해서는 “보고 나서 즉시 관찰하지 않는 이는 탐욕 등 번뇌의 괴로움, 업 윤전의 괴로움, 과보 윤전의 괴로움이라는 여러 괴로움을 받아들여 쌓고 있기 때문에, 그런 이에게는 열반이 매우 멀다”라는 사실도 분명하게 드러내고 있습니다. 빠알리어를 잘 아는 이라면 그 의미가 옳다는 사실을 분명히 알 것입니다.

지금 설명하고 있는 「말루꺄뿟따숫따」의 “evaṁ apacinato dukkhaṁ, santike nibbāna vuccati. 이와 같이 괴로움을 쌓지 않는 이에게/ 열반은 매우 가깝다고 말한다네”라는 구절을 통해 “보고 나서 즉시 관찰하는 이는 번뇌의 괴로움, 업 윤전의 괴로움, 과보 윤전의 괴로움이라는 여러 괴로움을 제거하고 있기 때문에, 그런 이에게는 열반이 매우 가깝다"라는 사실을 분명하게 드러내고 있습니다. 이 내용도 빠알리어를 잘 아는 이라면 그 의미가 옳다는 사실을 분명히 알 것입니다.

그러므로 "생겨나는 물질과 정신을 관찰하지 않고서, 혹은 계를 바탕으로 해서 삼매와 통찰지라는 수행을 하지 않고서 도와 과, 열반이라는 특별한 법들을 얻을 수 있다"라는 주장이 부처님께서 바라시는 바와 일치하는지 일치하지 않는지, 적당한지 적당하지 않은지 특히 주의를 기울여 살펴봐야 합니다.

관찰해야 부처님께서 바라시는 바와 일치한다

사실을 말하면 "paṭissato 다시 새긴다면"이라는 구절처럼 보고 나서 바로 관찰하는 것이야말로 부처님께서 바라시는 바와 일치합니다. 또한 "evaṁ so caratissato. 이와 같이 그는 새기면서 행한다네"라는 구절처럼 '새기면서 행한다면', 즉 관찰하면서 실천하면, 그렇게 관찰하여 무상 등으로 사실대로 바르게 알면 알 때마다 계속해서 번뇌의 괴로움과 윤전의 괴로움들을 제거하게 됩니다. "그렇게 관찰하여 번뇌의 괴로움과 윤전의 괴로움을 제거해 나가는 이에게는 열반이 가깝다"라는 가르침이야말로 부처님께서 진실로 바라시는 바라는 사실이 매우 분명합니다. 그래서 그러한 부처님의 바람이 분명하게 드러나도록 "보아관찰 하는이 열반가깝네"라고 결어 게송으로 표현했습니다. 같이 독송합시다.[109]

보아관찰 하는이 열반가깝네

109 전체 게송은 본서 부록 p.297 참조.

볼 때 관찰하지 않는 이가 열반과 먼 것을 첫 번째와 두 번째 게송을 통해 표현했습니다. 볼 때 관찰하지 않으면 열반과 멀어집니다. 열반과 멀어지고 싶으면 관찰하지 않고 그냥저냥 지내면 됩니다. 열반과 멀어지고 싶으십니까, 가까워지고 싶으십니까? 모두 가까워지고 싶을 것입니다. 열반과 가까워지고 싶으면 볼 때마다 계속해서 〈본다, 본다〉라고 관찰하기만 하면 됩니다. 지금까지 위빳사나 수행방법과 관련해서 "볼 때는 보는 정도만 생겨날 것이다"라는 구절에 대해 충분히 설명했습니다. 이제 듣는 것과 관련된 위빳사나 수행방법을 설명하겠습니다.

위빳사나 기초 문답 2

위빳사나 기초 문답과 수행방법 요약

7 Ye te sotaviññeyyā saddā assutā assutapubbā, na ca suṇāsi, na ca te hoti suṇeyyanti? Atthi te tattha chando vā rāgo vā pemaṁ vāti? No hetaṁ, bhante. (S.ii.294)

해 석

말루꺄뿟따여, 이것을 그대는 어떻게 생각하는가? 그대가 아직 듣지 않았고, 이전에 들은 적도 없고, 지금 듣고 있는 것도 아니고, 앞으로 들을 것도 아닌, 귀로 알 수 있는 어떤 소리들이 있다면, 그것들에 대해 그대에게 욕망이나 애착이나 애정이 있겠는가? 그렇지 않습니다, 세존이시여.

대 역

《Mālukyaputta말루꺄뿟따여,》 sotaviññeyyā귀로 알 수 있는; 들을 수 있는 ye saddā어떤 소리들을 te그대는 assutā아직 듣지 않았다. assutapubbā이전에 들은 적도 없다; 이전의 생들에서도 들은 적이 없다. na ca suṇāsi듣고 있는 것도 아니다; 지금 듣고 있는 것도 아니다. te그대에게 na ca hoti suṇeyyanti'들을 수 있을 것이다'라고 생각 속에서도 생겨나지 않을 것이다. tattha그것들에 대해; 아직 들은 적도 없고, 듣고 있는 것도 아니고, '들을 것이다'라는 생각조차 없는 그러한 소리들에 대해 te그대에게 chando vā 욕망이나; 바라고 좋아하는 것이나 rāgo vā애착이나; 애착하고 집착하는 것이나, pemaṁ vā애정이; 좋아함이 atthi있겠는가; 생겨나겠는가? No hetaṁ, bhante그렇지 않습니다, 세존이시여.

부처님께서 "과거에도 들어본 적이 없는 소리, 지금 듣고 있는 것도 아닌 소리, '들을 수 있다. 들을 것이다'라는 생각조차 할 수 없는 소리, 그러한 소리와 그 소리를 내는 남자나 여자를 대상으로 욕망이나 애착이나 애정이 생겨나겠는가?"라고 물으셨습니다. 그렇게 전혀 들을 수도 없고 알 수도 없는 소리와 그 소리를 내는 주체를 대상으로 욕망이나 애착이나 애정이 어떻게 생겨나겠습니까? 생겨나지 않습니다. 그래서 말루꺄뿟따 존자는 "그런 욕망이나 애착이나 애정이 생겨나지 않습니다"라고 부처님께 대답했습니다. 이것은 매우 옳은 대답입니다. 이 질문을 통해 "들을 수 없는 소리를 대상으로 애착이나 애정이 생겨날 수 없다. 그러므로 그렇게 들을 수 없는 소리는 위빳사나 수행으로 관찰할 필요가 없다. 그러한 소리는 번뇌가 생겨나지 않도록 위빳사나 관찰을 할 필요가 없다"라는 사실도 알 수 있습니다. 이 내용을 "못듣는것 번뇌가 저절로없네"라고 게송으로 표현했습니다. 같이 독송합시다.

못듣는것 번뇌가 저절로없네

들을 수 있으면 그 들리는 소리와 그 소리를 내는 주체를 대상으로 애착이나 애정 등의 번뇌가 생겨날 수 있습니다. 그렇게 번뇌가 생겨날 수 있는 모습들도 질문으로 알게 하셨습니다. 이 내용을 "들리는것 번뇌가 잠재생기네"라고 게송으로 표현했습니다. 같이 독송합시다.

들리는것 번뇌가 잠재생기네

"번뇌가 잠재된다"란 '들리는 소리를 관찰하여 사실대로 바르게 알지 못하면 그 들리는 소리를 돌이켜 생각해서 번뇌가 생겨날 수 있다'라는 뜻입니다. 그러므로 그렇게 번뇌가 잠재되지 못하도록 들을 때마다 관찰해야 합니다. 그렇게 관찰해서 (관찰하지 않으면) 잠재될 번뇌를 제거해야 한다는 사실을 질문을 통해 알게 하신 것입니다. 이 내용도 "들어관찰 번뇌들 잠재제거해"라고 게송으로 표현했습니다. 같이 독송합시다.

들어관찰 번뇌들 잠재제거해

방금 언급한 세 개의 게송을 통해 위빳사나 수행방법을 이해시키셨다는 내용을 "질문으로 수행법 드러나게해"라는 결어 게송으로 표현했습니다. 같이 독송합시다.[110]

질문으로 수행법 드러나게해

110 전체 게송은 본서 부록 p.294 참조.

질문을 통해 “들리는 대상에 대해 번뇌가 생겨나지 않도록 듣고 나면 즉시 관찰해야 한다”라고 위빳사나 수행방법을 이해시키신 뒤 듣는 것과 관련된 위빳사나 수행방법을 “sute sutamattaṁ bhavissati. 들리는 것에 대해서는 듣는 정도만 생겨날 것이다’라고 가르치셨습니다. 자세한 내용은 앞서 본서 pp.59~62에서 설명했습니다.

12 Ettha ca te, mālukyaputta, diṭṭhasutamutaviññātesu dhammesu … sute sutamattaṁ bhavissati. (S.ii.295)

해 석

말루꺄뿟따여, 그대에게 보이고 들리고 감각되고 알게 된 이런 법들 중에서도 … 들리는 것에 대해서는 듣는 정도만 생겨날 것이다.

대 역

Mālukyaputta말루꺄뿟따여, te그대에게 ettha ca diṭṭhasutamutaviññātesu dhammesu보이고 들리고 감각되고 알게 된 이런 법들 중에서도 … sute들리는 것에 대해서는; 들리는 소리에 대해서는 sutamattaṁ bhavissati듣는 정도만 생겨날 것이다.

“들리는 대상에 대해서도 그대가 장담한 대로 방일하지 않고 끊임없이 관찰하며 지내면 들리는 정도만 생겨날 것이다”라는 구절은 ‘계속해서 관찰하며 알아 나가면, 들리지 않는 소리에 대해서는 번뇌가 생겨날 수 없는 것과 마찬가지로 소리를 듣자마자 바로 관찰하며 알아 나가면 들리는 소리에 대해서도 번뇌가 생겨나지 않을 것이다. 단지 듣는 정도만 생겨날 것이다'라는 뜻입니다. 단지 듣는 정도만 생겨나는 모습을 자세하게 이해하도록 본서 pp.61~64에서 '볼 때 인식과정이 생겨나는 모습'이라는 제목으로 설명했습니다. 보아서 아는 인식과정 게송에서 다음과 같이 조금만 바꾸면 됩니다. 같이 독송합시다.

현전소리 먼저듣고 듣고난법 다시생각
명칭개념 드러나고 의미를 끝에안다네

"현전소리 먼저듣고"는 들어서 아는 인식과정에서 아는 모습입니다.

"듣고난법 다시생각"은 듣고 난 뒤 첫 번째 맘문 인식과정에서 아는 모습입니다.

"명칭개념 드러나고"는 두 번째 맘문 인식과정에서 명칭 개념을 아는 모습입니다.

"의미를 끝에안다네"는 세 번째 맘문 인식과정에서 의미[111] 개념을 아는 모습입니다.

처음 들을 때는 소리 정도만 압니다. 그때 관찰할 수 있다면 단지 듣는 정도에서 멈춥니다. 관찰하지 못하면 그 소리를 돌이켜 생각해서 아는 인식과정이 생겨납니다. 이 인식과정에서도 아직 소리 정도만 압니다. 개념이 아직 드러나지 않습니다. 예를 들어 "사람"이라는 소리를 들었을 때 어떤 소리로만 드러나지 '사람'이라는 명칭 개념까지는 아직 드러나지 않는다는 뜻입니다. 그래서 생각해서 아는 첫 번째 맘문 인식과정의 바로 다음에 관찰할 수 있다면 마찬가지로 절대성품인 소리

111 혹은 형체 개념을 안다.

만 아는 정도에서 멈춥니다. 관찰하지 못하면 두 번째 맘문 인식과정이 생겨나면서 '사람'이라는 명칭 개념까지 드러납니다. 여기서도 관찰하지 못하면 세 번째 맘문 인식과정이 생겨나면서 '사람'이라는 의미나 형체 개념까지 드러납니다.[112] 이렇게 명칭이나 의미, 형체 개념들이 드러나면 그 대상을 돌이켜 생각했을 때 좋아함과 싫어함 등 번뇌가 생겨납니다. 맘문 인식과정에 이어서 번뇌가 생겨나지 않고 단지 듣는 정도에서만 멈추도록 듣고 나면 즉시 관찰하여 알아 나가야 합니다. 이 내용을 '들어즉시 관찰하면/ 듣는것만 마음멈춰/ 명색구별 생멸보아/ 무상고 무아안다네'라고 게송으로 표현했습니다. 같이 독송합시다.

들어즉시 관찰하면 듣는것만 마음멈춰
명색구별 생멸보아 무상고 무아안다네

"들어즉시 관찰하면"은 '들어서 아는 인식과정 다음에 관찰할 수 있으면, 혹은 그렇지 않고 첫 번째 맘문 인식과정 다음에 관찰할 수 있으면'이라는 뜻입니다.

"듣는것만 마음멈춰"는 즉시 관찰할 수 있으면 듣는 정도에서만 인식과정이 멈춰 두 번째 맘문 인식과정 등이 생겨나지 않는 것을 말합니다. 이 「말루꺄뿟따숫따」에서 "sute sutamattaṁ bhavissati. 들리는 것에 대해서는 듣는 정도만 생겨날 것이다"라는 가르침과 일치합니다.

"명색구별 생멸보아", '들리는 소리는 물질이고 들어서 아는 마음과

112 눈문 인식과정 다음에는 두 번째 맘문 인식과정에서 형체가 드러나고 세 번째 맘문 인식과정에서 명칭이 드러난다. 본서 p.67 참조.

관찰해서 아는 마음은 정신이다'라고 이렇게 물질·정신 두 가지일 뿐이라는 성품도 구분해서 알고 보고, 들리는 소리와 들어서 아는 마음과 관찰해서 아는 마음 모두가 생겨나서는 즉시 사라진다는 성품도 스스로의 지혜로 알고 본다는 뜻입니다.

"무상고 무아안다네", 무상하고 괴로움이고 무아인 성품법들일 뿐이라고 스스로의 지혜로 안다는 뜻입니다.

마하시 사사나 수행센터의 수행자들은 부풂과 꺼짐을 비롯해 계속해서 분명하게 드러나는 대상들을 방일하지 않고 끊임없이 관찰하고 있습니다. 이렇게 관찰하는 중에 어떤 소리를 듣는다면 〈들린다〉라고 관찰해야 합니다. 그렇게 관찰하면 들리는 정도에서만 멈춥니다. 들은 소리를 돌이켜 생각하는 번뇌가 생겨나지 않습니다. 관찰하지 않는, 새김 없이 지내는 일반인들은 들리는 소리를 〈들린다〉라고 관찰해야 한다는 사실조차 모릅니다. 대부분 관찰하려는 마음조차 없습니다. 그래서 듣고 나면 좋아할 만한 대상만 기대하며 지냅니다. 그렇게 관찰하지 않고 새김 없이 잊어버리며 지내는 이는 열반과 멀다는 의미를 말루꺄뿟따 존자는 다음의 두 게송으로 표현했습니다.

들을 때 관찰하지 못하는 이는 열반과 멀다

14-4 Saddaṁ sutvā sati muṭṭhā,
Piyaṁ nimittaṁ manasi karoto;
Sārattacitto vedeti,
Tañca ajjhosa tiṭṭhati. (S.ii.295)

해 석

소리를 듣고 나서 새김이 잊히네,

좋아하는 표상에 마음을 기울이면.

애착하는 마음으로 느끼기도 하고

그것을 또한 움켜쥐며 머문다네.

대 역

Piyaṁ좋아하는; 좋아할 만한 nimittaṁ표상에; 대상에 manasi karoto마음을 기울이면; 마음을 기울이고 있는 이에게는; 마음을 기울이는 이는 saddaṁ소리를 sutvā듣고 나서; 듣고 나면 sati muṭṭhā새김이 잊히네; 새김을 잊어버리네. sārattacitto애착하는 마음으로 vedeti느낀다네. tañca그것도; 그 들리는 소리라는 대상도 ajjhosa tiṭṭhati 움켜쥐며 머문다네; 삼켜서 가지듯이 마음속에 움켜쥐고서 머문다네.

"좋아하는 표상에 마음을 기울이면",[113] 관찰하지 않는 일반인들은 좋아하는 대상을 항상 바라며 살아갑니다. 그래서 눈에 형색의 영상이 드러나면 '무엇이 포함돼 있을까?'라고 대상 쪽으로 향하는 전향 마음이 생겨나는데, 그때부터 대부분 좋아할 만한 것을 기대합니다. 귀에 소리가 드러날 때도 좋은 소리를 기대하며 전향이 생겨납니다. 가끔 나쁜 형색이나 나쁜 소리를 피하고 없애기 위해 전향하기도 하지만 대부분은 좋은 대상을 바랍니다. 그렇게 불선법이 생기는 힘을 실어주는

113 저본에서 해석하는 순서에 따라 설명했다.

전향을 '비합리적 마음기울임ayoniso manasikāra'이라고 합니다. '좋아하는 표상에 마음을 기울인다'는 것은 '그렇게 좋아할 만한 대상을 기대하며 전향한다'는 뜻입니다.

좋아할 만한 대상에 마음을 기울이는 이는, 또한 처음부터 좋아할 만한 대상을 기대하고 있는 이는 "소리를 듣고 나서", 소리를 듣고 나면 이미 기대한 대로 좋아할 만한 것으로 전향하게 됩니다. 그렇게 전향하면 "새김이 잊히네", 새김을 잊어버리고 놓칩니다. 이 내용을 "소리들어 좋으면 잊어버리네"라고 게송으로 표현했습니다. 같이 독송합시다.

소리들어 좋으면 잊어버리네

"잊어버리네"란 관찰이나 새김이 없는 것을 말합니다. 세간의 일을 잊는다는 것이 아닙니다. 세간과 관련된 내용은 '무엇을 말했다. 누구의 소리다' 등으로 잘 받아들여 기억합니다.

듣고 나서 좋아할 만한 것으로 생각하여 관찰하지 못하고 잊어버리는 사람은 "애착하는 마음으로 느끼기도 하고/ 그것을 또한 움켜쥐며 머문다네", 좋아하는 마음으로 대상을 느끼기도 하고, 그 대상을 삼켜서 가지듯이 마음속에 움켜쥐고서 머뭅니다. 이 내용에 관한 게송은 볼 때와 동일합니다. 같이 독송합시다.

애착하며 즐기며 맘속취하네

그래서 나중에 돌이켜 생각할 때마다 이전에 들었던 대로 소리가 분명하게 드러납니다. 그렇게 드러나는 모습과 관련해 알아두면 매우 좋은 난다Nanda 존자의 일화를 소개하겠습니다.

난다 존자의 일화

난다 존자는 부처님의 이복동생, 즉 아버지는 같고 어머니만 다른 동생입니다. 부처님께서는 숫도다나Suddhodhana 왕과 마하마야Mahāmāyā 왕비에게서 태어나셨고, 난다 존자는 마하마야 왕비의 여동생인 마하빠자빠띠고따미Mahāpajāpatigotamī에게서 태어났습니다. 난다 존자는 부처님보다 사오일 정도 늦게 태어났습니다. 보살이 탄생하시고 칠 일 후에 모친인 마하마야왕비가 승하했습니다. 그러자 마하빠자빠띠고따미는 친아들인 난다 왕자를 유모의 손에 맡기고 보살을 직접 수유하며 보살폈습니다.

부처님께서 첫 번째 안거를 성만하시고 라자가하Rājagaha에 가셔서 법문하고 계실 때 부왕인 숫도다나 대왕이 고향을 방문해 달라고 초청했습니다. 청에 따라 부처님께서 까삘라왓투Kapilavatthu에 도착하시고 삼 일째 되는 날, 난다 왕자와 자나빠다깔랴니Janapadakalyāṇī 공주의 결혼식과 왕의 지위를 부여받는 관정식을 위해 부처님을 비롯한 승가를 초청하고 공양 올리는 행사가 열렸습니다. 그날 부처님께서는 난다 왕자에게 당신의 발우를 맡기신 뒤 정사로 돌아오셨습니다. 난다 왕자는 '저기쯤이면 발우를 돌려받으시겠지. 여기쯤이면 발우를 돌려받으시겠지'라고 생각하며 발우를 들고 부처님의 뒤를 따라가야 했습니다. 그때 자나빠다깔랴니 공주가 그 소식을 듣고는 감고 다듬던 머리를 손으로 움켜잡고 걱정하면서 "tuvaṭaṁ kho ayyaputta āgaccheyyāsi. 왕자님, 빨리 돌아오세요"라고 난다 왕자에게 소리쳤습니다.

정사에 도착하자 부처님께서 "동생 난다여, 출가하겠는가?"라고 물으셨습니다. 난다 왕자는 출가할 생각이 없었지만 부처님에 대한 존경 때문에 거절할 수 없어서 "āma, pabbajissāmi. 예, 출가하겠습니다"라고 대답했습니다. 그러자 부처님께서는 "그렇다면 난다를 출가시켜라"라고 말씀하시면서 난다 왕자를 출가시키셨습니다. 그 후 제따와나Jetavana에 머물 때 난다 존자는 출가 생활에 즐거움을 느끼지 못하고 염증을 내며 같이 지내는 스님들에게 "스님들, 저는 출가 생활이 즐겁지 않습니다. 출가자의 실천수행을 할 수 없습니다. 계를 버리고 환속하고 싶습니다"라고 말하곤 했습니다.

그 소식을 듣고 부처님께서는 난다 존자를 불러 사실을 물으셨습니다. 난다 존자는 사실대로 말씀드렸습니다. 부처님께서는 "왜 출가 생활에 염증을 느끼는가?"라고 물으셨습니다. 난다 존자는 "제가 궁에서 나올 때 자나빠다깔랴니 공주가 감은 머리를 다듬다 말고 그것을 움켜잡고서 저를 보고 '왕자님, 빨리 돌아오세요'라고 외쳤습니다. 지금도 그 소리가 생생하게 들리는 것 같아서 출가자의 생활이 즐겁지 않습니다"라고 대답했습니다.

그러자 부처님께서는 난다 존자의 팔을 잡고서 신통으로 히마완따 산쪽으로 날아가서 불타버린 한 그루터기 위에 앉아 있는 늙은 암원숭이를 보여주셨습니다. 그 원숭이는 귀, 코, 꼬리가 불에 타서 용모가 매우 흉측했습니다. 그 다음에는 도리천 천상세계로 데리고 가셨습니다. 도리천에서 난다 존자는 제석천왕 주위에 있는 매우 아름다운 천녀들을 보게 됐습니다. 그때 부처님께서 "어떻게 생각하느냐, 난다여, 자나빠다깔랴니와 저 500명의 천녀 중 누가 더 아름다운가?"라고 질문하셨습니다.

난다 존자는 "이 500명의 천녀와 비교한다면 자나빠다깔랴니는 앞서 본 늙은 원숭이와 같습니다. 천녀들의 아름다움에는 16분의 1에도 미치지 못합니다"라고 대답했습니다.

부처님께서는 "난다여, 출가 생활을 계속하라. 그러면 그대가 저 천녀들을 얻을 수 있도록 나 여래가 보장하겠다"라고 말씀하셨습니다. 난다 존자는 "그렇다면 저도 부처님의 가르침에 따라 잘 실천하겠습니다"

라고 받아들였습니다. 인간 세상으로 다시 돌아온 난다존자는 '천녀들을 얻으리라'는 기대로 출가자로서 실천해야 할 법들을 즐겁게 잘 수행하며 지냈습니다.

그때 일부 스님이 "부처님께서 난다 존자에게 천녀들을 얻게 해 준다고 보장하셨다고 한다. 난다 존자는 천녀들을 얻기 위해 수행하고 있는 것이다. 그렇다면 일당이나 월급을 받기 위해 일하는 일용직 잡부와 무엇이 다른가? 장사꾼과 같지 않은가?"라고 비난했습니다.[114] 그러한 말을 들은 난다 존자는 매우 부끄러워서 홀로 은둔하며 열심히 노력하고 전념하면서 지냈습니다.

Eko vūpakaṭṭho appamatto ātāpī pahitatto viharanto. (DhpA.i.76)

대 역

Eko홀로 vūpakaṭṭho은둔하며; 조용한 곳에 이르러 appamatto 방일하지 않고; 수행주제를 새기는 새김을 버리지 않고[115] ātāpī열심히 노력하고; 번뇌를 뜨겁게 태워 말라 없어지도록 열심히 노력하는 네 가지 정근을 갖추어 pahitatto전념하면서; 도와 과, 열반이라는[116] 특별한 법을 얻도록 마음과 몸을 보내고서; 몸과 목숨을 아끼지 않고 viharanto지내면서.

114 이것은 『담마빠다 주석서』에 따른 설명이다. *Mingun sayadaw*, 『*Mahābuddhawin*(마하붓다윈)』 제3권, p.228과 밍군 사야도, 최봉수 역, 『대불전경』 제5권, p.317에는 부처님께서 직접 다른 비구들로 하여금 난다 존자에게 가서 그렇게 비난하도록 시킨 것으로 설명돼 있다. 일용직 잡부bhataka란 천녀들을 얻는 대가를 바라고 거룩한 실천을 하는 사람이라는 뜻이고, 장사꾼upakkitaka이란 거룩한 실천으로 천녀들을 사는 사람이라는 뜻이다. 비구 일창 담마간다 지음, 『부처님을 만나다』, p.278 주468 참조.

115 ㉯㉰"수행주제를 새기는 새김을 버리지 않고"라는 해석은 주석서에 따른 설명이다. "관찰대상을 잊어버리지 않고 끊임없이 관찰하면서"라는 뜻이다.

116 본서 p.35와 다르게 여기서는 저본에서 도와 과, 열반을 포함해서 대역했다.

열심히 정진하던 난다 존자는 머지않아 아라한 도와 과를 증득하여 아라한이 됐습니다.[117] 난다 존자의 일화에서 주목해야 할 점은 난다 존자가 전혀 관찰하지 않고 있을 때 자신의 아내가 될 자나빠다깔랴니가 외친 말이 마음속에서 계속 들리듯 생겨났다는 사실입니다. 다른 이들도 관찰하지 않고 있으면 듣게 된 좋은 소리나 말들을 마음속에서 취하고 모읍니다. 이 내용을 "애착하며 즐기며 맘속취하네"라고 표현한 것입니다.

14-5 Tassa vaḍḍhanti vedanā,
Anekā saddasambhavā;
Abhijjhā ca vihesā ca,
Cittamassūpahaññati;
Evaṁ ācinato dukkhaṁ,
Ārā nibbānamuccati. (S.ii.295)

해 석

그런 그에게 느낌이 늘어나네,
소리에서 생겨나는 여러 느낌이.
탐애도, 또한 괴롭힘도 늘어나니
그의 마음은 피곤하기만 하다네.
이와 같이 괴로움을 쌓는 이에게
열반은 매우 멀다고 말한다네.

117 『부처님을 만나다』, pp.262~263; 277~278 참조.

대역

Tassa그에게; 들리는 소리를 마음속에 집착하여 움켜쥐는 그 사람에게 saddasambhavā소리를 시작으로 생겨나는; 집착하여 움켜쥔 소리 때문에 생겨나는 anekā여러 가지; 많은 vedanā느낌들이; 좋고 나쁜 여러 가지 느낌들이 vaḍḍhanti늘어난다네. abhijjhā ca탐애들도; 가지려고 하는 탐욕들도, vihesā ca괴롭힘들도; 괴롭히려고 하는 성냄들도 vaḍḍhanti늘어난다네. assa그의 cittaṁ마음은 upahaññati피곤하다네; 탐욕과 성냄 등으로 피곤해진다네. evaṁ이와 같이; 관찰하지 않고 지내는 이런 방식으로 dukkhaṁ괴로움을; 번뇌의 괴로움과 윤전의 괴로움을 ācinato쌓는 이에게; 받아들여 쌓고 있는 이에게; 쌓는 이는 nibbānaṁ열반은; 모든 고통이 사라진 열반은; 열반을 ārā멀다고; 멀리한다고 vuccati말한다네.

"그런 그에게 느낌이 늘어나네,/ 소리에서 생겨나는 여러 느낌이", 이 내용은 앞의 형색에 관한 게송에서 '형색따라'를 '소리따라'로 바꾸기만 하면 됩니다. 같이 독송합시다.

소리따라 느낌들 늘어난다네

좋은 소리를 대상으로 마음속에서 즐거운 느낌이 생겨납니다. '그러한 좋은 소리와 관련된 대상들을 얻지 못할 것이다'라고 생각해서 괴로운 느낌도 생겨납니다. 이렇게 느낌이 늘어나는 모습을 스스로 분명하게 경험합니다.

이어서 “탐애도, 또한 괴롭힘도 늘어나니/ 그의 마음은 피곤하기만 하다네”, 좋은 소리를 얻길 원하는 탐욕, 얻어서 좋아하고 애착하는 탐욕도 생겨나고 늘어납니다. 좋은 소리를 얻지 못하게 하거나 이미 얻은 좋은 소리를 무너뜨리거나 없애려고 하는 이를 싫어하는 성냄도 생겨나고 늘어납니다. 그러한 탐욕이나 성냄이 시키고 부추기는 대로 노력하고 마음 기울이고 행하기 때문에 마음은 항상 피곤하고 고통스럽습니다. 이 내용도 형색과 관련된 게송과 동일합니다. 같이 독송합시다.

탐욕늘고 화늘어 마음피곤해

“이와 같이 괴로움을 쌓는 이에게”, 번뇌가 늘어나면 그에 따라 업도, 업의 과보라는 괴로움도 생겨나고 늘어납니다. 이렇게 관찰하지 않는 이는 번뇌의 괴로움과 윤전의 괴로움을 받아들여 쌓고 있다고 말할 수 있습니다.

“이와 같이 괴로움을 쌓는 이에게/ 열반은 매우 멀다고 말한다네”, ‘이전에 나는 관찰하지 않은 채 새김을 잊어버리면서 지내왔다. 앞으로도 그런 삶의 방식을 바꾸지 않겠다’라고 생각하고서 원래대로 지낸다면, 마치 활활 타오르는 불길 속에 장작을 끊임없이 던져 넣으면 불이 꺼지지 않듯이 괴로움들은 원래 그대로 계속 생겨나 사라지지 않을 것입니다. 이렇게 되면 괴로움이 모두 사라진 열반과는 원래 그대로 계속 멀어집니다. 이 내용에 관한 게송도 앞과 마찬가지입니다. 같이 독송합시다.[118]

이렇게만 안변해 고통찾는이
고통만을 찾는이 열반멀다네

118 전체 게송은 본서 부록 p.295 참조.

지금까지 소리와 관련된 두 게송을 간략히 요약해서 “들어관찰 않는이 열반멀다네”라고 표현했습니다. ‘들을 때 관찰하지 않는 이는 열반과 멀다’라는 뜻입니다. 같이 독송합시다.

들어관찰 않는이 열반멀다네

이와 반대로 들을 때마다 계속해서 관찰하면 열반과 가까워집니다. 이렇게 열반과 가까워지는 모습을 직접 표현한 두 개의 게송을 이어서 설명하겠습니다.

들을 때 관찰하는 이는 열반과 가깝다

14-16 Na so rajjati saddesu,
Saddaṁ sutvā paṭissato;
Virattacitto vedeti,
Tañca nājjhosa tiṭṭhati. (S.ii.297)

해 석

소리들에 대해 애착하지 않는다네,
소리를 듣고 다시 새기는 그는.
애착 없는 마음으로 느끼기도 하고
그것도 움켜쥐지 않고 머문다네.

대 역

《Yo어떤 이가》 saddaṁ소리를 sutvā듣고 나서; 들으면 바로 paṭissato다시 새긴다면, saddesu소리들에 대해 na rajjati애착하지 않는다네; 애착이 사라진다네. so그는; 듣고 나서 즉시 새기는 그 사람은 virattacitto애착 없는 마음으로; 애착이 없는 마음이 되어 vedeti느낀다네.
tañca그것도; 그 소리도 nājjhosa tiṭṭhati움켜쥐지 않고
머문다네.

"소리를 듣고 다시 새기는", 여기서 "paṭissato 다시 새긴다"라는 단어에 특히 주의해야 합니다. '듣자마자 즉시 새긴다'라는 뜻의 이 구절은 위빳사나 수행방법을 직접적으로 분명히 보여줍니다. 따라서 "위빳사나 수행을 할 때는 듣고 보고 닿고 알게 된 법들만 관찰해야 한다. 들리지 않고 보이지 않고 닿지 않고 생각할 수 없는 것들을 들어서 아는 지혜sutamaya ñāṇa로 숙고하여 관찰하는 것이 아니다"라는 사실을 확실하게 기억해 두어야 합니다.

"소리들에 대해 애착하지 않는다네", 소리를 듣고 즉시 새기는 사람은 들리는 소리에 애착하지 않습니다. 애착이 사라집니다. 이 구절은 앞서 설명했던 보는 인식과정과 동일하게, 듣는 인식과정 다음에 틈이 없이 바로 관찰하는 모습을 나타냈습니다. 이렇게 듣고 난 뒤 바로 새기고 관찰하는 이는 들리는 소리 물질을 바르게 알 수 있습니다. 들리는 소리 물질과 들어서 아는 정신 등이 즉시 사라져 무너지는 것도 사실대로 바르게 알 수 있습니다. '여자 소리다. 남자 소리다. 무엇을 말한다' 등으로 좋아하는 개념 대상들을 생각하지 않습니다. 소리를 들은 뒤 다시 이어서 숙고하지 않기 때문에 이 내용은 앞에서 언급한 "sute sutamattaṁ bhavissati. 들리는 것에 대해서는 듣는 정도만 생겨날 것이다"라는 구절과 일치합니다. 따라서 소리를 들었지만 마치 들리지 않는 소리처럼 애착이나 애정 등 번뇌들이 생겨나지 않고 없어집니다. 그래서 "소리들에 대해 애착하지 않는다네", 새기는 이들은 들리는 소

리들에 애착하지 않습니다. 좋아하지 않습니다. 이 내용도 형색과 관련된 게송에서 "형색보아"를 "소리들어"로 바꾸기만 하면 됩니다. 같이 독송합시다.

소리들어 관찰해 애착사라져

지금 이곳 수행센터에서 수행자들이 들을 때 〈들린다〉라고 관찰하는 것은 이 가르침과 매우 일치합니다. 삼매와 지혜의 힘이 좋아졌을 때는 〈들린다, 들린다〉라고 새길 때마다 계속해서 들리는 소리, 들어서 아는 마음, 관찰해서 아는 마음이 즉시 사라지는 것을 경험할 수 있습니다. 그래서 들리는 소리와 관련해서 애착하거나 좋아하는 탐욕이 생겨나지 않습니다. 애착이나 좋아함 없이 느끼기만 합니다. 그리고 그 소리를 마음속에 움켜쥐지도 않습니다. 그렇게 번뇌가 사라지는 모습, 집착이 사라지는 모습도 이어서 "애착 없는 마음으로 느끼기도 하고/ 그것을 움켜쥐지 않고 머문다네"라고 표현했습니다. 이 내용에 관한 게송도 볼 때와 같습니다. 같이 독송합시다.

애착안해 느끼며 맘속안취해

그렇게 애착 등이 없이 느끼기만 하기 때문에 느낌이 생겨나는 것은 다른 사람들과 같지만, 그러한 느낌을 조건으로 해서 갈애 등 번뇌의 괴로움과 윤전의 괴로움은 생겨나거나 늘어나지 않습니다. 이 의미를 다음과 같이 이어서 설명했습니다.

14-17 Yathāssa suṇato saddaṁ,
Sevato cāpi vedanaṁ;
Khīyati nopacīyati,
Evaṁ so caratissato;
Evaṁ apacinato dukkhaṁ,
Santike nibbānamuccati. (S.ii.297)

해 석

그처럼 소리를 듣기도 하지만
그처럼 느낌을 의지도 하지만
다하기만 할 뿐 쌓이지 않는다네.
이와 같이 그는 새기면서 행한다네.
이와 같이 괴로움을 쌓지 않는 이에게
열반은 매우 가깝다고 말한다네.

대 역

Yathā그처럼; 틈이 없이 바로 새겨 아는 것으로; 새겨 아는 것과 함께 생겨나는 것처럼 saddaṁ소리를 suṇato cāpi 듣기도 하지만, vedanaṁ느낌을 sevato cāpi의지하기도 하지만 (assa그에게)[119] dukkhaṁ괴로움이; 관찰하여 알지 못하면 생겨날 수 있는 번뇌의 괴로움과 윤전의 괴로움이 khīyati다한다네; 사라지고 없어지기만 한다네. nopacīyati 쌓이지 않는다네; evaṁ이와 같이 sato새기며 so그는; 그 수행자는 carati행한다네. evaṁ이와 같이; 듣고 나서 즉

119 『*Saṁyuttanikāya Saḷāyatanavagga Saṁyutta Pāḷito Nissaya*(상윳따 니까야 여섯 감각장소 상응 빠알리 대역)』, p.63를 참조해서 첨가했다.

시 관찰하여 새기는 것에 의해 dukkhaṁ괴로움을; 관찰하여 새기지 않으면 생겨날 기회를 얻는 번뇌의 괴로움과 윤전의 괴로움을 apacinato쌓지 않는 이에게; 무너뜨리고 있는 이에게 nibbānaṁ열반은; 모든 고통이 사라진 열반은; 열반을 santike가깝다고; 가까이 한다고 vuccati말한다네.

《"Yathāssa suṇato saddaṁ. 그처럼 소리를 듣기도 하지만"이라는 구절에 특히 주의해야 합니다. 앞서[120] 형색과 관련해서 『테라가타 주석서』에서는 "yathāssa passato rūpaṁ. 그처럼 형색을 보기도 하지만"이라는 구절에서 '형색을 보는 것'이 "aniccādito rūpaṁ passantassa. 무상 등으로 형색을 보는 이에게"(ThagA. ii.303), 즉 관찰을 통해 무상 등으로 보는 것이라고 설명했습니다. 하지만 그 게송에서 "passato 보기도 하지만"은 눈 의식으로 보는 것만 뜻하는 것이 분명합니다. 위빳사나 관찰을 하고 있는 모습을 보이는 것이 아닙니다. 듣는 것과 관계된 지금 게송에서도 "suṇato 듣기도 하지만"은 관찰하여 아는 모습을 보이는 것이 아닙니다. 들어서 아는 정도만 뜻하는 것이 분명합니다. 이후에 맡아서 아는 것, 먹어서 아는 것 등과 관련된 게송들에서도 "ghāyato 맡기도 하지만", "sāyato 맛보기도 하지만" 등으로 표현된 구절을 접하게 될 것입니다. 그 구절들에서도 관찰하여 아는 모습을 보이는 것이 아니라, 맡아서 아는 것, 맛보아서 아는 것을 뜻한다는 사실이 분명합니다. 관찰하여 아는 모습은

120 본서 pp.112~113 참조.

"yathā그처럼; 틈이 없이 바로 새겨 아는 것으로; 새겨 아는 것과 함께 생겨나는 것처럼"이라는 내용에 이미 포함돼 있습니다. 성전에 능통한 이라면 이 사실에 매우 주의해야 합니다. 『테라가타 주석서』의 위와 같은 설명은 대대로 기록하며 전승하다가 잘못 기록된 듯합니다.》

"그처럼 소리를 듣기도 하지만/ 그처럼 느낌을 의지도 하지만/ 다하기만 할 뿐 쌓이지 않는다네./ 이와 같이 그는 새기면서 행한다네", 들어서 아는 성품이나 들어서 느끼는 성품이 생겨날 때 생겨나자마자 즉시 관찰하면 듣기도 듣고 느끼기도 느끼지만, 일반인들처럼 탐애 등 번뇌 윤전이나 업 윤전의 괴로움이 이어서 생겨나지는 않습니다. 업 윤전이 생겨나지 않기 때문에 그 업 때문에 생겨날 새로운 생에서의 과보 윤전의 괴로움도 생겨나지 않습니다. 관찰하지 않으면 생겨날 그러한 윤전의 괴로움이, 관찰하여 사실대로 바르게 알게 된 그 대상들과 관련해서 생겨날 기회를 얻지 못한 채 완전히 없어집니다. 이것은 대상잠재번뇌ārammaṇānusayakilesa라는 번뇌 윤전 등의 괴로움이 없어지는 것입니다. 비유하자면 병에서 갓 회복한 이가 적당하지 않은 음식을 먹으면 병이 도집니다. 하지만 적당하지 않은 음식을 먹었더라도 소화제를 잘 챙겨 먹는다면 병이 도지지 않을 수 있습니다. 이렇게 "먹고 싶은 것도 먹고 병도 생겨나지 않은 것"은 비록 적당하지 않은 음식을 먹었더라도 즉시 소화제를 먹었기 때문입니다. 마찬가지로 들어서 알고 난 뒤 즉시 관찰하여 아는 중도 실천majjhimapaṭipada이 이어지기 때문에 번뇌의 괴로움 등이 생겨날 기회를 얻지 못한 채 사라지는 것입니다. 그래서 "들을 때마다 계속해서 관찰하고 새겨 알아 나가라"라고 하는 것입니다. 이 내용도 형색과 관련된 게송과 동일합니다. 같이 독송합시다.

관찰알아 듣기도 느끼기도해
그렇지만 윤전고 사라진다네
이렇게만 수행자 실천해야해

수행자도 다른 일반인들처럼 소리를 듣기는 듣습니다. 느낌들을 의지하기도 합니다. 하지만 듣고 나서 즉시 관찰하여 알고, 다시 관찰하여 알아 나가기 때문에 번뇌의 괴로움과 윤전의 괴로움이 생겨날 기회를 얻지 못한 채 사라져 없어집니다. 이것을 "부분열반tadaṅganibbāna에 도달하는 것이라고 한다"라는 사실을 앞서 '볼 때'를 설명할 때 자세하게 다루었습니다. 또한 "그러므로 열반에 도달하고자 하는 이라면 들을 때마다 계속해서 관찰해야 한다"라는 사실도 설명했습니다. 이렇게 관찰하고 있으면 번뇌의 괴로움과 윤전의 괴로움을 제거하는 작용이 성취돼 모든 괴로움이 사라진 열반에 가까워진다는 사실도 이어서 "이와 같이 괴로움을 쌓지 않는 이에게/ 열반은 매우 가깝다고 말한다네"라고 나타냈습니다. 이 내용을 "들어관찰 고통끝 열반가깝네"라고 게송으로 표현했습니다. 같이 독송합시다.

들어관찰 고통끝 열반가깝네

이 게송들의 자세한 의미를 알고 싶다면 볼 때와 관련된 내용을 다시 살펴 보십시오. 들을 때와 관련된 빠알리어 게송 두 개를 요약해서 하나의 게송으로 "들어관찰 하는이 열반가깝네"라고 결어 게송으로 표현했습니다. 같이 독송합시다.[121]

들어관찰 하는이 열반가깝네

121 전체 게송은 본서 부록 p.297 참조.

들을 때 관찰하지 않는 이는 열반과 멀다는 사실을 앞의 두 개의 게송으로, 관찰하는 이는 열반과 가깝다는 사실을 뒤의 두 개의 게송으로 각각 표현했습니다. 이것은 말루꺄뿟따 존자의 견해를 부처님께서 "훌륭하구나"라고 칭찬하신 후 당신께서 직접 다시 설하신 게송들입니다. 그러므로 열반과 멀어지길 원한다면 들을 때 관찰하지 않고 그냥저냥 지내면 됩니다. 열반과 가까워지길 원한다면, 열반에 빨리 도달하길 원한다면 〈들린다, 들린다〉라고 끊임없이 관찰하기만 하면 됩니다. "sute sutamattaṁ bhavissati. 들리는 것에 대해서는 듣는 정도만 생겨날 것이다"라는 위빳사나 수행방법을 나타낸 구절에 대해서도 이 정도 설명이면 충분할 것입니다. 이제 냄새를 맡아서 알 때와 관련한 위빳사나 수행방법을 설명하겠습니다.

위빳사나 기초 문답 3

위빳사나 기초 문답과 수행방법 요약

8 Ye te ghānaviññeyyā gandhā aghāyitā aghāyitapubbā, na ca ghāyasi, na ca te hoti ghāyeyyanti? Atthi te tattha chando vā rāgo vā pemaṁ vāti? No hetaṁ, bhante. (S.ii.294)

해 석

말루꺄뿟따여, 이것을 그대는 어떻게 생각하는가? 그대가 아직 맡지 않았고, 이전에 맡은 적도 없고, 지금 맡고 있는 것도 아니고, 앞으로 맡을 것도 아닌, 코로 알 수 있는 어떤 냄새들이 있다면, 그것들에 대해 그대에게 욕망이나 애착이나 애정이 있겠는가? 그렇지 않습니다, 세존이시여.

대역

《Mālukyaputta말루꺄뿟따여,》 ghānaviññeyyā코로 알 수 있는; 맡을 수 있는 ye gandhā어떤 냄새들을 te그대는 aghāyitā 아직 맡지 않았다. aghāyitapubbā이전에 맡은 적도 없다; 이전의 생들에서도 맡은 적이 없다. na ca ghāyasi맡고 있는 것도 아니다; 지금 맡고 있는 것도 아니다. te그대에게 na ca hoti ghāyeyyanti'맡을 수 있을 것이다'라고 생각 속에서도 생겨나지 않을 것이다. tattha그것들에 대해; 아직 맡은 적도 없고, 맡고 있는 것도 아니고, '맡을 것이다'라고 생각조차 할 수 없는 그러한 냄새들에 대해 te그대에게 chando vā욕망이나; 바라고 좋아하는 것이나 rāgo vā애착이나; 애착하고 집착하는 것이나, pemaṁ vā애정이; 좋아함이 atthi있겠는가; 생겨나겠는가? No hetaṁ, bhante그렇지 않습니다, 세존이시여.

부처님께서 "과거에도 맡아본 적이 없는 냄새, 지금 맡고 있는 것도 아닌 냄새, '맡을 수 있을 것이다'라고 생각조차 나지 않는 냄새, 그러한 냄새, 그리고 그 냄새를 내는 남자나 여자를 대상으로 욕망이나 애착이나 애정이 생겨나겠는가?"라는 물으셨습니다. 어떤 냄새나 냄새를 내는 주체가 있다는 것을 알지도 못하면서 그런 냄새나 냄새를 내는 주체를 대상으로 욕망이나 애착이나 애정이 어떻게 생겨나겠습니까? 생겨나지 않습니다. 그래서 말루꺄뿟따 존자는 "그런 욕망이나 애착이나 애정이 생겨나지 않습니다"라고 부처님께 대답했습니다. 매우 옳은 대답입니다. 이 질문을 통해 "맡을 수 없는 냄새를 대상으로 애착이나 애정이 생겨날 수 없다. 그러므로 그렇게 맡을 수 없는 냄새는 위빳사나 수행으로 관찰할 필요가 없다. 그러한 냄새에 대해서는 번뇌들이 생겨나지 않도록 신경 쓸[122] 필요가 없다"라는 사실도 알 수 있습니다. 이 내용을 "못맡는 것 번뇌가 저절로없네"라고 게송으로 표현했습니다. 같이 독송합시다.

못맡는것 번뇌가 저절로없네

맡을 수 있으면 그 맡아지는 냄새와 그 냄새를 내는 주체를 대상으로 애착이나 애정 등의 번뇌가 생겨날 수 있습니다. 그러한 번뇌가 생겨나는 모습들도 질문으로 알게 하셨습니다. 이 내용을 "맡아진것 번뇌가 잠재생기네"라고 게송으로 표현했습니다. 같이 독송합시다.

맡아진것 번뇌가 잠재생기네

관찰하지 않은 대상에 대해서는 번뇌가 생겨날 수 있습니다. 그렇게 생겨날 수 있는 기회를 갖게 된 것을 '잠재된다'라고 말합니다. 그리고 관찰하지 않은 대상들에 대해 생겨날 수 있는 번뇌를 '대상잠재번뇌 ārammaṇānusayakilesa'라고 말합니다. 이 대상잠재번뇌를 제거하려면 냄새를 맡을 때마다 관찰해야 합니다. 이 내용도 "맡아관찰 번뇌들 잠재제거해"라고 게송으로 표현했습니다. 같이 독송합시다.

맡아관찰 번뇌들 잠재제거해

내용을 갈무리하며 그 의미를 "질문으로 수행법 드러나게해"라는 결어 게송으로 표현했습니다. 같이 독송합시다.[123]

질문으로 수행법 드러나게해

122 소리와 관련된 내용에서는 '위빳사나 관찰을 할'이라고 표현했다.

123 전체 게송은 본서 부록 p.294 참조.

질문을 통해 "냄새를 맡을 때마다 계속해서 방일하지 말고, 잊어버리지 말고, 끊임없이 관찰해야 한다"라고 위빳사나 수행법을 이해시키신 뒤, "그렇게 끊임없이 관찰하고 있으면 냄새를 맡을 때는 맡는 정도만 생겨날 것이다" 등으로 관찰하는 모습과 함께 여러 이익을 설하셨습니다. 냄새를 맡아 알고 나서 관찰하는 모습은 "mute mutamattaṁ bhavissati. 감각된 것에 대해서는 감각하는 정도만 생겨날 것이다"라고 가르치셨습니다. 자세한 내용은 앞서 본서 pp.59~82에서 설명했습니다.

12 Ettha ca te, mālukyaputta, diṭṭhasutamutaviññātesu dhammesu … mute mutamattaṁ bhavissati. (S.ii.295)

해 석

말루꺄뿟따여, 그대에게 보이고 들리고 감각되고 알게 된 이런 법들 중에서도 … 감각된 것에 대해서는 감각하는 정도만 생겨날 것이다.

대 역

Mālukyaputta말루꺄뿟따여, te그대에게 ettha ca diṭṭhasutamutaviññātesu dhammesu보이고 들리고 감각되고 알게 된 이런 법들 중에서도 … mute감각된 것에 대해서는; 맡게 된 냄새에 대해서는 mutamattaṁ bhavissati맡는 정도만 생겨날 것이다.

"감각됐다"라는 말은 "경험했다"는 뜻입니다. '감각된'이라는 표현보다 '경험된'이라는 표현이 더욱 의미가 분명합니다. 그래서 지금부터

"mute"는 "mute 경험된 것에 대해서는"이라는 표현으로 설명하겠습니다.[124] "냄새를 맡아 경험된 대상에 대해서는 경험한 정도만 생겨날 것이다"라는 가르침에 따라 말루꺄뿟따 존자는 맡을 때 관찰하지 않는 이가 열반과 멀어지는 모습과 관찰하는 이가 열반에 가까워지는 모습을 네 개의 게송으로 표현했습니다. 그 게송에 부처님께서는 "훌륭하구나"라고 칭찬하신 후 당신께서 직접 다시 한 번 더 설하셨습니다. 그 내용을 이제 설명하겠습니다.

맡을 때 관찰하지 못하는 이는 열반과 멀다

14-6 Gandhaṁ ghatvā sati muṭṭhā,
Piyaṁ nimittaṁ manasi karoto;
Sārattacitto vedeti,
Tañca ajjhosa tiṭṭhati. (S.ii.296)

해 석

냄새를 맡고 나서 새김이 잊히네,
좋아하는 표상에 마음을 기울이면.
애착하는 마음으로 느끼기도 하고
그것을 또한 움켜쥐며 머문다네.

대 역

Piyaṁ좋아하는; 좋아할 만한 nimittaṁ표상에; 대상에 manasi karoto마음을 기울이면; 마음을 기울이고 있는 이에게는; 마음을 기울이는 이는 gandhaṁ냄새를 ghatvā맡

124 전체적인 통일을 위해 이후에도 '감각된; 감각하는'이라고 먼저 표기한 뒤 '경험된, 경험하는'이라는 표현을 덧붙였다.

고 나서; 맡고 나면 sati muṭṭhā새김이 잊히네; 새김을 잊어버리네. sārattacitto애착하는 마음으로 vedeti느낀다네. tañca그것도; 그 맡아지는 냄새라는 대상도 ajjhosa tiṭṭhati 움켜쥐며 머문다네; 삼켜서 가지듯이 마음속에 움켜쥐고서 머문다네.

"좋아하는 표상에 마음을 기울이면"은[125] '처음부터 좋은 냄새를 기대하면, 혹은 냄새를 맡고 나서 좋은 것으로 생각하면'이라는 뜻입니다. 그렇게 좋은 냄새를 기대하거나 냄새를 맡고 나서 좋은 것으로 생각하면 새김을 잊어버립니다. 이 내용을 "냄새맡아 좋으면 잊어버리네"라고 게송으로 표현했습니다.

냄새맡아 좋으면 잊어버리네

여기에서도 '잊어버리네'란 새김이 없는 것을 말합니다. 세간의 일을 잊는 것을 말하지 않습니다. 세간의 냄새는 잊지 않습니다. '어떤 향수 냄새다. 어떤 향 냄새다. 누구의 냄새다' 등으로 잘 받아들여 기억합니다. 관찰하지 못하고 잊어버리는 사람은 "애착하는 마음으로 느끼기도 하고/ 그것을 또한 움켜쥐며 머문다네", 좋아하는 마음으로 대상을 느끼기도 하고, 그 대상을 삼켜서 가지듯이 마음속에 움켜쥐고서 머뭅니다. 이 내용에 관한 게송은 볼 때와 동일합니다. 같이 독송합시다.

애착하며 즐기며 맘속취하네

125 저본에서 해석하는 순서에 따라 설명했다.

위빳사나 수행자라면 향기로운 냄새보다 혐오스러운 악취를 맡을 때가 더 많습니다. 관찰하지 않는 이는 그러한 혐오스러운 악취를 혐오스러운 것으로 마음속에 취합니다. 그렇게 취하면 그 나쁜 냄새를 혐오하고 싫어하며 느끼는 성냄, 좋은 냄새를 바라는 탐욕 등이 생겨날 수 있습니다. 그래서 이어서 다음과 같이 게송으로 표현했습니다.

14-7 Tassa vaḍḍhanti vedanā,
Anekā gandhasambhavā;
Abhijjhā ca vihesā ca,
Cittamassūpahaññati;
Evaṁ ācinato dukkhaṁ,
Ārā nibbānamuccati. (S.ii.296)

해 석

그런 그에게 느낌이 늘어나네,
냄새에서 생겨나는 여러 느낌이.
탐애도, 또한 괴롭힘도 늘어나니
그의 마음은 피곤하기만 하다네.
이와 같이 괴로움을 쌓는 이에게
열반은 매우 멀다고 말한다네.

대 역

Tassa그에게; 맡아지는 냄새를 마음속에 집착하여 움켜쥐는 그 사람에게 gandhasambhavā냄새를 시작으로 생겨나는; 집착하여 움켜쥔 냄새 때문에 생겨나는 anekā여러 가지; 많은 vedanā느낌들이; 좋고 나쁜 여러 가지 느낌들이 vaḍḍhanti늘어난다네. abhijjhā ca탐애들도; 가지려고 하는 탐욕들도, vihesā ca괴롭힘들도; 괴롭히려고 하는 성냄들도 vaḍḍhanti늘어난다네. assa그의 cittaṁ마음은 upahaññati피곤하다네; 탐욕과 성냄 등으로 피곤해진다네. evaṁ이와 같이; 관찰하지 않고 지내는 이런 방식으로 dukkhaṁ괴로움을; 번뇌의 괴로움과 윤전의 괴로움을 ācinato쌓는 이에게; 받아들여 쌓고 있는 이에게; 쌓는 이는 nibbānaṁ열반은; 모든 고통이 사라진 열반은; 열반을 ārā멀다고; 멀리한다고 vuccati말한다네.

"그런 그에게 느낌이 늘어나네,/ 냄새에서 생겨나는 여러 느낌이", 이 내용에 대한 게송도 '형색따라'를 '냄새따라'로 바꾸기만 하면 됩니다. 같이 독송합시다.

냄새따라 느낌들 늘어난다네

이어서 "탐애도, 또한 괴롭힘도 늘어나니/ 그의 마음은 피곤하기만 하다네", 그 맡아지는 냄새 때문에 그것에 따라 탐욕과 성냄이 생기고 늘어납니다. 그러한 탐욕이나 성냄이 시키고 부추기는 대로 노력하고 마음 기울이고 행하기 때문에 마음이 항상 피곤하고 고통스럽습니다. 이 내용도 형색과 관련된 게송과 동일합니다. 같이 독송합시다.

탐욕늘고 화늘어 마음피곤해

"이와 같이 괴로움을 쌓는 이에게", 이러한 번뇌에 이어서 업도, 업의 과보라는 괴로움도 생겨나고 늘어납니다. 그래서 관찰하지 않는 이는 냄새를 맡을 때마다 계속해서 번뇌의 괴로움과 윤전의 괴로움을 받아들여 쌓고 있는 이라고 말할 수 있습니다. 자세한 내용은 앞에서 다 설명했습니다.

"이와 같이 괴로움을 쌓는 이에게/ 열반은 매우 멀다고 말한다네", '이전에도 관찰하지 않고 새김을 잊은 채 지내왔다. 앞으로도 그런 삶의 방식을 바꾸지 않겠다'라고 생각하고서 원래대로 지낸다면, 마치 활활 타오르는 불길 속에 장작을 끊임없이 던져 넣으면 불이 꺼지지 않듯이 괴로움들은 원래 그대로 계속 생겨나 사라지지 않을 것입니다. 이렇게 되면 괴로움이 모두 사라진 열반과는 계속해서 멀어지기만 합니다. 이 내용에 관한 게송도 앞과 마찬가지입니다. 같이 독송합시다.

이렇게만 안변해 고통찾는이
고통만을 찾는이 열반멀다네

앞의 두 개의 게송을 간략히 요약해서 "맡아관찰 않는이 열반멀다네"라고 표현했습니다. '맡을 때 관찰하지 않는 이는 열반과 멀다'라는 뜻입니다. 같이 독송합시다.[126]

맡아관찰 않는이 열반멀다네

이와 반대로 냄새를 맡을 때마다 계속해서 관찰하면 열반과 가까워집니다. 이렇게 열반과 가까워지는 모습을 직접 표현한 두 개의 게송을 이어서 설명하겠습니다.

126 전체 게송은 본서 부록 p.295 참조.

맡을 때 관찰하는 이는 열반과 가깝다

14-18 Na so rajjati gandhesu,
Gandhaṁ ghatvā paṭissato;
Virattacitto vedeti,
Tañca nājjhosa tiṭṭhati. (S.ii.297)

해 석

냄새들에 대해 애착하지 않는다네,
냄새를 맡고 다시 새기는 그는.
애착 없는 마음으로 느끼기도 하고
그것도 움켜쥐지 않고 머문다네.

대 역

《Yo어떤 이가》 gandhaṁ냄새를 ghatvā맡고 나서; 맡으면 바로 paṭissato다시 새긴다면, gandhesu냄새들에 대해 na rajjati애착하지 않는다네; 애착이 사라진다네. so그는; 맡고 나서 즉시 새기는 그 사람은 virattacitto애착 없는 마음으로; 애착이 없는 마음이 되어 vedeti느낀다네. tañca그것도; 그 냄새도 nājjhosa tiṭṭhati움켜쥐지 않고 머문다네.

"냄새를 맡고 다시 새기는", 여기서 "paṭissato 다시 새기는"라는 구절은 "냄새를 맡고 나서 즉시 관찰해야 한다"는 사실을 직접적으로 분명히 보여줍니다. 따라서 "맡을 수 없는 냄새를 생각해서 관찰할 필요가 없다. 그렇게 생각해서 관찰하는 것만으로는 대상잠재번뇌ārammaṇānusayakilesa를 제거할 수 없다. 진짜 위빳사나가 생겨나지 않는다"

라는 사실을 확실하게 기억해 두어야 합니다.

"냄새들에 대해 애착하지 않는다네", 냄새를 맡고 즉시 새기는 사람은 맡아지는 냄새를 애착하지 않습니다. 이 구절은 앞서 설명했던 보는 인식과정과 동일하게, 맡아서 아는 인식과정 다음에 틈이 없이 바로 관찰하여 아는 모습을 나타낸 것입니다. 이렇게 맡고 난 뒤 바로 새기고 관찰하는 이는 맡아지는 냄새 물질을 바르게 알 수 있습니다. 맡아지는 냄새 물질과 맡아서 아는 정신 등이 즉시 사라져 무너지는 것도 사실대로 바르게 알 수 있습니다. '향기롭다. 누구의 냄새다'라고 좋아하는 개념 대상들을 생각하지 않습니다. 냄새를 맡은 뒤 다시 이어서 숙고하지 않고 맡는 정도에서만 그칩니다. 이 내용은 앞에서 언급한 "mute mutamattaṁ bhavissati. 감각된 것에 대해서는 감각하는 정도만 생겨날 것이다; 냄새를 맡아 경험된 대상에 대해서는 경험한 정도만 생겨날 것이다"라는 구절과 일치합니다. 따라서 냄새를 맡긴 맡았지만 마치 맡지 않았거나 알지 못하는 냄새처럼 애착이나 애정 등 번뇌가 생겨나지 않습니다. 그래서 "냄새들에 대해 애착하지 않는다네", 새기는 이들은 냄새들에 애착하지 않습니다. 좋아하지 않습니다. 이 내용도 형색과 관련된 게송에서 "형색보아"를 "냄새맡아"라고 바꾸기만 하면 됩니다. 같이 독송합시다.

냄새맡아 관찰해 애착사라져

지금 이곳 수행센터에서 수행자들이 냄새를 맡을 때 〈맡는다〉라고 관찰하는 것은 이 가르침과 매우 일치합니다. 삼매와 지혜의 힘이 좋아졌을 때는 〈맡는다, 맡는다〉라고 새길 때마다 계속해서 맡아지는 냄새, 맡아서 아는 마음, 관찰해서 아는 마음이 즉시 사라지는 것을 경험할 수 있습니다. 그래서 맡아지는 냄새와 관련해서 애착하거나 좋아하는 탐욕이 생겨나지 않습니다. 애착이나 좋아함 없이 느끼기만 합니다. 그리고 그 냄새를 마음속에 움켜쥐지도 않습니다. 그렇게 번뇌가 사라지는 모습, 집착이 사라지는 모습도 이어서 "애착 없는 마음으로 느끼기도 하고/ 그것도 움켜쥐지 않고 머문다네"라고 표현했습니다. 이 내용에 관한 게송도 볼 때와 같습니다. 같이 독송합시다.

애착안해 느끼며 맘속안취해

그렇게 애착 등이 없이 느끼기만 하기 때문에 느낌이 생겨나는 것은 다른 사람들과 같지만 그러한 느낌 때문에 갈애 등 번뇌의 괴로움과 윤전의 괴로움은 생겨나거나 늘어나지 않습니다. 이 의미를 다음과 같이 이어서 설명했습니다.

14-19 Yathāssa ghāyato gandhaṁ,
Sevato cāpi vedanaṁ;
Khīyati nopacīyati,
Evaṁ so caratissato;
Evaṁ apacinato dukkhaṁ,
Santike nibbānamuccati. (S.ii.297)

해 석

그처럼 냄새를 맡기도 하지만
그처럼 느낌을 의지도 하지만
다하기만 할 뿐 쌓이지 않는다네.
이와 같이 그는 새기면서 행한다네.

이와 같이 괴로움을 쌓지 않는 이에게
열반은 매우 가깝다고 말한다네.

대 역

Yathā그처럼; 틈이 없이 바로 새겨 아는 것으로; 새겨 아는 것과 함께 생겨나는 것처럼 gandhaṁ냄새를 ghāyato cāpi맡기도 하지만, vedanaṁ느낌을 sevato cāpi 의지하기도 하지만 (assa그에게)[127] dukkhaṁ괴로움이; 관찰하여 알지 못하면 생겨날 수 있는 번뇌의 괴로움과 윤전의 괴로움이 khīyati다한다네; 사라지고 없어지기만 한다네. nopacīyati쌓이지 않는다네; evaṁ이와 같이 sato새기며 so그는; 그 수행자는 carati행한다네. evaṁ 이와 같이; 맡고 나서 즉시 관찰하여 새기는 것에 의해 dukkhaṁ괴로움을; 관찰하여 새기지 않으면 생겨날 기회를 얻는 번뇌의 괴로움과 윤전의 괴로움을 apacinato 쌓지 않는 이에게; 무너뜨리고 있는 이에게 nibbānaṁ 열반은; 모든 고통이 사라진 열반은; 열반을 santike가깝다고; 가까이 한다고 vuccati말한다네.

"그처럼 냄새를 맡기도 하지만/ 그처럼 느낌을 의지도 하지만/ 다하기만 할 뿐 쌓이지 않는다네/ 이와 같이 그는 새기면서 행한다네." 냄새를 맡아서 아는 성품, 냄새를 맡고서 느끼는 성품이 생겨나면 생겨나는 대로 즉시 새겨 압니다. 그러면 맡기도 맡고 느끼기도 느끼지만 일

127 『*Saṁyuttanikāya Saḷāyatanavagga Saṁyutta Pāḷito Nissaya*(상윳따 니까야 여섯 감각장소 상응 빠알리 대역)』, p.63를 참조해서 첨가했다.

반인들처럼 탐애 등 번뇌 윤전과 업 윤전이 이어서 생겨나지 않습니다. 업 윤전이 생겨나지 않기 때문에 그 업 때문에 생겨나는 새로운 생에서의 과보 윤전의 괴로움도 생겨나지 않습니다. 관찰하지 않으면 생겨날 그러한 윤전의 괴로움이, 관찰하여 사실대로 바르게 알게 된 그 대상들과 관련해서 생겨날 기회를 얻지 못한 채 완전히 없어집니다. 이것은 대상잠재번뇌ārammaṇānusayakilesa라는 번뇌 윤전 등의 괴로움이 사라지는 것입니다. 이와 관련해서 병에서 갓 회복한 이가 설령 적당하지 않은 음식을 먹었더라도 소화제를 먹는다면 병이 도지지 않는 것과 같다는 내용을 들을 때 관찰하는 모습에서 설명했습니다.[128] 그래서 "괴로움을 사라지게 하고 싶으면 냄새를 맡을 때마다 계속해서 관찰하고 새겨 알아 나가라"라고 하는 것입니다. 이 내용도 형색과 관련된 게송과 동일합니다.

관찰알아 맡기도 느끼기도해
그렇지만 윤전고 사라진다네
이렇게만 수행자 실천해야해

수행자는 코가 있기 때문에 냄새가 있으면 맡습니다. 느낌들을 의지하기도 합니다. 《느낌은 부처님 등 아라한들에게도 있습니다.》 하지만 관찰하고 있는 수행자에게 특별한 것은 그렇게 관찰하여 아는 냄새와 관련해서 번뇌의 괴로움과 윤전의 괴로움이 생겨날 기회를 얻지 못한 채 없어진다는 사실입니다. 게송에서 "사라진다"는 것은 이렇게 없어지는 것을 말합니다. "이것을 부분열반tadaṅganibbāna에 도달하는 것

128 본서 p.140 참조.

이라고 한다"라는 사실을 앞서 볼 때를 설명할 때 자세하게 다루었습니다.[129] 또한 "그러므로 열반에 도달하고자 하는 이라면 냄새를 맡을 때마다 계속해서 관찰해야 한다"라는 사실도 설명했습니다. 이렇게 관찰하고 있으면 번뇌의 괴로움과 윤전의 괴로움을 제거하는 작용이 성취돼 모든 괴로움이 사라진 열반에 가까워진다는 사실도 이어서 "이와 같이 괴로움을 쌓지 않는 이에게/ 열반은 매우 가깝다고 말한다네"라고 나타냈습니다. 이 내용을 "맡아관찰 고통끝 열반가깝네"라고 게송으로 표현했습니다. 같이 독송합시다.

맡아관찰 고통끝 열반가깝네

이 게송들의 자세한 의미를 알고 싶다면 볼 때와 관련된 내용을 다시 살펴 보십시오. 맡을 때와 관련된 빠알리어 게송 두 개를 요약해서 한 게송으로 "맡아관찰 하는이 열반가깝네"라고 결어 게송으로 표현했습니다.[130]

맡아관찰 하는이 열반가깝네

"mute mutamattaṁ bhavissati. 감각된 것에 대해서는 감각하는 정도만 생겨날 것이다; 냄새를 맡아 경험된 대상에 대해서는 경험한 정도만 생겨날 것이다"라는 위빳사나 수행방법에 대한 설명도 이 정도면 충분할 것입니다. 이제 음식을 먹어서 알 때와 관련한 위빳사나 수행방법을 설명하겠습니다.

129 본서 p.115 참조.

130 전체 게송은 본서 부록 p.297 참조.

위빳사나 기초 문답 4

위빳사나 기초 문답과 수행방법 요약

9 Ye te jivhāviññeyyā rasā asāyitā asāyitapubbā, na ca sāyasi, na ca te hoti sāyeyyanti? Atthi te tattha chando vā rāgo vā pemaṁ vāti? No hetaṁ, bhante. (S.ii.294)

해 석

말루꺄뿟따여, 이것을 그대는 어떻게 생각하는가? 그대가 아직 맛보지 않았고, 이전에 맛본 적도 없고, 지금 맛보고 있는 것도 아니고, 앞으로 맛볼 것도 아닌, 혀로 알 수 있는 어떤 맛들이 있다면, 그것들에 대해 그대에게 욕망이나 애착이나 애정이 있겠는가? 그렇지 않습니다, 세존이시여.

대 역

《Mālukyaputta말루꺄뿟따여,》 jivhāviññeyyā혀로 알 수 있는; 먹어서 알 수 있는 ye rasā어떤 맛들을 te그대는 asāyitā아직 맛보지 않았다. asāyitapubbā이전에 맛본 적도 없다; 이전의 생들에서도 맛본 적이 없다. na ca sāyasi맛보고 있는 것도 아니다; 지금 맛보고 있는 것도 아니다. te그대에게 na ca hoti sāyeyyanti'맛볼 수 있을 것이다'라고 생각 속에서도 생겨나지 않을 것이다. tattha그것들에 대해; 아직 맛본 적도 없고, 맛보고 있는 것도 아니고, '맛볼 것이다'라고 생각조차 할 수 없는 그러한 맛들에 대해 te그대에게 chando vā욕망이나; 바라고 좋아하는 것이나 rāgo vā애착이나; 애착하고 집착하는 것이나, pemaṁ vā애정이; 좋아함이 atthi있겠는가; 생겨나겠는가?
No hetaṁ, bhante그렇지 않습니다, 세존이시여.

부처님께서 "과거에도 먹어본 적이 없는 맛, 지금 먹고 있는 것도 아닌 맛, '먹을 수 있을 것이다. 먹을 것이다'라고 생각조차 나지 않는 맛, 그러한 맛들, 음식들을 대상으로 욕망이나 애착이나 애정이 생겨나겠는가?"라고 물으셨습니다. 그렇게 전혀 맛볼 수 없는 맛들과 그 맛들을 내는 음식들을 대상으로 욕망이나 애착이나 애정이 어떻게 생겨나겠습니까? 생겨나지 않습니다. 그래서 말루꺄뿟따 존자는 "그런 욕망이나 애착이나 애정이 생겨나지 않습니다"라고 부처님께 대답했습니다. 이것은 매우 옳은 대답입니다. 이 질문을 통해 "아직 먹지 않은 맛을 대상으로 애착이나 애정이 생겨날 수 없다. 그러므로 그렇게 먹어서 알 수 없는 맛이나 음식은 위빳사나 수행으로 관찰할 필요가 없다. 그러한 맛은 번뇌가 생겨나지 않도록 관찰할 필요가 없다"라는 사실도 알 수 있습니다. 이 내용을 "못먹는것 번뇌가 저절로없네"라고 게송으로 표현했습니다. 같이 독송합시다.

못먹는것 번뇌가 저절로없네

요즘 들어 새로운 빵이나 세계 여러 나라에서 들어온 과일 등 특별한 먹을거리가 매우 많아졌습니다. 하지만 그러한 먹을거리들을 먹어본 적이 없는 이들에게는 그것을 바라거나 먹으려고 하는 성품인 탐욕 번뇌가 생겨날 수 없습니다. 먹어본 적이 없기에 그것들에 대해 알지 못하기 때문입니다. 먹어 본 적이 있어야, 먹을 수 있을 것이라고 기대할 수 있어야 먹고 싶은 마음도 생겨날 것입니다. 맛 갈애rasataṇhā, 음식 갈애에 대한 많은 일화가 여러 문헌에 소개돼 있습니다. 일화에 따르면 먹고 싶은 것을 먹지 못해 죽을 정도의 고통을 겪었다는 사람들이 많습니다.[131] 그렇게 먹어 본 적이 있는, 먹을 수 있을 것이라고 기대할 수 있는 음식에 대해 번뇌가 생겨날 수 있는 모습도 질문으로 알게 하셨습니다. 이 내용을 "먹어진것 번뇌가 잠재생기네"라고 게송으로 표현했습니다. 같이 독송합시다.

먹어진것 번뇌가 잠재생기네

먹고 마실 때 좋은 맛들을 관찰하지 않는 이들에게는 그런 맛들과 관련해서 먹고 싶어하는 탐욕 등의 번뇌가 생겨날 수 있습니다. 그렇게 생겨날 기회를 얻는 것을 '잠재된다'라고 말합니다. 수행자들은 그렇게 잠재될 번뇌를 제거해야 합니다. 어떻게 제거해야 할까요? 음식을 먹어서 맛을 알 때마다 즉시 〈안다; 삼킨다〉 등으로 관찰해서 제거해야 합니다. 이 내용도 "먹어관찰 번뇌들 잠재제거해"라고 게송으로 표현했습니다. 같이 독송합시다.

먹어관찰 번뇌들 잠재제거해

"그렇게 관찰하여 번뇌들을 제거해야 한다"라고 부처님께서 질문으로 알게 하셨습니다. 이 내용을 "질문으로 수행법 드러나게해"라는 결어 게송으로 표현했습니다. 같이 독송합시다.[132]

질문으로 수행법 드러나게해

131 본서 부록 pp.256~257 참조.

132 전체 게송은 본서 부록 p.294 참조.

이렇게 질문을 통해 수행방법을 이해시키신 뒤 먹는 것과 관련된 위빳사나 수행방법을 "mute mutamattaṁ bhavissati. 감각된 것에 대해서는 감각하는 정도만 생겨날 것이다; 맛을 보아 경험된 대상에 대해서는 경험한 정도만 생겨날 것이다"라고(S.ii.295) 가르치셨습니다. 자세한 내용은 앞서 본서 pp.59~82에서 설명했습니다.

그 가르침에 따라 말루꺄뿟따 존자는 맛볼 때 관찰하지 않는 이가 열반과 멀어지는 모습과 관찰하는 이가 열반과 가까워지는 모습을 네 개의 게송으로 표현했습니다. 그 게송에 부처님께서는 "훌륭하구나"라고 칭찬하신 후 당신께서 직접 한 번 더 설하셨습니다. 그 내용을 이제 설명하겠습니다.

맛볼 때 관찰하지 못하는 이는 열반과 멀다

14-8 Rasaṁ bhotvā sati muṭṭhā,
Piyaṁ nimittaṁ manasi karoto;
Sārattacitto vedeti,
Tañca ajjhosa tiṭṭhati. (S.ii.296)

해 석

맛을 보고 나서 새김이 잊히네,
좋아하는 표상에 마음을 기울이면.
애착하는 마음으로 느끼기도 하고
그것을 또한 움켜쥐며 머문다네.

대 역

Piyaṁ좋아하는; 좋아할 만한 nimittaṁ표상에; 대상에 manasi karoto마음을 기울이면; 마음을 기울이고 있는 이에게는; 마음을 기울이는 이는 rasaṁ맛을 bhotvā보고 나서; 보고 나면 sati muṭṭhā새김이 잊히네; 새김을 잊어버리네. sārattacitto애착하는 마음으로 vedeti느낀다네. tañca 그것도; 그 맛보게 된 맛이라는 대상도 ajjhosa tiṭṭhati움켜쥐며 머문다네; 삼켜서 가지듯이 마음속에 움켜쥐고서 머문다네.

"좋아하는 표상에 마음을 기울이면"은[133] '처음부터 좋은 맛을 기대하면, 혹은 맛을 보고 나서 좋은 것으로 생각하면'이라는 뜻입니다. 그렇게 좋은 맛을 기대하거나 맛을 보고 나서 좋은 것으로 생각하면 "맛을 보고 나서 새김이 잊히네", 새김을 잊어버립니다.

여기서 '좋다'라고 생각하는 것과 새김을 잊어버리는 것은 같은 말입니다. 일반인들은 "먹어서 아는 것을 관찰해야 한다"라는 말을 이해하지 못할 것입니다. 관찰해야 한다고 말하면 듣기 싫어서 나가버릴지도 모릅니다. 일부 경전에 해박한 사람들 중에도 "맛을 보면 맛보는 즉시 관찰해서 알아야 한다"라는 것을 이해하지 못하는 경우가 적지 않습니다. 일부 사람은 "맛을 보고 나서 알면 그만이다. 이미 맛을 아는 것이다. 관찰할 필요가 없다"라고까지 함부로 말하기도 합니다. 일부는 "관찰하면서 천천히 먹는 것은 시간만 낭비하는 것이다. 빨리 먹으면서도 수행을 할 수 있다"라고 말하기도 합니다. 이렇게 먹어서 아는 것과 관련해서 관찰하는 이는 매우 적습니다.

새김확립 가르침에 따라 끊임없이 관찰하고 있는 수행자들 중에도

133 저본에서 해석하는 순서에 따라 설명했다.

관찰하지 않고 잊어버리는 이들이 어느 정도 있습니다. 그렇게 관찰하지 않고 잊어버리면 "애착하는 마음으로 느끼기도 하고/ 그것을 또한 움켜쥐며 머문다네", 좋아하는 마음으로 맛본 대상을 느끼기도 느끼고, 맛본 대상을 삼켜서 가지듯이 마음속에 움켜쥐고서 머뭅니다. 이 내용에 관한 게송은 볼 때와 동일합니다. 같이 독송합시다.

맛을보아 좋으면 잊어버리네
애착하며 즐기며 맘속취하네

사람들은 위의 게송처럼 애착하고 즐기면서 느끼기 위해 매일매일 다양한 요리를 만들어 먹습니다. 승가에도 가능한 한 좋은 요리를 보시하려고 합니다. 이와 관련해서 몰라먀인 따운와인갈레이 강원의 한 사야도가 하신 말씀이 기억납니다. 언젠가 사야도는 한 신도에게 음식을 먹을 때는 혐오스러운 것으로 숙고하고서 먹어야 한다는 법문을 했습니다. 그러자 그 신도가 "스님, 저희들은 음식을 할 수 있는 만큼 훌륭하게 정성껏 요리해서 보시합니다. 그런 음식을 혐오스러운 것으로 숙고하면서 먹는 것은 적당하지 않습니다"라고 말했다고 합니다. 맞는 말이기는 합니다. 스님들이 흡족해하고 맛있게 공양하도록 특별히 신경 써서 보시한 음식을 '혐오스러운 것으로 숙고하고서 공양해야 한다'라고 하면 재가자들이 좋아할 리 없습니다. 하지만 맛있게 요리해서 보시하는 것은 재가자들의 의무이고, 공양하는 음식과 관련해서 번뇌가 생겨나지 않도록 숙고하는 것은 스님들의 의무입니다.

그러므로 비구라면 최소한 반조paccavekkhaṇa를 하고 나서 공양해야 합니다. 여기서 반조하는 모습을 간략히 설명해 보겠습니다. 출가자가 먹을 것이나 마실 것 등 음식을 공양하는 것은 재가자들처럼 "neva davāya 행락을 위해서가 아니며", 즐기기 위해서가 아닙니다. "na madāya 도취를 위해서가 아니며", 자만으로 우쭐대기 위해서도 아닙니다. "na maṇḍanāya 매력을 위해서가 아니며", 살과 피부 등 용모를 아름답게 꾸미기 위해서도 아닙니다. "na vibhūsanāya 장식을 위해서가 아니다", 살과 피부를 살찌우거나 탱탱하게 만들기 위해서도 아닙니다. 그러면 무엇을 위한 것일까요? "imassa kāyassa ṭhitiyā 이 몸을 지탱하기 위해서", "yāpanāya 유지하기 위해서", "vihiṁsūparatiyā 배고픔의 고통을 해소하기 위해서", "brahmacariyānuggahāya 계·삼매·통찰지라는 청정범행을 실천하기 위해서"입니다. 이렇게 반조한 뒤 공양해야 합니다.[134] 나아가 앞서 언급한 대로 음식혐오인식āhāre paṭikūlasaññā 수행주제에 따라 음식을 혐오스러운 것으로 반조하면서 공양해야 합니다. 음식을 혐오스러운 것으로 반조하는 모습은 『위숫디막가』에서 찾아볼 수 있습니다.[135] 제일 좋은 것은 새김확립 방법에 따라 관찰하며 공양하는 것입니다. 이 내용에 대해서는 조금 후에 설명하겠습니다. 이렇게 먹게 된 그 맛을 관찰하지 못해 좋아하고 집착하여 번뇌의 괴로움 등이 생겨나고 늘어납니다. 그래서 다음과 같이 게송으로 표현했습니다.

134 Paṭisaṅkhā yoniso piṇḍapātaṁ paṭisevati - 'neva davāya, na madāya, na maṇḍanāya, na vibhūsanāya, yāvadeva imassa kāyassa ṭhitiyā yāpanāya, vihiṁsūparatiyā, brahmacariyānuggahāya, iti purāṇañca vedanaṁ paṭihaṅkhāmi navañca vedanaṁ na uppādessāmi, yātrā ca me bhavissati anavajjatā ca phāsuvihāro ca'.(M.i.12/M2)

이와같은 공양음식 행락도취 매력장식
위해서가 아니라네 사대로된 이내몸의
지탱유지 피곤덜고 청정범행 돕기위해
옛고통을 물리치고 새고통을 안생기게
건강하고 허물없이 편안위해 수용하네

135 『청정도론』 제2권, pp.225~235 참조.

14-9 Tassa vaḍḍhanti vedanā,
Anekā rasasambhavā;
Abhijjhā ca vihesā ca,
Cittamassūpahaññati;
Evaṁ ācinato dukkhaṁ,
Ārā nibbānamuccati. (S.ii.296)

해 석

그런 그에게 느낌이 늘어나네,
맛에서 생겨나는 여러 느낌이.
탐애도, 또한 괴롭힘도 늘어나니
그의 마음은 피곤하기만 하다네.
이와 같이 괴로움을 쌓는 이에게
열반은 매우 멀다고 말한다네.

대 역

Tassa그에게; 먹게 된 맛을 마음속에 집착하여 움켜쥐는 그 사람에게 rasasambhavā맛을 시작으로 생겨나는; 집착하여 움켜쥔 맛 때문에 생겨나는 anekā여러 가지; 많은 vedanā느낌들이; 좋고 나쁜 여러 가지 느낌들이 vaḍḍhanti 늘어난다네. abhijjhā ca탐애들도; 가지려고 하는 탐욕들도, vihesā ca괴롭힘들도; 괴롭히려고 하는 성냄들도 vaḍḍhanti늘어난다네. assa그의 cittaṁ마음은 upahaññati피곤하다네; 탐욕과 성냄 등으로 피곤해진다네. evaṁ이와 같이; 관찰하지 않고 지내는 이런 방식으로 dukkhaṁ괴로움을; 번뇌의 괴로움과 윤전의 괴로움을 ācinato쌓는 이에게; 받아들여 쌓고 있는 이에게; 쌓는 이는 nibbānaṁ열반은; 모든 고통이 사라진 열반은; 열반을 ārā멀다고; 멀리한다고 vuccati말한다네.

"그런 그에게 느낌이 늘어나네,/ 맛에서 생겨나는 여러 느낌이", 이 내용은 앞의 형색에 관한 게송에서 '형색따라'를 '맛에따라'로 바꾸기만 하면 됩니다. 같이 독송합시다.

맛에따라 느낌들 늘어난다네

이어서 "탐애도, 또한 괴롭힘도 늘어나니/ 그의 마음은 피곤하기만 하다네", 먹고 공양하기에 좋은 음식들에 집착해서 그러한 음식들을 먹길 바라고 원하는 탐욕도 생겨나고 늘어납니다. 의식주 중 입을 것은 일 년에 몇 벌이면 충분합니다. 집은 한 번 장만하면 오랫동안 사용할 수 있습니다. 반면에 음식은 하루에 적게는 두 번, 혹은 그 이상 먹어야 해서 옷과 집보다는 부담이 됩니다. 식재료 값이 오를수록 부담은 더 커질 것입니다. 하지만 좋은 업이라는 뒷받침을 미리 마련해 둔 이라면 그리 힘들지 않을 것입니다. 인간 세상 전체로 보면 가난한 사람이 더 많습니다. 이들에게는 먹을 것을 찾고 구하는 일이 적잖이 부담스러운 일입니다. 여러 가지 방법으로 찾고 구하다 보면 때로 불선업을 행하기도 합니다. 자기가 하는 일을 방해한다고 생각되는 이들에 대해서는 성냄도 생겨납니다. 자신에게 힘이 있다면 그 성냄이 괴롭히는 행위로 나타납니다. 그렇게 자기가 좋아하는 먹을거리를 찾아 다녀야 해서 마음은 항상 피곤하고 고통스럽습니다. 이것이 바로 맛을 보아서 알 때 새김이 없어서 좋아하고 집착하기 때문에 생겨나는 번뇌의 괴로움과 업 윤전의 괴로움입니다. 그러한 업 윤전 때문에 새로운 생이라는 과보 윤전도 생겨나는 것입니다. 음식을 먹어 알 때마다 관찰하지 않으면 그런 번뇌 윤전 등의 괴로움을 받아들여 쌓고 있는 것입니다. 이 내용도 형색과 관련된 게송과 동일합니다. 같이 독송합시다.

탐욕늘고 화늘어 마음피곤해
이렇게만 안변해 고통찾는이

'이전에 나는 음식을 먹을 때 관찰하지 않고 새김을 잊은 채 먹어왔다. 먹어 알 때마다 관찰하는 삶의 방식으로 바꾸지도 않겠다'라고 생각하고서 원래대로 지내면 '괴로움을 쌓고 있는 이'라고 말합니다. 괴로움을 쌓고 있으면 괴로움의 소멸과는 거리가 멀어집니다. 마치 활활 타오르는 불길 속에 장작을 계속해서 던져 넣으면 불이 꺼지지 않듯이 괴로움도 원래 생기던 그대로 끊임없이 생겨나 사라지지 않을 것이기 때문입니다. 그래서 "이와 같이 괴로움을 쌓는 이에게/ 열반은 매우 멀다고 말한다네"라고 말했습니다. 이 내용에 관한 게송도 앞과 마찬가지입니다. 같이 독송합시다.

고통만을 찾는이 열반멀다네

맛과 관련된 두 게송을 간략히 요약해서 "먹어관찰 않는이 열반멀다네"라고 표현했습니다. '먹을 때 관찰하지 않는 이는 열반과 멀다'라는 뜻입니다. 같이 독송합시다.[136]

먹어관찰 않는이 열반멀다네

136 전체 게송은 본서 부록 p.296 참조.

이와 반대로 맛을 볼 때마다 계속해서 관찰하면 열반과 가까워집니다. 이렇게 열반과 가까워지는 모습을 직접 표현한 두 개의 게송을 이어서 설명하겠습니다.

맛볼 때 관찰하는 이는 열반과 가깝다

14-20 Na so rajjati rasesu,
Rasaṁ bhotvā paṭissato;
Virattacitto vedeti,
Tañca nājjhosa tiṭṭhati. (S.ii.297)

해석

맛들에 대해 애착하지 않는다네,
맛을 보고 다시 새기는 그는.
애착 없는 마음으로 느끼기도 하고
그것도 움켜쥐지 않고 머문다네.

대역

《Yo어떤 이가》 rasaṁ맛을 bhotvā보고 나서; 보면 바로 paṭissato다시 새긴다면, rasesu맛들에 대해 na rajjati애착하지 않는다네; 애착이 사라진다네. so그는; 먹고 나서 즉시 새기는 그 사람은 virattacitto애착 없는 마음으로; 애착이 없는 마음이 되어 vedeti느낀다네. tañca그것도; 그 맛도 nājjhosa tiṭṭhati움켜쥐지 않고 머문다네.

"맛을 보고 다시 새기는", 여기서 "paṭissato 다시 새긴다"라는 구절은 "맛을 보고 나서 즉시 관찰해야 한다"는 사실을 직접적으로 분명히 보여줍니다. 따라서 "먹을 수 없는 맛을 생각해서 관찰할 필요가 없다. 그렇게 생각해서 관찰하는 것만으로는 대상잠재번뇌ārammaṇānusaya-kilesa를 제거할 수 없다. 진짜 위빳사나가 생겨나지 않는다"라는 사실을 확실하게 기억해 두어야 합니다.

관찰하는 모습은 다음과 같습니다. 먹기 위해 식탁에 앉았을 때 음식을 보면 〈본다, 본다; 보인다, 보인다〉라고 관찰해야 합니다. 이것은 보아서 아는 성품과 관련된 관찰입니다. 그릇 쪽으로 손을 뻗으면 〈든다; 뻗는다〉 등으로 관찰해야 합니다. 밥알을 잡고 모을 때도[137] 〈잡는다; 모은다〉라고 관찰해야 합니다. 밥을 들어 가져올 때는 〈든다; 가져온다〉라고 관찰해야 합니다. 입에 닿으면 〈닿음〉이라고 관찰해야 합니다. 입을 열면 〈연다〉라고 관찰해야 합니다. 입을 닫으면 〈닫는다〉라고 관찰해야 합니다. 손을 다시 내려놓으면 〈놓으려 함; 놓는다〉라고 관찰해야 합니다. 다시 그릇에 닿으면 〈닿음〉이라고 관찰해야 합니다. 씹으면 씹을 때마다 〈씹는다, 씹는다〉라고 관찰해야 합니다. 이러한 것들은 몸문에서 닿아서 아는 성품과 관련된 관찰들입니다. 먹을 때는 닿음과 관련해서 관찰해야 할 것들이 많습니다. 손을 움직이고 동작을 바꾸는 것들은 뻣뻣함이나 움직임이라는 바람 물질의 닿음을 관찰하여 아는 것입니다. 뜨거운 밥과 닿았을 때는 불 물질의 닿음을 관찰하여 아는 것입니다. 입으로 씹을 때는 다시 뻣뻣함이나 움직임이라는 바람 물질의 닿음을 관찰하여 아는 것입니다. 이렇게 먹을 때는 닿음과 관련해서 관찰해야 할 것들이 많습니다. 혀에 맛이 드러나면 〈달다; 시다〉 등으로 관찰해야 합니다. 이 성품이 먹어서 아는 성품을 관찰하여 아는 것입니다.

137 미얀마에서 손으로 먹는 경우를 설명하고 있다.

그렇게 맛이 드러날 때마다 관찰하여 알고 있으면 맛과 관련해서 좋아하고 바라는 애착이 생겨나지 않습니다. 그래서 "맛들에 대해 애착하지 않는다네"라고 표현했습니다. 맛을 보고 나서 즉시 관찰하는 사람은 맛들에 대해 애착하지 않는다는 뜻입니다. 이 내용도 형색과 관련된 게송에서 "형색보아"를 "맛을보아"로 바꾸기만 하면 됩니다. 같이 독송합시다.

맛을보아 관찰해 애착사라져

"맛을 보고 나서 즉시 관찰해야 한다"라는 것은 앞서 설명했던 보는 인식과정과 동일하게, 먹어서 아는 인식과정 다음에 틈이 없이 바로 관찰하는 것을 말합니다. 그렇게 관찰하여 알고 있으면 위빳사나 삼매와 지혜의 힘이 좋아졌을 때 먹어서 알아지는 맛 물질을 바르게 알 수 있습니다. 맛 물질과 맛을 보아서 아는 정신, 그것을 관찰하여 아는 정신이 즉시 사라지고 무너지는 것도 사실대로 바르게 알 수 있습니다. '맛있다. 닭고기 반찬이다' 등으로 좋아하는 개념 대상들을 생각하지 않습니다. 그래서 먹어서 알게 된 것을 다시 이어서 숙고하지 않기 때문에 단지 맛을 보고 아는 정도만 생겨납니다. 이 내용은 "mute mutamattaṁ bhavissati. 감각된 것에 대해서는 감각하는 정도만 생겨날 것이다; 맛을 보아 경험된 대상에 대해서는 경험한 정도만 생겨날 것이다"라는 가르침과 일치합니다. 맛을 보았지만 마치 맛보지 않아서 알지 못하는 맛처럼 애착이나 좋아함 등 번뇌가 생겨나지 않습니다.

지금 이곳 수행센터에서 수행자들이 보아서 알 때마다, 닿아서 알 때마다, 맡아서 알 때마다, 먹어서 알 때마다 관찰하고 있는 것은 「마하사띠빳타나숫따」 가르침과 일치하듯이, 지금 설하고 있는 「말루꺄뿟따숫따」 가르침과도 일치합니다. 이 사실은 매우 분명합니다. 삼매와 지혜의 힘이 좋아졌을 때는 냄새와 맛을 경험할 때마다 〈맡는다; 안다; 달다; 시다〉 등으로 관찰하여 냄새와 맛, 냄새와 맛을 아는 성품, 그것을 관찰하여 아는 성품이 즉시 사라지는 성품을 경험할 수 있습니다. 그래서 먹어서 알게 된 맛과 관련해서 애착하거나 좋아하는 탐욕이 생겨나지 않습니다. 애착이나 좋아함 없이 느끼기만 합니다. 그래서 '먹기는 먹지만 좋아함이 없습니다. 느끼기만 합니다'라고까지 생각하거나 말하기도 합니다. 관찰하면서 먹기 때문에 음식의 맛이 드러나지 않는 것입니다. 그렇게 생각하고 말하는 것도 맞기는 맞습니다. 이것은 관찰하고 새기기 때문에 번뇌가 사라져서 좋거나 즐길 만한 것으로 분명히 드러나지 않는 것입니다. 관찰하지 않고 먹는다면 맛있게 먹으면서 "맛이 좋다"라고까지 말할 것입니다. 그렇게 번뇌가 사라지는 모습, 집착이 사라지는 모습도 이어서 "애착 없는 마음으로 느끼기도 하고/그것도 움켜쥐지 않고 머문다네"라고 표현했습니다. 이 내용에 관한 게송도 볼 때와 같습니다. 같이 독송합시다.

애착안해 느끼며 맘속안취해

그렇게 애착 등이 없이 느끼기만 하기 때문에 느낌이 생겨나는 것은 다른 사람들과 같지만, 그러한 느낌을 조건으로 해서 갈애 등 번뇌의 괴로움과 윤전의 괴로움은 생겨나거나 늘어나지 않습니다. 이 의미를 다음과 같이 이어서 설명했습니다.[138]

138 이 단락은 저본에 없어 듣는 것을 참조해 보충했다.

14-21 Yathāssa sāyato rasaṁ,
Sevato cāpi vedanaṁ;
Khīyati nopacīyati,
Evaṁ so caratissato;
Evaṁ apacinato dukkhaṁ,
Santike nibbānamuccati. (S.ii.297)

해 석

그처럼 맛을 보기도 하지만
그처럼 느낌을 의지도 하지만
다하기만 할 뿐 쌓이지 않는다네.
이와 같이 그는 새기면서 행한다네.
이와 같이 괴로움을 쌓지 않는 이에게
열반은 매우 가깝다고 말한다네.

대 역

Yathā그처럼; 틈이 없이 바로 새겨 아는 것으로; 새겨 아는 것과 함께 생겨나는 것처럼 rasaṁ맛을 sāyato cāpi 보기도 하지만, vedanaṁ느낌을 sevato cāpi의지하기도 하지만 (assa그에게)[139] dukkhaṁ괴로움이; 관찰하여 알지 못하면 생겨날 수 있는 번뇌의 괴로움과 윤전의 괴로움이 khīyati다한다네; 사라지고 없어지기만 한다네. nopacīyati쌓이지 않는다네; evaṁ이와 같이 sato새기며 so 그는; 그 수행자는 carati행한다네. evaṁ이와 같이; 먹

139 『*Saṁyuttanikāya Saḷāyatanavagga Saṁyutta Pāḷito Nissaya*(상윳따 니까야 여섯 감각장소 상응 빠알리 대역)』, p.63를 참조해서 첨가했다.

고 나서 즉시 관찰하여 새기는 것에 의해 dukkhaṁ괴로움을; 관찰하여 새기지 않으면 생겨날 기회를 얻는 번뇌의 괴로움과 윤전의 괴로움을 apacinato쌓지 않는 이에게; 무너뜨리고 있는 이에게 nibbānaṁ열반은; 모든 고통이 사라진 열반은; 열반을 santike가깝다고; 가까이 한다고 vuccati말한다네.

"그처럼 맛을 보기도 하지만/ 그처럼 느낌을 의지도 하지만/ 다하기만 할 뿐 쌓이지 않는다네", 위빳사나 수행자들도 일반인들처럼 음식을 먹습니다. 맛을 느끼기도 합니다. 하지만 일반인들처럼 음식의 맛과 관련해서 번뇌가 생겨나지는 않습니다. 갖가지 음식의 맛을 찾고 구하는 것 등을 조건으로 불선업이나 선업도 생겨나지 않습니다. 업이 생겨나지 않기 때문에 업 때문에 생겨나는 새로운 생에서의 과보의 괴로움도 생겨나지 않고 없어집니다. 왜냐하면 먹어서 알 때 즉시 새겨 알기 때문입니다. 이 내용도 형색과 관련된 게송과 동일합니다. 같이 독송합시다.

관찰알아 먹기도 느끼기도해
그렇지만 윤전고 사라진다네

위빳사나 수행자들도 음식을 먹고 그 맛을 느끼기는 하지만 관찰하지 않는 일반인들처럼 "vedanāpaccayā taṇhā. 느낌을 조건으로 갈애가 생겨난다"라는 연기 가르침에 따라 느낌을 조건으로 갈애가 생겨나지 않습니다. 갈애가 생겨나지 않기 때문에 취착과 업도 생겨나지 않습니다. 업이 생겨나지 않기 때문에 업의 결과인 과보의 괴로움도 생겨나지 않습니다. 이것이 바로 관찰하지 않은 맛과 관련해서 생겨날 기회가 있는 번뇌와 업, 과보의 괴로움이 관찰을 통해 사라지고 없어지는 모습입니다. 따라서 그러한 번뇌의 괴로움과 윤전의 괴로움을 없애려는 수행자라면 먹을 때마다 새김을 확립하고서 끊임없이 관찰해야 한다는 사실을 "이와 같이 그는 새기면서 행한다네"라고 표현했습니다. 먹어서 알 때마다 즉시 관찰하면서 알아 나가야 한다는 사실을 직접 드러낸 구절입니다. 이 내용도 형색과 관련된 게송과 동일합니다. 같이 독송합시다.

이렇게만 수행자 실천해야해

이러한 방법으로 관찰할 때마다 맛과 관련해서 생겨날 번뇌 등의 괴로움을 부분제거를 통해 계속 제거해 나가면서 부분열반에 계속 도달합니다. 그러다 위빳사나 지혜의 힘이 완전히 구족됐을 때 이렇게 관찰하는 도중에 성스러운 도의 지혜로 진짜 열반에 마침내 도달합니다. 그래서 관찰할 때마다 계속해서 진짜 열반과 가까워지기 때문에 "이와 같이 괴로움을 쌓지 않는 이에게/ 열반은 매우 가깝다고 말한다네"라고 나타냈습니다. 이 내용을 "먹어관찰 고통끝 열반가깝네"라고 게송으로 표현했습니다. 같이 독송합시다.

먹어관찰 고통끝 열반가깝네

먹을 때와 관련된 빠알리어 게송 두 개를 요약해서 한 게송으로 "먹어관찰 하는이 열반가깝네"라고 결어 게송으로 표현했습니다. 같이 독송합시다.[140]

먹어관찰 하는이 열반가깝네

140 전체 게송은 본서 부록 p.298 참조.

관찰하는 이는 어느 때든 특별한 법을 얻을 수 있다

먹으면서 관찰하여 열반에 도달하는 모습은 여러 주석서에 분명하게 설명돼 있습니다. 과거 스리랑카에는 마을이나 도시 근처에 스님들이 탁발하고 나서 공양을 하도록 지어놓은 정자들이 있었습니다. 새벽에 쌀죽을 받았다면 그 정자에서 공양했습니다. 오전에 다시 탁발한 뒤 그 정자에서 탁발음식을 공양했습니다. 그렇게 공양하면서 위빳사나 관찰을 하여 아라한 도와 과라는 특별한 법을 얻은 스님들이 많았습니다. "아라한이 된 이가 없는 정자는 단 한 곳도 없다. 스리랑카에 있는 정자들은 모두 아라한이 나온 적이 있다"라고 주석서에서 설명합니다.(SA.iii.221)

또한 아비담마 삐따까 중 『뿍갈라빤냣띠』에 나오는 '불시해탈자asamaya vimutta puggala · 不時解脫者'를 주석서에서는 다음과 같이 설명했습니다.

> Yassa saddhā balavatī, vipassanā ca āraddhā, tassa gacchantassa tiṭṭhantassa nisīdantassa nipajjantassa khādantassa bhuñjantassa maggaphalapaṭivedho nāma na hotīti natthi. (PaA.32)

대 역

Yassa어떤 이에게 saddhā ca믿음도 balavatī강력하고; 힘이 세고; 힘이 좋고 《"분명하게 드러나는 모든 것을 관찰하는 것을 통해 도와 과, 열반을 증득할 수 있다"라는 사실을 믿는 힘이 매우 좋다는 뜻입니다. 이것은 매우 중요합니다. 기뻐하며 믿어야 합니다.》 vipassanā ca위빳사나 수행도 āraddhā노력했다면; 생멸의 지혜 정도까지 이르도록 노력했다면 《"위빳사나 수행을 미리 수행해 두었다"라는 것은 제일 낮은 단계로 적어도 생멸의 지혜에는 도달했다는 뜻입니다. 그보다 더 높은 무너짐의 지혜 등에 도달했다면 더욱 많이 수행을 갖춘 것입니다.》 tassa그에게; 그 수행자에게 gacchantassa가고 있을 때든지, tiṭṭhantassa서 있을 때든지, nisīdantassa앉아 있을 때든지, nipajjantassa누워 있을 때든지, khādantassa씹고 있을 때든지; 과자나 과일 등을 씹고 있을 때든지, bhuñjantassa먹고 있을 때든지; 밥 등을 먹고 있을 때든지 maggaphalapaṭivedho nāma도와 과의 통찰이라는 것이; 도와 과로 꿰뚫어 아는 것이 na hotīti없다고 하는 때란 natthi없다.

"볼 때마다, 들을 때마다, 맡을 때마다, 먹을 때마다, 닿을 때마다, 생각할 때마다 끊임없이 새기고 있으면 도와 과라는 특별한 법을 얻을 수 있다"라고 믿는 믿음의 힘도 매우 좋고, 그러면서 위빳사나 관찰을 시작해서 생성과 소멸을 자신의 지혜로 직접 경험하여 알고도 있으면, 가고 있을 때든지, 서 있을 때든지, 앉아 있을 때든지, 누워 있을 때든지, 먹고 있을 때든지 어느 때든 상관없이 《위빳사나 지혜의 힘이 완전히 갖춰졌을 때》 도와 과에 도달할 수 있습니다. "어느 때는 도달할 수 없다. 얻을 수 없다"라고 할 만한 시간이라고는 없다는 뜻입니다. 진실로 열심히 수행하고 있는 수행자들에게 이 구절은 매우 큰 힘이 됩니다. 이 내용을 게송으로 다음과 같이 표현했습니다. 같이 독송합시다.

믿음갖춰 생멸도 노력하는 수행자
갈때설때 좌와에 어느때도 안가려
먹고씹고 사용해 어느때도 안가려
관하는이 도과는 언제라도 생겨나

그러므로 먹고 마실 때도 자세하게 끊임없이 관찰해야 합니다. 혼자서 먹을 때라면 천천히 움직이면서 세밀하게 관찰하여 한 숟갈 먹는 데도 60번 이상 관찰할 수 있습니다. 이렇게 관찰하면서 먹으면 밥 먹는 시간이 한 시간 이상 걸릴 수도 있습니다. 지금 이곳 수행센터에서는 여러 사람이 함께 먹고 있기 때문에 그렇게 상세하게 관찰하기가 쉽지는 않습니다. 그렇더라도 할 수 있는 만큼 주의를 기울여 관찰해야 합니다.

맛을 보아서 아는 것과 관련한 위빳사나 수행방법에 관한 설명도 이 정도면 충분할 것입니다. 다음은 닿아서 알 때와 관련된 위빳사나 수행방법을 설명하겠습니다.

위빳사나 기초 문답 5

위빳사나 기초 문답과 수행방법 요약

10 Ye te kāyaviññeyyā phoṭṭhabbā asamphuṭṭhā asamphuṭṭhapubbā, na ca phusasi, na ca te hoti phuseyyanti? Atthi te tattha chando vā rāgo vā pemaṁ vāti? No hetaṁ, bhante. (S.ii.294)

해 석

말루꺄뿟따여, 이것을 그대는 어떻게 생각하는가? 그대가 아직 닿지 않았고, 이전에 닿은 적도 없고, 지금 닿고 있는 것도 아니고, 앞으로 닿을 것도 아닌, 몸으로 알 수 있는 어떤 감촉들이 있다면, 그것들에 대해 그대에게 욕망이나 애착이나 애정이 있겠는가? 그렇지 않습니다, 세존이시여.

대 역

Kāyaviññeyyā몸으로 알 수 있는; 닿아서 알 수 있는 ye phoṭṭhabbā 어떤 감촉들을 te그대는 asamphuṭṭhā아직 닿지 않았다. asamphuṭṭhapubbā이전에 닿은 적도 없다; 이전의 생들에서도 닿은 적이 없다. na ca phusasi닿고 있는 것도 아니다; 지금 닿고 있는 것도 아니다. te그대에게 na ca hoti phuseyyanti'닿을 수 있을 것이다'라고 생각 속에서도 생겨나지 않을 것이다. tattha그것들에 대해; 아직 닿은 적도 없고, 닿고 있는 것도 아니고, '닿을 것이다'라고 생각조차 할 수 없는 그러한 감촉들에 대해 te그대에게 chando vā욕망이나; 바라고 좋아하는 것이나 rāgo vā애착이나; 애착하고 집착하는 것이나, pemaṁ vā애정이; 좋아함이 atthi있겠는가; 생겨나겠는가? No hetaṁ, bhante그렇지 않습니다, 세존이시여.

부처님께서 "과거에도 닿아본 적이 없는 감촉, 지금 닿고 있는 것도 아닌 감촉, '닿을 수 있을 것이다. 닿을 것이다'라고 생각조차 나지 않는 감촉, 그러한 감촉들을 대상으로 욕망이나 애착이나 애정이 생겨나겠는가?"라고 물으셨습니다. 여기서 '감촉'에는 거칠고 단단하고 미끄럽고 무른 감촉이 하나, 따뜻하고 차가운 감촉이 하나, 팽팽하고 움직이는 감촉이 하나, 이렇게 세 종류가 있습니다.[141] 그렇게 전혀 닿은 적이 없는, 있다고 알지도 못하는 생명 있고 생명 없는 감촉을 대상으로 욕망이나 애착이나 애정이 어떻게 생겨나겠습니까? 생겨나지 않습니다. 그래서 말루꺄뿟따 존자는 "그런 감촉을 대상으로는 욕망이나 애착이나 애정이 생겨나지 않습

141 땅 요소와 불 요소와 바람 요소가 감촉 물질이다. 『아비담마 길라잡이』 제2권, p.42 참조.

니다"라고 부처님께 대답했습니다. 이것은 매우 옳은 대답입니다. 이 질문을 통해 "아직 닿지 않은 감촉을 대상으로 애착이나 애정 등 번뇌가 생겨날 수 없다"라는 사실을 직접 드러내고 있습니다.

예를 들어 외국에서 생산된 좋은 옷이나 옷감, 깔개 등이 있다고 합시다. 그러한 제품들을 본 적도 없고, 들은 적도 없고, 닿은 적도 없는 이에게 그것에 대한 욕망이나 애착이 생겨나겠습니까? 생겨날 수 없다는 사실이 분명합니다. 생명 있는 대상에 대해서도 마찬가지입니다. 한 번도 만난 적도 없고, 닿아본 적도 없는 사람에 대해서는 그의 몸에 닿기를 원하는 마음이 생겨나지 않습니다. 이렇게 닿을 수 없거나 아직 닿아보지 못한 감촉 대상들에 대해서는 욕망이나 애착 등 번뇌가 생겨나지 않습니다. 번뇌가 생겨나지 못하고 저절로 없어지기 때문에 "닿아서 알 수 없는 감촉들을 대상으로는 번뇌가 생기지 않도록 일부러 숙고하여 위빳사나 관찰을 할 필요가 없다"라는 사실도 이 질문으로 알게 하셨습니다. 이 내용을 볼 때와 마찬가지로 "못닿는것 번뇌가 저절로없네"라고 게송으로 표현했습니다. 같이 독송합시다.

못닿는것 번뇌가 저절로없네

또한 "닿을 수 있으면 그 대상에 대해 돌이켜 생각하여 욕망이나 애착 등 번뇌가 생겨날 수 있다. 따라서 닿을 수 있는 감촉에 대해 번뇌가 잠재하지 않도록, 생겨날 기회를 얻지 못하도록 위빳사나 수행으로 관찰해서 제거해야 한다"라는 사실도 이 질문으로 알게 하셨습니다. 이 내용을 "닿아진것 번뇌가 잠재생기네"라고 게송으로 표현했습니다. 같이 독송합시다.

닿아진것 번뇌가 잠재생기네

또한 “닿을 수 있으면 그 대상을 돌이켜 생각하여 번뇌가 생겨날 수 있기 때문에 닿는 대상에 번뇌가 잠재하지 않도록, 생겨나지 않도록 닿아 알면 즉시 관찰하여, (관찰하지 않으면 생겨날) 번뇌를 제거해야 한다”라는 사실도 이 질문으로 알게 하셨습니다. 이 내용을 “닿아관찰 번뇌들 잠재제거해”라고 게송으로 표현했습니다. 같이 독송합시다.

닿아관찰 번뇌들 잠재제거해

이 세 게송을 통해 위빳사나 수행방법을 이해시키셨다는 내용을 “질문으로 수행법 드러나게해”라는 결어 게송으로 표현했습니다. 같이 독송합시다.[142]

질문으로 수행법 드러나게해

이렇게 “닿을 때마다 계속해서 끊임없이 관찰하고 있으면 닿아서 아는 정도에만 머물러 번뇌가 사라질 것이다”라고 닿는 것과 관련된 위빳사나 수행방법을 이해시키고 나서 ‘닿을 때마다 끊임없이 관찰하고 있으면 닿아서 아는 것에만 머물러 번뇌가 사라지게 될 것이다’라는 사실도 “mute mutamattaṁ bhavissati. 감각된 것에 대해서는 감각하는 정도만 생겨날 것이다; 감촉을 닿아 경험된 대상에 대해서는 경험한 정도만 생겨날 것이다”라고(S.ii.295) 가르치셨습니다. 자세한 내용은 앞서 본서 pp.59~82에서 설명했습니다.

도와 과에 도달하기 위해 방일하지 않고 끊임없이 관찰하는 수행자라면 감촉을 관찰하는 경우가 제일 많습니다. 앉아서 관찰할 때라면 보

142 전체 게송은 본서 부록 p.294 참조.

는 것과 듣는 것은 가끔만 관찰합니다. 맡는 것은 관찰하는 경우가 드뭅니다. 먹을 때 밥 냄새나 반찬 냄새 등을 맡고 나서 관찰하는 정도입니다. 먹는 것, 정확히는 먹어서 아는 것도 먹는 동안만 관찰할 수 있습니다. 하루 종일 관찰하고 있는 것은 대부분 감촉입니다.

경행할 때는 "gacchanto vā gacchāmīti pajānāti. 가면서도 '간다'라고 안다"라는(D.ii.232) 가르침과 일치하게 〈간다, 간다; 오른발, 왼발; 든다, 간다, 놓는다〉 등으로 끊임없이 관찰하면서 가야 합니다. 이것은 발과 몸의 감촉 대상들을 관찰하는 것입니다. 경전 용어로는 발과 몸의 팽팽함이나 뻣뻣함, 움직임 등 바람이라는 감촉을 관찰하는 것입니다. 발이나 몸에서 가끔은 뜨거움이나 따뜻함, 시원함이라는 불 요소도 관찰해서 알 수 있습니다. 거칠고 미끄러운 땅 요소도 관찰해서 알 수 있습니다. 하지만 일반적으로 바람 요소를 관찰하며 아는 경우가 많습니다.

가만히 서 있을 때는 "ṭhito vā tītomhīti pajānāti. 서 있으면서도[143] '선다'라고 안다"라는(D.ii.232) 가르침과 일치하게 〈섬, 섬〉이라고[144] 끊임없이 관찰해야 합니다. 〈섬〉 하나로 관찰하는 것이 만족스럽지 않으면 서 있을 때 분명한 감촉과 짝을 지워 〈섬, 닿음, 섬, 닿음〉이라고 관찰해도 됩니다. 그래도 만족스럽지 않으면 배의 감촉들을 대상으로 〈부푼다, 꺼진다〉라고 관찰해 나가면 됩니다.

앉아 있을 때도 "nisinnovā nisinnomhī ti pajānāti. 앉아 있으면서도 '앉는다'라고 안다"라는(D.ii.232) 가르침과 일치하게 〈앉음, 앉음〉이라

143 『마하사띠빳타나숫따 대역』, p.309에는 "서면서도"라고 대표적인 의미를 표현했고 p.78에는 "설 때도; 서면서도; 서는 중에도; 서는 동안에도; 서는 순간에도; 서는 차례에도"라고 포함되는 여러 의미를 밝혔다. 여기서는 의미를 분명하게 하기 위해 "서 있으면서도"라고 표현했다. 아래의 "앉아 있으면서도"라는 표현도 마찬가지다.

144 '서 있는 상태의 몸 현상'을 관찰하는 것이어서 〈선다〉라고 표현하지 않고 〈섬〉이라고 표현했다. 아래에 나오는 〈앉음〉도 마찬가지다.

고 끊임없이 관찰해야 합니다. 〈앉음〉 하나로 관찰하는 것이 만족스럽지 않으면 앉아 있을 때 분명한 감촉과 짝을 지워 〈앉음, 닿음, 앉음, 닿음〉이라고 관찰해도 됩니다. 그래도 만족스럽지 않으면 배의 팽팽함이나 움직임 등 바람 요소라는 감촉을 기본으로 〈부푼다, 꺼진다〉라고 관찰해 나가면 됩니다.

누워 있을 때도[145] 〈누움, 누움〉, 〈누움, 닿음〉, 〈부푼다, 꺼진다〉 등 같은 방법으로 관찰해 나가면 됩니다.

들숨날숨을 관찰하도록 지도하지 않는 이유

이 내용과 관련해서 "들숨날숨도 바람 요소라는 감촉 대상이다. 그렇다면 마하시 수행센터에서는 들숨날숨이라는 감촉은 왜 관찰하라고 지도하지 않는가?"라고 질문할 수 있습니다. 물론 법의 성품에 따라 말하면 들숨날숨이라는 바람 물질을 관찰해도 바람이라는 물질과 관찰해서 아는 정신을 구분해서 알 수 있고, 그래서 위빳사나 지혜가 생겨날 수 있다고 생각합니다. 하지만 『위숫디막가』에서 몸 거듭관찰kāyānupassanā 14가지를 사마타 수행주제와 위빳사나 수행주제로 나눌 때 다음과 같이 들숨날숨을 사마타 수행주제로만 설명했습니다.

> Iriyāpathapabbaṁcatusampajaññapabbaṁ dhātumanasikārapabbanti imāni tīṇi vipassanāvasena vuttāni, … ānāpānapabbaṁ pana paṭikūlamanasikārapabbañca imānevattha dvesamādhivasena vuttāni. (Vis.i.232)

145 Sayāno vā 'sayānomhī'ti pajānāti. 누워 있으면서도 '눕는다'라고 안다.(D.ii.232)

대 역

Iriyāpathapabbaṁ catusampajaññapabbaṁ dhātumanasikārapabbanti자세의 장과 네 가지 바른 앎의 장과 요소 마음기울임의 장이라는 imāni tīṇi이 세 장을 vipassanāvasena위빳사나 수행주제로 vuttāni설한 것이다. … pana그리고 또한 ānāpānapabbaṁ paṭikūlamanasikārapabbañca들숨날숨의 장과 《머리카락·털 등의 혐오스러움에 마음을 기울이는》 혐오 마음기울임의 장이라는 imāneva dve이 두 장만이 ettha여기서; 몸 거듭관찰 14부분 중에서 samādhivasena삼매 수행주제로 vuttāni설한 것이다.

이렇게 『위숫디막가』에서 들숨날숨 관찰을 사마타 수행주제라고 분명하게 설명했기 때문에 본승이 들숨날숨 수행을 가르치면 그것을 좋아하지 않는 이들이 위의 『위숫디막가』를 근거로 내세워 본승이 가르치는 것을 '사마타 수행주제이다. 위빳사나 수행주제가 아니다'라고 비난할 것입니다. 또한 본승도 『위숫디막가』의 근거를 무시하고 "들숨날숨은 위빳사나 수행주제이다"라고 대답할 수도 없습니다. 그러므로 본승 스스로는 들숨날숨을 위빳사나 주제로는 가르치지 않습니다. 하지만 들숨날숨만을 관찰하고 싶다고 말하는 이들에게는 그들 마음대로 관찰하라고 허락합니다. 금하지는 않습니다.

또한 『빠띠삼비다막가』와 『위숫디막가』에서 "들숨날숨을 관찰할 때는 코끝의 한 부분에만 집중해서 관찰해야 한다. 안으로 들어오는 숨을 따라서 관찰하면 안 된다"라고(Ps.i.157; Vis.i.271) 확실하게 설명하고 있습니다. 그것은 문헌의 의도대로 근접삼매와 몰입삼매를 얻게 하려고 설명해 놓은 것입니다. 위빳사나 지혜가 생기도록 관찰하는 것을 설명할 때는 "어느 한 곳의 물질만을 관찰해야 한다"라고 한정하지 않았습니다.

그런데도 들숨날숨을 관찰하다가 몸속에 분명하게 드러나는 다른 감촉 물질들도 따라서 관찰하도록 본승이 가르치면, 또한 여러 망상이나 보이는 것, 들리는 것도 따라서 관찰하도록 가르치면 또다시 "『빠띠삼비다막가』와 『위숫디막가』와 다르다. 틀리게 가르친다"라고 이런저런 말들로 비난할 것입니다. 그래서 본승은 들숨날숨을 위빳사나 방법으로는 관찰하도록 가르치지 않습니다. 이 정도면 왜 들숨날숨을 관찰하도록 가르치지 않는가에 대한 대답이 충분하리라 생각합니다.[146]

배의 부풂과 꺼짐을 관찰하는 것은 경전 가르침과 멀지 않은가?

어떤 사람들은 "배의 부풂과 꺼짐을 관찰하는 것은 부처님께서 설하신 경전과 동떨어진 것이다"라고 비난하기도 합니다. 하지만 배의 부풂과 꺼짐을 관찰하는 것은 부처님께서 설하신 경전과 동떨어진 것이 아닙니다. 오히려 정확하게 일치한다고 대답할 수 있습니다. 이렇게 대답할 수 있는 확고부동한 근거가 경전에 수백, 수천 가지 이상 있습니다. 『상윳따 니까야』 등의 여러 경전에서 여섯 문에서 분명하게 드러나는 물질과 정신들을 관찰하지 않으면 번뇌가 생겨난다는 사실, 관찰하여 바르게 알아야 번뇌가 사라져 도의 지혜, 과의 지혜로 열반을 증득할 수 있다는 사실 등을 분명하게 설하셨습니다.

지금 설명하고 있는 「말루꺄뿟따숫따」만 살펴보더라도 이 내용이 분명합니다. "아직 닿지 않은, 닿을 수 없는 대상에 대해서는 번뇌가 생겨나지 않는다. 닿는 대상에 대해서 번뇌가 생겨난다"라는 내용을 앞

146 마하시 사야도 법문, 비구 일창 담마간다 편역, 『위빳사나 백문백답』, pp.159~161 참조.

의 설명을 통해 분명하게 드러냈습니다. 뒷부분에 더 자세하게 네 가지 게송을 통해 분명하게 드러내 보일 것입니다.

또한「마하사띠빳타나숫따」의 '요소 마음기울임dhātumanasikāra의 장'에서 (땅·물·불·바람이라는) 네 가지 요소四大를 관찰한다는 것은 분명하게 드러나는 요소를 관찰해야 한다는 뜻입니다. 배가 부풀고 꺼질 때는 팽팽하고 움직이는 바람 요소가 분명하기 때문에 그러한 바람 요소를 관찰하는 것이 바로 요소를 관찰하는 것입니다. '요소dhātu'라는 경전 용어를 사용하지 않고 〈부푼다, 꺼진다〉라고 일반적으로 사용되는 용어를 사용해서 관찰하는 것은 "gacchāmīti pajānāti. '간다'라고 분명히 안다" 등으로 설하신 부처님의 가르침과 일치합니다. 그렇게 일반 용어로 관찰하다가 삼매와 지혜의 힘이 성숙됐을 때는 '팽팽하고 움직이는 바람 요소의 연속만 생겨나고 사라지고 있다'라고 스스로의 지혜로 경험하여 알 수 있습니다.

「마하사띠빳타나숫따」의 법 거듭관찰dhammānupassanā 중 '감각장소의 장'에서 "kāyañca pajānāti, phoṭṭhabbe ca pajānāti. 몸도 분명히 안다. 감촉도 분명히 안다"라고(D.ii.239) 설하신 가르침과도 매우 일치합니다. 그 경전에서는 몸속의 어느 부분이든 상관없이 닿는 대상과 닿는 곳인 몸 감성물질kāyapasāda을 아는 모습에 대해 설하셨습니다. 따라서 배의 부풂과 꺼짐을 관찰하는 것은「마하사띠빳타나숫따」의 가르침과도 다르지 않습니다. 매우 정확하게 일치합니다.

『상윳따 니까야』에도 같은 방법으로 설하신 경이 몇 백 개가 있습니다. 그래서 본승은「마하사띠빳타나숫따」의 '자세의 장'에 대해 설명할 때 "'yathā yathā vā panassa kāyo paṇihito hoti, tathā tathā naṁ pajānāti. 몸이 어떠어떠하게 유지된다면 그 몸을 그러그러하게 안다

(몸이 어떤 상태로 있든지 그 상태에 따라 그대로 분명히 안다)'라는 (D.ii.232) 구절을 통해 네 가지 자세에서 벗어난 다른 여러 몸의 동작들도 부처님께서 다 나타내 드러내신 것이다"라고 설명했습니다.[147]

지금 설명한 대로 〈부푼다, 꺼진다〉라고 관찰하는 것에 만족하지 않고 「마하사띠빳타나숫따」의 몸 거듭관찰 중 '자세의 장'에 직접 설해져 있는 용어로만 관찰하고 싶다는 수행자에게는 앉아 있을 때 〈앉음, 앉음〉이라고만 지속적으로 관찰하도록 가르칩니다. 서 있을 때에는 〈섬, 섬〉, 누워 있을 때에는 〈누움, 누움〉이라고만 지속적으로 관찰하도록 가르칩니다.[148] 하지만 들숨날숨을 관찰하라고는 가르치지 않습니다. 왜냐하면 앞서 설명했듯이 『위숫디막가』의 내용에 어긋나고, 「마하사띠빳타나숫따」의 주석에서 들숨날숨을 관찰하여 선정을 얻은 후에만 위빳사나 관찰을 하는 모습을 보여 놓은 설명과도 반대되기 때문입니다. 하지만 들숨날숨을 관찰하고 싶어하는 수행자가 있다면 굳이 금하지는 않습니다. 본인 마음대로 관찰하도록 허락하고 있습니다.

배의 부풂과 꺼짐, 닿음 등을 관찰하는 모습과 관련해서 논쟁이 될 만한 점을 설명하느라 법문이 조금 길어졌습니다. 다시 원래로 돌아가서 닿음을 설명하겠습니다. 부처님께서는 문답을 통해 "닿을 수 없는 대상에 대해서는 번뇌가 생겨나지 않고 닿는 대상에 대해서만 번뇌가 생겨날 수 있다. 그렇게 관찰하지 않으면 생겨날 수 있는 번뇌가, 닿았을 때 즉시 끊임없이 관찰하여 알면 사라진다. 고통의 끝인 열반을 증득한다"라고 알게 하셨습니다. 그 가르침에 따라 말루꺄뿟따 존자는

147 『마하사띠빳타나숫따 대역』, pp.96~97 참조.
148 『위빳사나 백문백답』, pp.162~164 참조.

닿을 때 관찰하지 않는 이가 열반과 멀어지는 모습과 관찰하는 이가 열반과 가까워지는 모습을 네 개의 게송으로 표현했습니다. 그 게송에 부처님께서는 "훌륭하구나"라고 칭찬하신 후 당신께서 직접 한 번 더 설하셨습니다. 그 내용을 이제 설명하겠습니다.

닿을 때 관찰하지 못하는 이는 열반과 멀다

14-10 Phassaṁ phussa sati muṭṭhā,
Piyaṁ nimittaṁ manasi karoto;
Sārattacitto vedeti,
Tañca ajjhosa tiṭṭhati. (S.ii.296)

해 석

감촉에 닿고 나서 새김이 잊히네,
좋아하는 표상에 마음을 기울이면.
애착하는 마음으로 느끼기도 하고
그것을 또한 움켜쥐며 머문다네.

대 역

Piyaṁ좋아하는; 좋아할 만한 nimittaṁ표상에; 대상에 manasi karoto마음을 기울이면; 마음을 기울이고 있는 이에게는; 마음을 기울이는 이는 phassaṁ감촉에 phussa닿고 나서; 닿고 나면 sati muṭṭhā새김이 잊히네; 새김을 잊어버리네. sārattacitto애착하는 마음으로 vedeti 느낀다네. tañca그것도; 그 닿게 된 감촉이라는 대상도 ajjhosa tiṭṭhati움켜쥐며 머문다네; 삼켜서 가지듯이 마음속에 움켜쥐고서 머문다네.

"감촉에 닿고 나서 새김이 잊히네,/ 좋아하는 표상에 마음을 기울이면", 감촉은 몸에서 거의 항상 분명하게 드러납니다. 생명 있거나 생명 없는 대상들과 닿는 감촉도 있고, 몸 안에서 살이나 피 등과 닿는 감촉도 있고, 손이나 발 등과 닿는 감촉도 있습니다. 그러한 감촉들 중 살이나 피 등과 서로 닿는 감촉은 닿는 줄 조차 알지 못하는 이들이 많습니다. 새김확립 관찰방법을 이해하지 못하는 이들은 매우 분명한 외부 대상들과 닿을 때도 관찰해야 한다는 사실을 알지 못해서 대부분 새기지 못한 채 잊어버리고 지냅니다. "닿을 때마다 관찰해야 한다"라고 들어 본 적이 있는 사람들 중에서도 계속해서 열심히 관찰하는 경우가 아니라면 닿음을 관찰하지 않고 잊어버리며 지내는 경우가 많습니다.

사람들은 대부분 좋은 대상만을 바라기 때문에 좋은 대상에 닿게 되면, 가르침을 숙고하거나 수행하고 있었다 하더라도 새김을 확립하지 못한 채 잊어버릴 수 있습니다. 새김확립 방법에 따라 끊임없이 관찰하고 있는 사람들조차 삼매와 지혜의 힘이 아직 약할 때는 잊어버리기도 합니다. 여기서 '잊어버린다'라는 것은 어떤 의미일까요? 좋아할 만한 대상의 경우라면 그것을 좋아할 만한 것으로 생각하고 인식하는 것을 '잊어버린다'라고 말합니다. 보통의 대상과 닿았을 때라면 그것을 항상한 것으로, 남자나 여자 등 어떤 실체로 생각하는 것도 잊어버리는 것입니다. 이 구절에서 말하자고 하는 바는 "닿을 때마다 계속해서 〈닿음, 닿음〉이라고 관찰하여 알지 않으면 '잊어버린다'라고 말할 뿐이다"라는 사실입니다. 그렇게 관찰하지 않아 잊어버리면 좋은 대상인 경우 애착하는 마음으로 느끼고, 좋지 않은 대상인 경우 싫어하는 마음으로 느끼거나 좋은 대상을 기대하는 모습으로 애착하면서 느낍니다. 그래서 닿고 나서 좋은 것으로 생각하여 관찰하지 못하고 잊어버리는 모습을 "애착하는 마음으로 느끼기도 하고/ 그것을 또한 움켜쥐며 머문다네"라고 표현했습니다. 이 내용들에 관한 게송은 볼 때와 동일합니다. '형색'을 '감촉'으로 바꾸기만 하면 됩니다. 같이 독송합시다.

감촉닿아 좋으면 잊어버리네
애착하며 즐기며 맘속취하네

많은 사람에게 여러 감각욕망 대상과 관련된 감촉을 좋아하고 집착하면서 느끼고 있는 성품은 매우 분명합니다. 보드랍고 푹신한 이불이나 의자 등의 감촉을 좋아하면서 느끼는 성품도 매우 분명합니다. 부드럽고 좋은 옷이나 신발 등 일상용품의 감촉을 좋아하면서 느끼는 성품도 분명합니다. 건강하고 활기찬 이들은 손이나 발을 굽혔다 폈다 하는 등 움직임과 관련된 감촉을 좋아하며 지냅니다. 앉고 서고, 가고 오는 등 여러 감촉을 좋아하면서 지냅니다. 그렇게 몸의 안이나 밖, 여러 감촉을 좋아하고 즐기며 지내면 여러 가지 다양한 느낌, 여러 종류의 번뇌도 생기고 늘어납니다. 그래서 이어서 다음과 같이 게송으로 표현했습니다.

14-11 Tassa vaḍḍhanti vedanā,
Anekā phassasambhavā;
Abhijjhā ca vihesā ca,
Cittamassūpahaññati;
Evaṁ ācinato dukkhaṁ,
Ārā nibbānamuccati. (S.ii.296)

해 석

그런 그에게 느낌이 늘어나네.

감촉에서 생겨나는 여러 느낌이.
탐애도, 또한 괴롭힘도 늘어나니
그의 마음은 피곤하기만 하다네.
이와 같이 괴로움을 쌓는 이에게
열반은 매우 멀다고 말한다네.

대 역

Tassa그에게; 닿게 된 감촉을 마음속에 집착하여 움켜쥐는 그 사람에게 phassasambhavā감촉을 시작으로 생겨나는; 집착하여 움켜쥔 감촉 때문에 생겨나는 anekā여러 가지; 많은 vedanā느낌들이; 좋고 나쁜 여러 가지 느낌들이 vaḍḍhanti늘어난다네. abhijjhā ca탐애들도; 가지려고 하는 탐욕들도, vihesā ca괴롭힘들도; 괴롭히려고 하는 성냄들도 vaḍḍhanti늘어난다네. assa그의 cittaṁ마음은 upahaññati피곤하다네; 탐욕과 성냄 등으로 피곤해진다네. evaṁ이와 같이; 관찰하지 않고 지내는 이런 방식으로 dukkhaṁ괴로움을; 번뇌의 괴로움과 윤전의 괴로움을 ācinato쌓는 이에게; 받아들여 쌓고 있는 이에게; 쌓는 이는 nibbānaṁ열반은; 모든 고통이 사라진 열반은; 열반을 ārā멀다고; 멀리한다고 vuccati말한다네.

"그런 그에게 느낌이 늘어나네,/ 감촉에서 생겨나는 여러 느낌이", 이 내용은 앞의 형색에 관한 게송에서 '형색따라'를 '감촉따라'로 바꾸기만 하면 됩니다. 같이 독송합시다.

감촉따라 느낌들 늘어난다네

이어서 "탐애도, 또한 괴롭힘도 늘어나니/ 그의 마음은 피곤하기만 하다네", 좋은 감촉을 느낄 수 있는 좋은 옷이나 생활용품을 얻고자 바라는 탐욕, 좋은 집에 살거나 고급 차를 타기를 바라는 탐욕, 생명 있고 생명 없는 여러 존재에서 비롯한 좋은 감촉을 얻기를 바라고 기대하는 탐욕도 생기고 늘어납니다. 편안하고 가볍게 앉고 서고 가고 오고 굽히고 펼 수 있도록 좋은 앉을 자리나 누울 자리 등을 바라고 기대하는 것도 모두 감촉과 관련됩니다. 반대로 자기가 원하는 대로 되지 않도록 방해한다고 생각되는 이를 괴롭히려는 성냄도 생기고 늘어납니다. 그러한 탐욕이나 성냄이 시키고 부추기는 대로 찾고 구하고 생각하고 행동하느라 애를 많이 써서 마음이 매우 피곤합니다. 원하고 바라는 감촉들을 찾고 구하려다 불선업을 행하기도 합니다. 다음 생을 위해 보시 등 선업도 행합니다. 그러한 선업과 불선업 때문에 새로운 생에서의 물질과 정신이라는 과보들이 생겨나 늙어야 하고, 병들어야 하고, 죽어야 하는 등 여러 고통을 겪어야 합니다. 그래서 닿을 때마다 관찰하지 않으면 번뇌와 함께 업 윤전과 과보 윤전 등 괴로움을 받아들여 쌓고 있는 것이라고 말합니다. 이 내용에 관한 게송도 앞과 마찬가지입니다. 같이 독송합시다.

탐욕늘고 화늘어 마음피곤해
이렇게만 안변해 고통찾는이

'이전에 나는 몸의 여러 감촉을 관찰하지 않고 새김을 잊은 채 지내왔다. 가고 서고 앉고 눕고 굽히고 펼 때 관찰하지 않은 채 지내왔다. 관찰하면 피곤하기만 할 것이다. 앞으로도 그런 삶의 방식을 바꾸지 않겠다'라고 생각하고서 원래대로 지낸다면 방금 설명했듯이 몸의 여러 느낌과 관계된 번뇌의 괴로움과 윤전의 괴로움을 받아들여 쌓고 있는 것이고, 그러한 이에게 열반은 멀어집니다. 그래서 "이와 같이 괴로움을 쌓는 이에게/ 열반은 매우 멀다고 말한다네"라고 게송으로 표현했습니다. 이 내용에 관한 게송도 앞과 마찬가지입니다. 같이 독송합시다.

고통만을 찾는이 열반멀다네

지금까지 감촉과 관련된 두 개의 게송을 간략히 요약해서 "닿아관찰 않는이 열반멀다네"라고 표현했습니다. '닿을 때 관찰하지 않는 이는 열반과 멀다'라는 뜻입니다. 같이 독송합시다.[149]

닿아관찰 않는이 열반멀다네

이와 반대로 가고 서고 앉고 눕고 펴고 굽히는 것을 비롯해 닿을 때마다 계속해서 관찰하면 열반과 가까워집니다. 이렇게 열반과 가까워지는 모습을 직접 표현한 두 개의 게송을 이어서 설명하겠습니다.

닿을 때 관찰하는 이는 열반과 가깝다

14-22 Na so rajjati phassesu,
Phassaṁ phussa paṭissato;
Virattacitto vedeti,
Tañca nājjhosa tiṭṭhati. (S.ii.297)

149 전체 게송은 본서 부록 p.296 참조.

해 석

감촉들에 대해 애착하지 않는다네,
감촉에 닿고 다시 새기는 그는.
애착 없는 마음으로 느끼기도 하고
그것도 움켜쥐지 않고 머문다네.

대 역

《Yo어떤 이가》 phassaṁ감촉에 phussa닿고 나서; 닿으면 바로 paṭissato다시 새긴다면, phassesu감촉들에 대해 na rajjati애착하지 않는다네; 애착이 사라진다네. so그는; 닿고 나서 즉시 새기는 그 사람은 virattacitto애착 없는 마음으로; 애착이 없는 마음이 되어 vedeti느낀다네. tañca그것도; 그 감촉도 nājjhosa tiṭṭhati움켜쥐지 않고 머문다네.

"감촉에 닿고 다시 새기는"이라는 이 구절은 '감촉에 닿고 나서 즉시 위빳사나 관찰을 해야한다'는 사실을 직접적으로 분명히 보여줍니다. 여기서 "phassaṁ phussa 감촉에 닿고 나서; 감촉에 닿으면 바로", 닿아서 알 수 있는 대상만 관찰해야 한다고 말했기 때문에 "닿을 수 없는 감촉을 일부러 숙고해서 관찰할 필요가 없다. 그렇게 일부러 숙고해서 관찰하는 것만으로는 어떠한 대상에 대해서도 생겨날 기회가 있는 잠재번뇌를 제거할 수 없다. 대상잠재번뇌ārammaṇānusayakilesa를 제거할 수 있는 진짜 위빳사나가 생겨나지 않는다"라는 사실을 확실하게 기억해 두어야 합니다.

닿을 때 관찰하는 모습은 다음과 같습니다. 몸에서 감촉을 느끼는 범위는 매우 넓습니다. 발바닥에서부터 머리끝까지, 머리끝에서부터 발바닥까지 피와 살이 온전한 몸 전체에 감촉은 두루 퍼져 있습니다. 몸의 어느 곳에서든 분명하게 드러나는 감촉을 〈닿음, 닿음〉이라고 관찰해야 합니다. 「마하사띠빳타나숫따」 가르침에 따라 말한다면 갈 때는 〈간다, 간다; 오른발, 왼발; 든다, 간다, 놓는다〉 등으로 끊임없이 관찰해 나가야 합니다. 갈 때 다리나 몸에서 생기는 뻣뻣함이나 움직임 등의 감촉들은 '바람 요소'라고 말하는 절대성품으로서의 물질입니다. 관찰할 때 대부분은 이 바람 물질을 잘 알아야 합니다. 그렇게 알도록 관찰하게 하기 위해 부처님께서 "gacchanto vā gacchāmīti pajānāti. 가면서도 '간다'라고 안다"라고(D.ii.232) 설하셨습니다. 이때 "'바람 요소다'라고 알아라"라거나 "'물질이다'라고 알아라"라고 설하지 않으셨습니다. 그렇게 알 필요까지는 없다는 뜻입니다. 일반적인 말로 "gacchāmīti pajānāti. '간다'라고 안다"라고 설하셨습니다. 이렇게 알면 충분하다는 뜻입니다. 이것은 경전 지식이 적은 이들도 쉽게 관찰할 수 있도록 설해놓으신 것입니다. 그렇게 〈간다; 오른발, 왼발; 든다, 간다, 놓는다〉 등 일반적으로 사용하는 명칭으로 관찰하지만 삼매와 지혜의 힘이 좋아졌을 때는 뻣뻣함이나 움직임이라는 고유성품 법들로도 바르게 알게 됩니다. 순간도 끊임없이 생멸하고 있는 성품도 바르게 알게 됩니다. '순간도 끊임없이 생멸하기 때문에 무상하다. 괴로움이다. 마음대로 하는 자아나 나라고 할 만한 것이 없는 무아의 성품법들일 뿐이다'라는 것도 사실대로 알게 됩니다.

마찬가지로 서 있을 때도 〈섬, 섬〉이라고 끊임없이 관찰해야 합니다. 앉아 있을 때도 〈앉음, 앉음〉이라고 끊임없이 관찰해야 합니다. 〈앉음〉 하나를 관찰하는 것으로 만족되지 않으면 한두 곳의 분명한 감촉과 짝을 지어서 〈앉음, 닿음, 앉음, 닿음〉이라고 관찰할 수도 있습니다. 그러다가 불쾌한 감촉과 닿아서 저림이나 뜨거움, 아픔, 가려움 등 좋지 않은 느낌인 괴로운 느낌dukkhavedanā도 생겨납니다. 그렇게 어떤 괴로운 느낌 하나가 분명하게 드러나면 그 괴로운 느낌이 생겨나는 곳에 집중해서 〈저림; 뜨거움; 아픔; 가려움〉 등으로 관찰해야 합니다. 그것은 괴로운 느낌을 관찰하는 것이어서 느낌 거듭관찰vedanānupassanā이라고 말합니다. 쾌적한 감촉과 닿아서 좋은 느낌이 생겨나면 〈좋음, 좋음〉 등으로 관찰해야 합니다. 이것은 행복한 느낌sukhavedanā을 관찰하는 것이어서 마찬가지로 느낌 거듭관찰입니다.

몸 안에서 생겨나는 여러 따뜻한 성품과 닿거나 몸 밖의 뜨거운 불, 뜨거운 햇볕, 뜨거운 바람 등과 닿으면 그 뜨거움을 〈뜨거움, 뜨거움〉이라고 관찰해야 합니다. 그때 닿는 곳의 뜨거움을 관찰하면 불 요소를 아는 것입니다. 받아들이기 힘든 성품을 관찰하면 괴로운 느낌을 아는 것입니다. 마찬가지로 차가운 바람이나 차가운 물 등과 닿을 때도 〈차가움, 차가움〉이라고 관찰해야 합니다. 그때 가끔은 차가운 성품이라는 불 요소를 알기도 하고 가끔은 느낌을 알기도 합니다. 일반적으로 감촉들이 분명할 때는 〈닿음, 닿음〉이라고 관찰하면 됩니다. 그러면 가끔은 무르고 미끄러운 땅 요소나 딱딱하고 거친 땅 요소를 알기도 하고 가끔은 바람 요소나 불 요소를 알기도 합니다.

손이나 발을 굽히고 펴고 움직이고 바꿀 때는 〈굽힌다; 편다; 움직인다; 바꾼다〉 등으로 관찰해야 합니다. 고개를 숙이거나 드는 몸의 움직임, 자세를 바꾸는 동작들도 일반적으로 표현하는 일상용어를 사용해서 관찰하면 됩니다. 눈을 감고 뜨고 깜박이는 동작도 관찰할 수 있으면 관찰해야 합니다. 옷을 갈아입는 것도 관찰해야 합니다. 먹을 때

몸의 여러 닿음을 관찰하는 것은 먹어서 알 때 관찰하는 모습에 대한 설명에서 언급했습니다.[150] 세수하거나 목욕하는 것도 할 수 있는 만큼 관찰해야 합니다. 대변이나 소변을 볼 때도 몸의 여러 닿음이나 움직임들을 할 수 있는 만큼 관찰해야 합니다. 말을 할 때도 할 수 있는 만큼 관찰해야 합니다. 몸에 분명하게 드러나는 닿음이라면 모두 관찰해야 할 대상에 해당합니다. "관찰하면 안 되는 감촉이다"라고 할 만한 것은 하나도 없습니다.

그래서 본승은 배에서 생겨나는 분명한 바람 물질의 닿음을 사실대로 바르게 알고서 진짜 삼매와 진짜 지혜가 생겨나도록 배의 부풂과 꺼짐을 시작으로, 그것을 기초로 하여 관찰하도록 가르치고 있습니다. 이 가르침대로 관찰하여 특별한 위빳사나 지혜들을 직접 경험하여 알게 된 수행자들이 몇 천, 몇 만 명이나 됩니다. 그 수행자들 중 일부는 "부풂과 꺼짐은 관찰하고 싶지 않습니다. 들숨날숨을 관찰하고 싶습니다"라고 청했고, 본승은 그들이 원하는 대로 관찰하도록 허락했습니다. 그 수행자들도 나중에는 부풂과 꺼짐으로 바꾸어 관찰하여 특별한 지혜들을 경험했습니다.

"부풂과 꺼짐을 관찰하도록 가르치고 있다"라고는 했지만 "그 두 가지만 관찰해야 한다"라고 강요하는 것은 아닙니다. 〈부푼다, 꺼진다〉라고 관찰하다가 망상이 생겨나면 그 망상도 관찰해야 합니다. 저림·뜨거움·아픔 등 괴로운 느낌이 분명하게 드러나면 그 괴로운 느낌도 관찰해야 합니다. 다른 몸의 여러 동작이 드러나면 그 동작도 관찰해야 합니다. 듣는 것이나 보는 것 등이 드러나면 그것도 관찰해야 합니다.

150 본서 p.168 참조.

삼매와 지혜의 힘이 특별히 좋아졌을 때는 여섯 문에서 분명하게 드러나는 모든 것을 생겨나는 차례대로 따라서 관찰하도록 가르칩니다. 또한 수행자도 그러한 가르침대로 드러나는 것들을 차례대로 따라서 관찰할 수 있습니다. 그때는 부풂과 꺼짐에 특별히 신경 써서 관찰할 필요도 없습니다. 드러나는 차례대로 쉽게 따라서 관찰해 나가기만 하면 됩니다.

자려고 누워 있을 때도 〈누움, 누움〉 등으로 앉아 있을 때와 마찬가지로 관찰해 나가면 됩니다. 이 정도면 닿아서 아는 것과 관련해서 관찰하는 모습을 이해했을 것입니다. 지금까지 설명한 대로 닿아서 아는 것이 생겨날 때마다 계속해서 관찰하는 수행자는 삼매와 지혜의 힘이 매우 좋아졌을 때, 닿아 알고 나서 즉시 사라지는 것만을 경험하여 알게 됩니다. 이 내용은 앞에서 언급한 "mute mutamattaṁ bhavissati. 감각된 것에 대해서는 감각하는 정도만 생겨날 것이다; 감촉과 닿아서 경험된 대상에 대해서는 경험한 정도만 생겨날 것이다"라는 가르침과 일치합니다. 그러면 감촉들을 알 수 있지만 마치 닿아서 알 수 없는 감촉들처럼 애착이나 애정 등 번뇌들이 생겨날 기회를 얻지 못하고 사라집니다.

지금 이 수행센터에서 수행자들이 부풂과 꺼짐을 시작으로 닿아서 아는 것 모두를 계속해서 관찰하여 순간도 끊임없이 생멸하고 있는 성품을 사실대로 아는 것은 「마하사띠빳타나숫따」와도 일치하고 지금 설명하고 있는 「말루꺄뿟따숫따」와도 매우 일치한다는 사실이 분명합니다. 삼매와 지혜의 힘이 특별히 좋아졌을 때는 부풂과 꺼짐이든, 굽힘·폄 등 동작을 바꾸는 것이든, 다리를 들고 나아가고 내리는 움직임이든 관찰할 때마다 계속해서 알아지는 대상과 아는 성품, 그리고 관찰해서 아는 성품이 즉시 계속해서 사라지는 것만 경험합니다. 닿아 알고서 좋고 나쁜 느낌들도 즉시 계속해서 사라지는 것을 경험합니다. 그래서 닿아서 아는 것과 관련해서 애착하거나 좋아하지 않습니다. 애착이나 좋아함 없이 느끼기만 합니다. 그래서 "감촉들에 대해 애착하지 않는다네", 감촉을 알고 나서 즉시 관찰하는 이는 애착하지 않습니다. 좋아하지 않습니다. 이 내용도 형색과 관련된 게송에서 "형색보아"를 "감촉닿아"로 바꾸기만 하면 됩니다. 같이 독송합시다.

감촉닿아 관찰해 애착사라져

이렇게 애착하는 탐욕이 사라지기 때문에 "애착 없는 마음으로 느끼기도 하고/ 그것도 움켜쥐지 않고 머문다네", 그 감촉들을 애착이나 좋아함 없이 느끼기만 합니다. 감촉들을 마음속에 움켜쥐지도 않습니다. 그렇게 번뇌가 사라지는 모습, 집착이 사라지는 모습도 이어서 "애착 없는 마음으로 느끼기도 하고/ 그것도 움켜쥐지 않고 머문다네"라고 표현했습니다. 이 내용에 관한 게송도 볼 때와 같습니다. 같이 독송합시다.

애착안해 느끼며 맘속안취해

그렇게 애착 등이 없이 느끼기만 하기 때문에 느낌이 생겨나는 것은 다른 사람들과 같지만, 그러한 느낌 때문에 갈애 등 번뇌의 괴로움과 윤전의 괴로움은 생겨나거나 늘어나지 않습니다. 이 의미를 다음과 같이 이어서 설명했습니다.[151]

151 이 단락은 저본에 없어 듣는 것을 참조해 보충했다.

14-23 Yathāssa phusato phassaṁ,
Sevato cāpi vedanaṁ;
Khīyati nopacīyati,
Evaṁ so caratissato;
Evaṁ apacinato dukkhaṁ,
Santike nibbānamuccati. (S.ii.297)

해 석

그처럼 감촉에 닿기도 하지만
그처럼 느낌을 의지도 하지만
다하기만 할 뿐 쌓이지 않는다네.
이와 같이 그는 새기면서 행한다네.
이와 같이 괴로움을 쌓지 않는 이에게
열반은 매우 가깝다고 말한다네.

대 역

Yathā그처럼; 틈이 없이 바로 새겨 아는 것으로; 새겨 아는 것과 함께 생겨나는 것처럼 phassaṁ감촉에 phusato cāpi닿기도 하지만, vedanaṁ느낌을 sevato cāpi의지하기도 하지만 (assa그에게)[152] dukkhaṁ괴로움이; 관찰하여 알지 못하면 생겨날 수 있는 번뇌의 괴로움과 윤전의 괴로움이 khīyati다한다네; 사라지고 없어지기만 한다네. nopacīyati쌓이지 않는다네; evaṁ이와 같이 sato새기며 so그는; 그 수행자는 carati행한다네. evaṁ

152 『*Saṁyuttanikāya Saḷāyatanavagga Saṁyutta Pāḷito Nissaya*(상윳따 니까야 여섯 감각장소 상응 빠알리 대역)』, p.63를 참조해서 첨가했다.

이와 같이; 닿고 나서 즉시 관찰하여 새기는 것에 의해 dukkhaṁ괴로움을; 관찰하여 새기지 않으면 생겨날 기회를 얻는 번뇌의 괴로움과 윤전의 괴로움을 apacinato 쌓지 않는 이에게; 무너뜨리고 있는 이에게 nibbānaṁ 열반은; 모든 고통이 사라진 열반은; 열반을 santike가깝다고; 가까이 한다고 vuccati말한다네.

"그처럼 감촉에 닿기도 하지만/ 그처럼 느낌을 의지도 하지만/ 다하기만 할 뿐 쌓이지 않는다네", 위빳사나 수행자도 다른 사람들처럼 여러 감촉과 닿기도 닿고, 감촉들과 관련된 느낌을 의지하기도 합니다. 하지만 일반인들처럼 그러한 감촉과 관련해서 번뇌가 생겨나지 않습니다. 그러한 감촉들을 얻기 위해 행하게 되는 불선업이나 선업도 생겨나지 않습니다. 업이 생겨나지 않기 때문에 업 때문에 생겨나는 새로운 생에서의 과보의 괴로움들도 생겨나지 않습니다. 사라지고 없어집니다. 왜냐하면 닿아서 알 때 즉시 관찰하기 때문입니다. 중도 실천majjhimapaṭipadā이 바로 이렇게 관찰하여 아는 것입니다. 이 내용도 형색과 관련된 게송과 동일합니다. "보기도"를 "닿기도"라고 바꾸기만 하면 됩니다. 같이 독송합시다.

관찰알아 닿기도 느끼기도해
그렇지만 윤전고 사라진다네

위빳사나 수행자도 닿아서 느끼기도 하지만 관찰하지 않는 일반인들처럼 "vedanāpaccayā taṇhā. 느낌을 조건으로 갈애가 생겨난다"라는 연기 가르침에 따라 느낌을 조건으로 한 갈애가 생겨나지 않습니다. 갈애가 생겨나지 않기 때문에 취착과 업도 생겨나지 않습니다. 업이 생겨나지 않기 때문에 그 업의 결과인 과보의 괴로움도 생겨나지 않습니다. 이것이 바로 관찰하지 않은 감촉과 관련해서 생겨날 기회를 얻는 번뇌·업·과보의 괴로움이 사라지고 없어지는 모습입니다.

그러므로 그러한 번뇌의 괴로움, 윤전의 괴로움을 없애려는 수행자라면 가고 서고 앉고 누우면서 닿을 때마다, 굽히고 펴고 움직이고 자세를 바꾸면서 닿을 때마다, 보통으로 닿을 때마다 계속해서 새김을 확립하는 이러한 관찰방법으로 끊임없이 실천해야 한다는 사실을 "이와 같이 그는 새기면서 행한다네"라고 표현했습니다. 이것은 "몸의 어느 부분이든 닿아서 알면 즉시 관찰해서 사실대로 알아 나가라"라는 사실을 직접적으로 분명하게 보인 가르침입니다. 게송은 앞서 형색과 관련된 표현과 동일합니다. 같이 독송합시다.

이렇게만 수행자 실천해야해

바른 수행방법을 비난하는 이들도 있다

일부 사람들은 스스로 어떤 수행법도 확실하게 실천해 본 적이 없으면서 다른 사람들이 바르게 말하는 것조차 바라지 않습니다. 그러한 사람들은 「말루꺄뿟따숫따」나 「마하사띠빳타나숫따」 등에서 말하는 관찰방법과 일치하는 이 수행방법을 비방합니다. 예를 들어 "'간다; 선다; 앉는다; 눕는다; 굽힌다; 편다; 부푼다; 꺼진다' 등은 이미 아는 것들이다. 관찰할 필요가 없다"라고 비방합니다.

사실 이 수행센터에서 지도하는 것은 알게 된 그 대상들에 대해 번뇌가 생겨날 기회를 얻지 못하도록 즉시 관찰해야 한다는 것입니다. 아직 알지 못하는 것을 일부러 생각해서 관찰할 필요는 없습니다. 이 내용을 "못보는것 번뇌가 저절로없네" 등으로 앞서 거듭 설명했습니다. "'간다; 선다; 앉는다; 눕는다; 굽힌다; 편다; 부푼다; 꺼진다' 등은 이미 아는 것들이다. 관찰할 필요가 없다"라고 말하는 것은 수행을 지도하고 있는 본승을 비방하는 행위입니다. 하지만 근본을 따져보면 그러한 비방은 이 「말루꺄뿟따숫따」나 「마하사띠빳타나숫따」 등 부처님의 가르침을 비방하는 행위에 해당합니다. 이 비방에 대해서는 "들숨날숨을 누구나 알고 있다고 해서 '들숨날숨을 관찰해서는 안 된다'라고 어느 누구도 감히 말할 수 없다"라고 간략하게 반박할 수 있습니다.

잘못된 법을 말하는 것이 된다

또한 어떤 이들은 "몸을 관찰하면 안 된다. 머리나 다리, 팔, 배를 관찰하면 안 된다"라고 비방하기도 합니다. 그것은 「말루꺄뿟따숫따」 등 부처님의 가르침을 이해하지 못하기 때문에, 그리고 그들 스스로 진짜 위빳사나 지혜를 경험한 적이 없어서 알지 못하기 때문에 해서는 안 될 말을 하는 것입니다. 형색을 보면 "rūpaṁ disvā paṭissato. 형색을 보고 다시 새기는 그는" 등의 부처님의 가르침에 따라 관찰해야 하지 않겠습니까? 감촉과 닿으면 "phassaṁ phussa paṭissato. 감촉에 닿고 다시 새기는 그는" 등의 가르침에 따라 관찰해야 하지 않겠습니까? 따라서 몸 전체도 관찰해야 합니다. 다리나 팔, 배 등도 관찰해야 합니다. "몸이나 머리, 다리, 팔, 배를 관찰하면 안 된다"라고 어느 경전이나 주석서, 복주서에도 나와 있지 않습니다. 또한 눈·귀·코·혀 물질은 머리 부위에 있습니다. 형색·소리·냄새·맛 물질도 머리 부위와 관련돼 있습니다. "머리를 관찰하면 안 된다"라는 말은 "그러한 물질들을 관찰하면 안 된다"라고 애써 가로막는 행위입니다. 이렇게 부처님의 가르침과 반대되는 법들을 말하는 것은 잘못된 법adhamma·非法이 되고 맙니다.

위빳사나 수행법과 관련한 제일 간략한 게송

본승은 여섯 문에서 분명하게 드러나는 모든 물질·정신을 할 수 있는 만큼 모두 관찰하도록 설명하고 지도합니다. 관련된 간략한 게송도 아래와 같이 표현했습니다.

매번계속 관찰하면 명색둘과 인과알아
무상과고 드러나면 무아봐 열반이르러

여기에서 "매번"이란 '드러날 때마다'라는 뜻입니다. 볼 때, 들을 때 등 여섯 문에서 드러나는 모든 것을 말합니다. "계속 관찰하면"이란 잠들어 있을 때를 제외하고 단 일 초도 쉬지 않고, 멈추지 않고, 끊임없이 관찰하라는 뜻입니다. "명색둘과 인과일아/ 무상과고 드러나면/ 무아봐 열반이르러", 물질·정신 두 가지를 구별하여 알고 보는 모습, 조건·결과를 구분하여 알고 보는 모습, 무상·고·무아의 성품을 스스로의 지혜로 경험하여 아는 모습은 『*Vipassanā Shunikyan*(위빳사나 수행방법론)』이나[153] 최근에 출판된 『*Takkathou Vipassanā*(대학 위빳사나)』에 거듭 설명해 놓았습니다. 마찬가지로 열반에 도달하는 모습도 거듭 설명해 놓았습니다. 이 「말루꺄뿟따숫따」에서도 열반에 도달하는 모습을 네 번이나 거듭 설명했습니다. 지금 설명하고 있는 닿아서 아는 것과 관련해서도 "이와 같이 괴로움을 쌓지 않는 이에게/ 열반은 매우 가깝다고 말한다네"라고 나타냈습니다. 이 내용을 "닿아관찰 고통끝 열

153 『위빳사나 수행방법론』 제2권, pp.78~104 참조.

반가깝네"라고 게송으로 표현했습니다. 같이 독송합시다.

닿아관찰 고통끝 열반가깝네

닿을 때와 관련된 빠알리어 게송 두 개를 요약해서 하나의 게송으로 "닿아관찰 하는이 열반가깝네"라고 결어 게송으로 표현했습니다. 같이 독송합시다.[154]

닿아관찰 하는이 열반가깝네

일반적인 닿음이든, 괴로운 느낌이나 즐거운 느낌을 분명하게 드러나게 하는 닿음이든, 가고 서고 앉고 눕고 굽히고 펴는 등과 관련된 닿음이든, 그러한 닿음들을 끊임없이 관찰하고 있으면 어느 때든 도와 과라는 특별한 법을 얻을 수 있다는 사실을 본서 pp.174~175에『뿍갈라빤냣띠 주석서』의 가르침을 통해 설명했습니다. 또한 아난다Ānanda 존자가 경행을 하고 나서 잠시 앉았다가 누우려는 그 찰나에 윗단계의 세 가지 도에 도달해 아라한이 된 사실이『위나야 주석서』에(VinA.i.10) 설명돼 있습니다.[155] 이 주석서에 근거해 아난다 존자는 닿음을 관찰해서 아라한이 됐다고 결정하는 것이 적합합니다. 그러므로 어떠한 닿음이든 주의를 기울여 관찰해야 합니다.

닿아서 알 때와 관련된 위빳사나 수행방법에 대해서도 이 정도 설명이면 충분할 것입니다. 이제 생각해서 알 때와 관련된 위빳사나 수행방법을 설명하겠습니다.

154 전체 게송은 본서 부록 p.298 참조.

155『위빳사나 백문백답』, p.66 참조.

위빳사나 기초 문답 6

위빳사나 기초 문답

11 Ye te manoviññeyyā dhammā aviññātā aviññātapubbā, na ca vijānāsi, na ca te hoti vijāneyyanti? Atthi te tattha chando vā rāgo vā pemaṁ vāti? No hetaṁ, bhante. (S.ii.295)

해 석

말루까뿟따여, 이것을 그대는 어떻게 생각하는가? 그대가 아직 알지 않았고, 이전에 안 적도 없고, 지금 알고 있는 것도 아니고, 앞으로 알 것도 아닌, 맘으로 알 수 있는 어떤 법들이 있다면, 그것들에 대해 그대에게 욕망이나 애착이나 애정이 있겠는가? 그렇지 않습니다, 세존이시여.

대 역

Manoviññeyyā맘으로 알 수 있는; 생각하여 알 수 있는 ye dhammā어떤 법들을 te그대는 aviññātā아직 알지 못했다. aviññātāpubbā이전에 안 적도 없다; 이전의 생들에서도 안 적이 없다. na ca vijānāsi알고 있는 것도 아니다; 지금 알고 있는 것도 아니다. te그대에게 na ca hoti vijāneyyanti'알 수 있을 것이다'라고 생각 속에서도 생겨나지 않을 것이다. tattha 그것들에 대해; 아직 안 적도 없고, 알고 있는 것도 아니고, '알 것이다'라고 생각조차 할 수 없는 그러한 법들에 대해 te 그대에게 chando vā욕망이나; 바라고 좋아하는 것이나 rāgo vā애착이나; 애착하고 집착하는 것이나, pemaṁ vā애정이; 좋아함이 atthi있겠는가; 생겨나겠는가? No hetaṁ, bhante그렇지 않습니다, 세존이시여.

"어떤 법들"이란 생각 속에 드러나는 모든 대상을 말합니다. 여기에는 물질과 정신 등 절대성품뿐만 아니라 명칭·형체 등 개념도 모두 포함됩니다. 간략하게 말하면 '생각 대상들'입니다. 부처님께서 "과거에도 안 적이 없는 법, 지금 알고 있는 것도 아닌 법, '알 수 있을 것이다. 알 것이다'라고 생각조차 일어나지 않는 법, 그러한 법들을 대상으로 욕망이나 애착이나 애정이 생겨나겠는가?"라고 물으셨습니다. 그렇게 전혀 알지 못하는 법을 대상으로 욕망이나 애착이나 애정이 어떻게 생겨나겠습니까? 생겨나지 않습니다. 그래서 말루꺄뿟따 존자는 "그렇게 전혀 알 수 없는 법을 대상으로 욕망이나 애착이나 애정이 생겨나지 않습니다"라고 대답했습니다. 이것은 매우 옳은 대답입니다.

세상에는 이전에 보지 못했고, 듣지 못했고, 경험하지 못했고, 생각해본 적도 없어서 전혀 알 수 없는 생명 있고 생명 없는 여러 대상이나 물건이 있기는 합니다. 하지만 스스로 생각할 수조차 없는 그러한 것을 대상으로 욕망이나 애착이나 애정이 생겨날 수 없다는 사실을 이 질문을 통해 직접적으로 나타내고 있습니다. 또한 생각 속에 드러나는 대상들에 대해서는 욕망이나 애착 등의 번뇌가 생겨날 수 있다는 사실도 반대방법을 통해 알 수 있습니다. 이 내용을 "못아는것 번뇌가 저절로없네/ 알아진것 번뇌가 잠재생기네"라고 게송으로 표현했습니다. 같이 독송합시다.

못아는것 번뇌가 저절로없네
알아진것 번뇌가 잠재생기네

"알게 된 것, 알 수 있는 대상"에는 눈문 인식과정 바로 다음에 아는 형색 대상도 있습니다. 마찬가지로 귀문 인식과정 바로 다음에 아는 소리 대상, 코문 인식과정 바로 다음에 아는 냄새 대상, 혀문 인식과정 바로 다음에 아는 맛 대상, 몸문 인식과정 바로 다음에 아는 감촉 대상도 있습니다. 그러한 대상들도 관찰하여 알지 못하면 번뇌가 잠재되고 생겨날 수 있습니다. 생각만으로 알아지는 법 대상들도 관찰하여 알지 못하면 번뇌가 잠재되고 생겨날 수 있습니다. 그래서 그러한 대상들에 대해 번뇌가 잠재되지 않도록, 번뇌가 생겨날 기회를 얻지 못하도록 즉시 관찰해야 합니다. 이 내용도 "알아관찰 번뇌들 잠재제거해"라고 게송으로 표현했습니다. 같이 독송합시다.

알아관찰 번뇌들 잠재제거해

그러므로 〈부푼다, 꺼진다; 앉음, 닿음〉 등으로 끊임없이 관찰하다가 생각이나 망상이 생겨나면 〈생각함; 망상함〉이라고 관찰해야 합니다. 지금 설명한 세 개의 게송을 통해 "알 수 없는 대상에 대해서는 번뇌가 생겨날 기회를 얻지 못한 채 저절로 없어진다"라는 의미, "알 수 있는 대상에 대해서는 관찰하지 않으면 번뇌가 잠재되고 생겨날 수 있다. 그렇게 번뇌가 생겨날 수 있게 된 것을 '번뇌가 잠재된다'라고 말한다"라는 의미, "그렇게 번뇌가 생겨날 기회를 얻지 못하도록 관찰하여 번뇌가 잠재되는 것을 제거해야 한다"라는 의미, 이 세 가지 의미를 질문을 통해 이해시키셨습니다. 이 내용을 "질문으로 수행법 드러나게해"라는 결어 게송으로 표현했습니다. 같이 독송합시다.[156]

질문으로 수행법 드러나게해

156 전체 게송은 본서 부록 p.295 참조.

이렇게 위빳사나 수행방법을 질문을 통해 이해시키신 뒤 부처님께서는 위빳사나 수행방법과 더불어 그 이익들을 다음과 같이 설하셨습니다.

위빳사나 수행방법 요약과 이익

12 Ettha ca te, mālukyaputta, diṭṭhasutamutaviññātesu[157] dhammesu diṭṭhe diṭṭhamattaṁ bhavissati, sute sutamattaṁ bhavissati, mute mutamattaṁ bhavissati, viññāte viññātamattaṁ bhavissati. (S.ii.295)

해 석

말루꺄뿟따여, 《그대가 장담한 대로 방일하지 않고 끊임없이 관찰하며 지내고 있는》[158] 그대에게 보이고 들리고 감각되고 알게 된 이런 법들 중에서도 보이는 것에 대해서는 보는 정도만 생겨날 것이다. 들리는 것에 대해서는 듣는 정도만 생겨날 것이다. 감각된 것에 대해서는 감각하는 정도만 생겨날 것이다. 알게 된 것에 대해서는 아는 정도만 생겨날 것이다.

대 역

Mālukyaputta말루꺄뿟따여, 《appamattassa viharatto그대가 장담한 대로 방일하지 않고 끊임없이 관찰하며 지내고 있는》 te그대에게 ettha ca diṭṭhasutamutaviññātesu dhammesu보이고 들리고 감각되고 알게 된 이런 법들 중에서도 diṭṭhe보

157 'viññātesu'라는 표현에 대해서는 본서 p.59 주 42 참조.
158 이 구절이 첨가된 이유에 대해서는 본서 pp.73~74 참조.

이는 것에 대해서는; 보이는 형색에 대해서는 diṭṭhamattaṁ bhavissati보는 정도만 생겨날 것이다. sute들리는 것에 대해서는; 들리는 소리에 대해서는 sutamattaṁ bhavissati듣는 정도만 생겨날 것이다. mute감각된 것에 대해서는; 맡게 된 냄새나 맛보게 된 맛이나 닿게 된 감촉에 대해서는 mutamattaṁ bhavissati감각하는 정도만 생겨날 것이다. viññāte알게 된 것에 대해서는; 알게 된 성품법에 대해서는 viññātamattaṁ bhavissati아는 정도만 생겨날 것이다.

이 구절은 말루꺄뿟따 존자가 방일하지 않고 끊임없이 수행하겠다고 장담하자 부처님께서 문답을 통해 수행방법을 이해시키신 뒤 "볼 때마다, 들을 때마다, 감각할 때마다(맡을 때마다, 먹을 때마다, 닿을 때마다), 생각할 때마다 방일하지 않고 끊임없이 관찰하면 볼 때는 보는 정도만 생겨날 것이고, 들을 때는 듣는 정도만 생겨날 것이고, 감각할 때는 감각하는 정도만 생겨날 것이고, 알 때는 아는 정도만 생겨날 것이다"라고 위빳사나 수행방법을 보여주신 내용입니다. 즉 "보는 정도 등만 생겨나도록 관찰하라"라고 가르치신 내용입니다. 이어서 위빳사나 수행의 이익도 다음과 같이 설하셨습니다.

13-1 Yato kho te, mālukyaputta, diṭṭhasutamutaviññātabbesu dhammesu diṭṭhe diṭṭhamattaṁ bhavissati, sute sutamattaṁ bhavissati, mute mutamattaṁ bhavissati, viññāte viññātamattaṁ bhavissati; tato tvaṁ, mālukyaputta, na tena. (S.ii.295)

해 석

말루꺄뿟따여, 어느 때 보이고 들리고 감각되고 알게 된 법들 중에서 보이는 것에 대해서는 보는 정도만 생겨날 것이고, 들리는 것에 대해서는 듣는 정도만 생겨날 것이고, 감각된 것에 대해서는 감각하는 정도만 생겨날 것이고, 알게 된 것에 대해서는 아는 정도만 생겨날 것이라면, 말루꺄뿟따여, 그때 그대는 그것과 관련되지 않을 것이다.

대 역

Mālukyaputta말루꺄뿟따여, yato어느 때 te그대에게 diṭṭhasutamutaviññātesu dhammesu보이고 들리고 감각되고 알게 된 법들 중에서 diṭṭhe보이는 것에 대해서는; 보이는 형색에 대해서는 diṭṭhamattaṁ bhavissati보는 정도만 생겨날 것이고 sute들리는 것에 대해서는; 들리는 소리에 대해서는 sutamattaṁ bhavissati듣는 정도만 생겨날 것이고 mute감각된 것에 대해서는; 맡게 된 냄새나 맛보게 된 맛이나 닿게 된 감촉에 대해서는 mutamattaṁ bhavissati감각하는 정도만 생겨날 것이고 viññāte알게 된 것에 대해서는; 알게 된 성품법에 대해서는 viññātamattaṁ bhavissati 아는 정도만 생겨날 것이라면, mālukyaputta말루꺄뿟따여, tato그때 tvaṁ그대는 na tena《bhavissati》그것과 관련되지 않을 것이다.

이 구절은 "보는 정도 등만 생겨날 때는 보이는 형색 등과 좋아하는 탐욕에 따라서도, 싫어하는 성냄에 따라서도, 잘못 아는 어리석음에 따라서도 관련되지 않을 것이다", 더 분명하게는 "보이는 형색 등을 애착하면서도 지내지 않고, 싫어하면서도 지내지 않고, 항상하거나 행복하거나 어떤 실체가 있는 것이라고 생각하면서도 지내지 않는다"라는 뜻입니다.[159]

13-2 Yato tvaṁ, mālukyaputta, na tena; tato tvaṁ, mālukyaputta, na tattha. (S.ii.295)

해 석

말루꺄뿟따여, 어느 때 그대가 그것과 관련되지 않는다면, 말루꺄뿟따여, 그때 그대는 그것에 머물지 않을 것이다.

대 역

Mālukyaputta말루꺄뿟따여, yato어느 때 tvaṁ그대가 na tena그것과 관련되지 않는다면, mālukyaputta말루꺄뿟따여, tato그때; 그렇게 관련되지 않을 때 tvaṁ그대는 na tattha그것에 머물지 않을 것이다; 그 보이는 형색 등에 머물지 않을 것이다; 발판을 얻지 못할 것이다.

앞에서도 언급했듯이[160] "머물지 않는다"란 '나다. 나의 것이다. 나의 자아다'라고 자만·갈애·사견으로 집착하면서 머물지 않는다는 뜻

159 본서 pp.84~87; 『위빳사나 수행방법론』 제1권, p.391 참조.
160 본서 p.88 참조.

이라고 『우다나 주석서』에서 설명했습니다.(UdA.82) 그 설명에 따르자면 "na tena. 그 형색 등과 함께하지 않는다"라는 구절과 "na tattha. 그것에 머물지 않는다"라는 구절은 표현만 다를 뿐 의미는 같습니다. 다른 방법으로 설명하자면 "na tattha. 그것에 머물지 않는다"라는 구절은 "보이는 형색 등 세간 대상들을 버리고 열반 대상에 도달해서 머문다"라는 의미로 생각해도 적당합니다. 그래서 열반 대상에 도달하는 모습을 다음과 같이 이어서 설하셨습니다.

13-3 Yato tvaṁ, mālukyaputta, na tattha; tato tvaṁ, mālukyaputta, nevidha, na huraṁ, na ubhayamantarena. Esevanto dukkhassa. (S.ii.295)

해석

말루꺄뿟따여, 어느 때 그대가 그것에 머물지 않는다면, 말루꺄뿟따여, 그때 그대는 여기에도 없고 저기에도 없고 둘의 중간에도 없을 것이다. 바로 이것이 괴로움의 끝이다.

대역

Mālukyaputta말루꺄뿟따여, yato어느 때 tvaṁ그대가; 그대라고 불리는 물질·정신의 연속이 na tattha그것에 머물지 않는다면; 그 보이는 형색 등에 머물지 않는다면, mālukyaputta말루꺄뿟따여, tato그때; 그렇게 머물지 않을 때, tvaṁ그대는; '그대'라고 불리는 물질과 정신의 연속은 neva idha여기에도 없고; 이 세상에도 없고, na huraṁ저기에도 없고; 저 세상에도 없고, na ubhayamantarena둘의 중간에도 없다; 이 세상과 저 세상이라는 두 세상을 제외

한 다른 곳에도 없다; 이 세상과 저 세상이라는 양쪽 모두에도 없다; 물질과 정신 두 가지를 제외한 다른 곳에도 없다.[161] eseva바로 이것이; 이렇게 물질과 정신의 연속이 없는 것만이 dukkhassa anto괴로움의 끝이다; 모든 괴로움의 끝인 열반이다.

이 구절의 자세한 의미는 본서 pp.88~94에 자세히 설명했습니다. 지금까지의 내용을 요약하면 다음과 같습니다.

① 말루까뿟따 비구여, 《그대가 장담한 대로 방일하지 않고 끊임없이 관찰하고 새기고 있으면,》 그대에게 보이고 들리고 감각되고 알게 된 법들 중에서 보일 때는 보는 정도만 생겨날 것이다. 들릴 때는 듣는 정도만 생겨날 것이다. 감각될 때는 감각하는 정도만 생겨날 것이다. 알게 될 때는 아는 정도만 생겨날 것이다. 《보는 정도 등만 생겨나도록 볼 때 등에 끊임없이 관찰해야 한다는 뜻입니다.》

② 그렇게 되면 그대는 보이는 형색 등과 《탐욕·성냄·어리석음에 따라서》 관련되지 않을 것이다.

③ 관련되지 않으면 그대는 그 보이는 형색 등에 머물지 않을 것이다.

④ 그 보이는 형색 등에 머물지 않으면 그대는 여기에도 없고, 저기에도 없고, 중간에도 없을 것이다. 이것이 바로 모든 괴로움의 끝인 열반이다.

161 "이 세상과 저 세상이라는 두 세상을 제외한 다른 곳에도 없다"는 형색에 대한 저본의 설명, "이 세상과 저 세상이라는 양쪽 모두에도 없다"는 마하시 사야도의 『*Vipassanā Shunikyan*』에서의 설명(『위빳사나 수행방법론』 제1권, p.388), "물질과 정신 두 가지를 제외한 다른 곳에도 없다"는 이 구절에 대한 저본의 설명이다.

이 네 문장 중 첫 번째 문장을 통해 "보는 정도 등에만 머물도록 드러나는 모든 대상을 방일하지 말고 끊임없이 관찰하라"라고 가르치셨습니다. 이것은 부처님께서 위빳사나 수행방법을 간략하게 설하신 내용입니다.

두 번째 문장을 통해서는 그렇게 관찰하여 알게 된 대상마다 대상잠재번뇌가 사라지는 모습을 설하셨습니다.

세 번째 문장을 통해서는 번뇌가 사라진 모습을 다른 방법으로 설하셨습니다. 혹은 보이고 들리고 감각되고 생각해서 알게 된 세간의 대상들에 머물지 않고 열반이라는 대상에 도달하는 모습을 설하셨다고 설명할 수도 있습니다.

마지막으로 네 번째 문장을 통해서는 그 보이는 형색 등에 머물지 않아서 괴로움의 끝인 열반에 도달하는 모습을 설하셨습니다.

이 수행방법에 관한 가르침을 듣고 말루꺄뿟따 존자는 자신이 이해한 내용을 24개의 게송으로 표현했습니다. 그 게송들을 듣고 부처님께서는 "훌륭하구나"라고 칭찬하신 후 당신께서 직접 한 번 더 설하셨습니다.

"부처님의 설법을 자신이 이해한 대로 게송으로 표현해 부처님께 말씀 드렸다"라는 내용으로 미루어 볼 때 말루꺄뿟따 존자는 보통사람이 아니었을 것입니다. 부처님께서 설하신 법을 확실하게 이해할 수 있는 지혜를 갖추었다는 것을 알 수 있습니다. 그뿐만 아니라 아주 짧은 시간에 게송이라는 형식에 맞춰 빠알리어 구절들을 잘 표현할 수 있는 '시에 관한 지혜'도 갖추었다는 것을 알 수 있습니다. 또한 이 경의 마지막에 "시간이 오래 지나지 않아 아라한이 되었다"라는 내용이 있기 때문에[162] 매우 특별한 바라밀이 있었다는 사실도 알 수 있습니다.

말루꺄뿟따 존자가 표현한 24개의 게송 중 다섯 문과 관련된 20개의 게송은 이미 설명했습니다. 이제 맘문과 관련된 네 개의 게송을 설명하겠습니다. 그중 앞의 두 게송은 위빳사나 관찰을 하지 않는 이가 열반과 멀어지는 모습을, 뒤의 두 게송은 위빳사나 관찰을 하는 이가 열반과 가까워지는 모습을 각각 표현했습니다. 먼저 생각하여 알 때 관찰하지 않으면 열반과 멀어지는 모습을 표현한 두 개의 게송을 설명하겠습니다.

위빳사나 수행방법 상설 게송

생각하여 알 때 관찰하지 못하는 이는 열반과 멀다

14-12 Dhammaṁ ñatvā sati muṭṭhā,
Piyaṁ nimittaṁ manasi karoto;
Sārattacitto vedeti,
Tañca ajjhosa tiṭṭhati. (S.ii.296)

해석

법을 알고 나서 새김이 잊히네,
좋아하는 표상에 마음을 기울이면.
애착하는 마음으로 느끼기도 하고
그것을 또한 움켜쥐며 머문다네.

162 본서 pp.229~230 참조.

대 역

Piyaṁ좋아하는; 좋아할 만한 nimittaṁ표상에; 대상에 manasi karoto마음을 기울이면; 마음을 기울이고 있는 이에게는; 마음을 기울이는 이는 dhammaṁ법을; 마음의 대상인 성품법을 ñatvā알고 나서; 생각하여 알고 나서; 법을 알고 나면 sati muṭṭhā새김이 잊히네; 새김을 잊어버리네. sārattacitto애착하는 마음으로 vedeti느낀다네. tañca그것도; 그 알게 된 법이라는 대상도 ajjhosa tiṭṭhati움켜쥐며 머문다네; 삼켜서 가지듯이 마음속에 움켜쥐고서 머문다네.

"법을 알고 나서 새김이 잊히네,/ 좋아하는 표상에 마음을 기울이면", 사람들은 좋은 대상만을 바랍니다. 좋지 않은 대상은 바라지 않습니다. 잠에서 깰 때부터 하루 종일 좋은 대상만 생각하고 기대합니다. 그래서 새김확립 가르침에 따른 수행방법을 알지 못하는 많은 사람은 생각할 때마다 새김이 없이 잊어버립니다. '잊어버린다'라고 말했지만, 아무 것도 알지 못한 채 멍하게 있는 것을 뜻하지는 않습니다. 생각할 때 생겨나는 법들의 바른 성품을 관찰하지 못해 알지 못하는 것을 말합니다. 생각하여 알 때 분명히 드러나는 대상을 관찰해서 알지 못하는 이들이라도 '여자다. 남자다. 누가 몇 살이다' 등 이전에 알던 그대로는 알고 있습니다. 생각 속에 드러나는 대상에 대해서 '어떤 것이 좋다. 그것을 얻도록 이렇게 저렇게 해야겠다. 어디로 가야겠다' 등으로도 알고 있습니다. 그렇게 이전에 알던 대로만 알아나가는 것을 "잊어버린다"라고 표현한 것입니다. 그래서 "법을 알고 나서 새김이 잊히네,/ 좋아하는 표상에 마음을 기울이면", '좋아하는 대상에 대해 좋은 대상이라고 마음을 기울이면 마음의 대상이라는 성품법을 알고 나서 새김을 잊어버린다'라고 말한 것입니다. 이 내용을 "성품알아 좋으면 잊어버리네"라고 게송으로 표현했습니다. 같이 독송합시다.

성품알아 좋으면 잊어버리네

경전의 "dhamma"를 게송에서 "성품"이라고 표현했지만, 빠라맛타 절대성품만을 뜻하는 것이 아닙니다. 생각 속에서 드러나는 대상이기 때문에 여기에는 눈·귀·코·혀·몸이라는 다섯 가지 감성물질도 포함됩니다. 물 요소·여성 물질·남성 물질·심장토대 물질·생명 물질·음식 물질도 포함됩니다. 여자·남자·사람·천신·소·닭·새·그릇·집 등 여러 개념도 포함됩니다. 이러한 것들이 성품 대상들입니다. 또한 보이는 형색, 들리는 소리, 맡아지는 냄새, 먹어서 알아지는 맛, 닿아서 알아지는 감촉이라는 다섯 대상도 마음속에 드러납니다. 간략히 말하면 실제로 존재하는 대상들이든 존재하지 않는 대상들이든, 생각 속에서 드러나는 모든 대상이 '성품 대상'들입니다. 명상의 지혜나 생멸의 지혜에 도달한 수행자라면 수행 중에 어떤 사람이 자신에게 가까이 다가오고 있는 것처럼, 천자나 천녀를 보고 있는 것처럼, 부처님이나 아라한을 뵙고 있는 것처럼, 숲·산·건물 등 어떤 특별한 대상을 보고 있는 것처럼, 어떤 사람이 말하는 것을 듣고 있는 것처럼, 다시 말해 실제가 아닌 것이 진짜인 것처럼 마음속에 드러나기도 합니다. 일반인들에게는 세속적인 일과 관련해서 여러 개념 대상이 드러나는 경우가 많습니다. 그렇게 마음속에 드러나는 대상을 좋다고 생각하면 그것을 '잊어버린다'라고 말합니다. 싫다고 생각해도 '잊어버린다'라고 말합니다. 원래 알던 그대로 항상 지속되는 것이라고 생각해도 '잊어버린다'라고 말합니다. 그중 좋다고 생각해서 느끼는 느낌이 생겨나는 모습을 대표로 "애착하는 마음으로 느끼기도 하고/ 그것을 또한 움켜쥐며 머문다네"라고 말했습니다.

생각 속에 드러났을 때 관찰하지 않은 대상은 다시 상기할 때마다 항상 드러납니다. 사진을 찍어 놓은 것처럼 드러납니다. 싫어하는 대상이라면 싫은 것으로 드러납니다. 일반적인 대상이라도 항상한 것으로, 개인이나 중생 등으로 드러납니다. 그렇게 마음속으로 움켜쥐고서 머뭅니다. 이 내용에 관한 게송은 볼 때와 동일합니다. 같이 독송합시다.

애착하며 즐기며 맘속취하네

그렇게 마음속으로 움켜쥐면 그 대상들과 관련해서 여러 느낌이 생겨나고 늘어납니다. 그 대상들을 얻고자 하는 탐욕, 이미 얻은 후라면 그것들을 애착하는 탐욕, 그것들이 사라지는 것을 참지 못하는 성냄, 그것들을 얻지 못하게 하거나 무너져 없어지도록 방해하는 이들을 비난하는 성냄도 생겨나고 늘어납니다. 그래서 이어서 다음과 같이 게송으로 표현했습니다.

14-13 Tassa vaḍḍhanti vedanā,
Anekā dhammasambhavā;
Abhijjhā ca vihesā ca,
Cittamassūpahaññati;
Evaṁ ācinato dukkhaṁ,
Ārā nibbānamuccati. (S.ii.296)

해 석

그런 그에게 느낌이 늘어나네,
법에서 생겨나는 여러 느낌이.
탐애도, 또한 괴롭힘도 늘어나니
그의 마음은 피곤하기만 하다네.
이와 같이 괴로움을 쌓는 이에게
열반은 매우 멀다고 말한다네.

대 역

Tassa그에게; 알게 된 법을 마음속에 집착하여 움켜쥐는 그 사람에게 dhammasambhavā법을 시작으로 생겨나는; 집착하여 움켜쥔 법 때문에 생겨나는 anekā여러 가지; 많은 vedanā느낌들이; 좋고 나쁜 여러 가지 느낌들이 vaḍḍhanti늘어난다네. abhijjhā ca탐애들도; 가지려고 하는 탐욕들도, vihesā ca괴롭힘들도; 괴롭히려고 하는 성냄들도 vaḍḍhanti늘어난다네. assa그의 cittaṁ마음은 upahaññati피곤하다네; 탐욕과 성냄 등으로 피곤해진다네. evaṁ이와 같이; 관찰하지 않고 지내는 이런 방식으로 dukkhaṁ괴로움을; 번뇌의 괴로움과 윤전의 괴로움을 ācinato쌓는 이에게; 받아들여 쌓고 있는 이에게; 쌓는 이는 nibbānaṁ열반은; 모든 고통이 사라진 열반은; 열반을 ārā멀다고; 멀리한다고 vuccati말한다네.

느낌이 생겨 늘어나는 모습은 "그런 그에게 느낌이 늘어나네,/ 법에서 생겨나는 여러 느낌이"라고 표현했습니다. 이 내용은 앞의 형색에 관한 게송에서 '형색따라'를 '성품따라'로 바꾸기만 하면 됩니다. 같이 독송합시다.

성품따라 느낌들 늘어난다네

이어서 탐욕과 성냄이 늘어나는 모습은 "탐애도, 또한 괴롭힘도 늘어나니/ 그의 마음은 피곤하기만 하다네"라고 표현했습니다. 이 내용도 형색과 관련된 게송과 동일합니다. 같이 독송합시다.

탐욕늘고 화늘어 마음피곤해

생각하고 나서 탐욕이나 성냄이 생겨나고 늘어나는 것은 매우 분명합니다. 그 탐욕이나 성냄 등은 번뇌 윤전의 괴로움입니다. 탐욕이나 성냄 등에 의지해서 자기가 원하는 것을 얻도록, 원하는 일들이 이뤄지도록 행하고 말하는 것들은 불선업·선업이라는 업 윤전의 괴로움입니다. 업 때문에 사악도에 태어나 겪어야 하는 괴로움, 사람의 생이나 천신의 생에 태어나서 겪어야 하는 늙음·병듦·죽음 등의 괴로움은 과보 윤전의 괴로움입니다. 생각할 때마다 관찰하지 않는 이는 그러한 괴로움들을 받아들여 쌓고 있는 것이라고 말할 수 있습니다.

"이와 같이 괴로움을 쌓는 이에게/ 열반은 매우 멀다고 말한다네", '이전에 나는 관찰하지 않고 새김을 잊어버린 채 지내왔다. 앞으로도 그런 삶의 방식을 바꾸지 않겠다'라고 생각하고서 원래대로 지낸다면 열반과는 계속 멀어집니다. 이 내용에 관한 게송도 앞과 마찬가지입니다. 같이 독송합시다.

이렇게만 안변해 고통찾는이
고통만을 찾는이 열반멀다네

지금까지 성품법과 관련된 두 개의 게송을 간략히 요약해서 "알아관찰 않는이 열반멀다네"라고 표현했습니다. '생각할 때 관찰하지 않는 이는 열반과 멀다'라는 뜻입니다. 같이 독송합시다.[163]

알아관찰 않는이 열반멀다네

지금까지 어두운 부분kaṇhapakkha에 해당하는 앞의 두 게송을 설명했습니다. 이제 밝은 부분sukkapakkha에 해당하는 뒤의 두 게송을 설명하겠습니다.

생각하여 알 때 관찰하는 이는 열반과 가깝다

14-24 Na so rajjati dhammesu,
Dhammaṁ ñatvā paṭissato;
Virattacitto vedeti,
Tañca nājjhosa tiṭṭhati. (S.ii.297)

해 석

법들에 대해 애착하지 않는다네,
법을 알고 다시 새기는 그는.
애착 없는 마음으로 느끼기도 하고
그것도 움켜쥐지 않고 머문다네.

대 역

《Yo어떤 이가》 dhammaṁ법을; 마음의 대상인 성품법을 ñatvā알고 나서; 알면 바로 paṭissato다시 새긴다면,

163 전체 계송은 본서 부록 p.296 참조.

dhammesu법들에 대해 na rajjati애착하지 않는다네; 애착이 사라진다네. so그는; 알고 나서 즉시 새기는 그 사람은 virattacitto애착 없는 마음으로; 애착이 없는 마음이 되어 vedeti느낀다네. tañca그것도; 그 법도 nājjhosa tiṭṭhati움켜쥐지 않고 머문다네.

"법을 알고 다시 새기는"이라는 구절을 통해 "생각할 때마다 〈생각함, 생각함; 망상함, 망상함〉 등으로 즉시 관찰해서 알아야 한다"라는 사실을 분명히 보여줍니다. 또한 알지 못하는 대상을 일부러 생각해서 관찰할 필요가 없다는 사실에도 특히 주의해야 합니다.

"법들에 대해 애착하지 않는다네", 법을 알고 나서 즉시 새기는 사람은 생각해서 알게 된 법 대상을 애착하지 않습니다. 〈부푼다, 꺼진다〉 등으로 끊임없이 관찰하다가 생각이나 망상을 하게 되면 〈생각함, 생각함; 망상함, 망상함〉 등으로 즉시 관찰하는 것은 바로 이 가르침과 일치합니다. 이 내용도 형색과 관련된 게송에서 "형색보아"를 "성품알아"로 바꾸기만 하면 됩니다. 같이 독송합시다.

성품알아 관찰해 애착사라져

이곳에서도 성전의 "dhamma"를 '성품'이라고 표현했지만, 절대성품만 해당되는 것은 아닙니다. '법 대상'에 해당되는 여러 대상, 보아서 아는 대상 등을 다 포함합니다. 그중 개념 대상은 실제로 존재하는 대상, 생멸하는 대상이 아닙니다. 생각하는 마음이라는 정신은 실제로 존재하는 절대성품입니다. 생겨나서는 즉시 사라지고 무너지는 무상한 법입니다. 그중 생각 속에 보이는 것으로 드러나는 대상을 〈본다, 본다〉

라고 관찰하면, 보게 된 어떤 모습이나 형체까지 사라진다고 생각할 수도 있습니다. 사실 이 현상은 생각해서 아는 마음이 사라지는 것을 아는 것입니다. 대상을 취하는ārammaṇika 마음이라는 정신이 사라지는 것인데, 대상에 주의를 기울여서 관찰하고 있기 때문에 대상이 사라지는 것으로 생각되는 것입니다. 그렇게 관찰해서 애착이 없기 때문에 애착이나 좋아함 없이 느끼기만 합니다. 그리고 그 성품들을 마음속으로 움켜쥐지도 않습니다. 그렇게 번뇌들이 사라지는 모습, 집착이 사라지는 모습도 이어서 "애착 없는 마음으로 느끼기도 하고/ 그것도 움켜쥐지 않고 머문다네"라고 표현했습니다. 이 내용에 관한 게송도 볼 때와 같습니다. 같이 독송합시다.

애착안해 느끼며 맘속안취해

애착하지 않고 느끼기만 하기 때문에 생각하여 알기는 알지만 마치 알지 못하는 대상처럼 돼 버립니다. 이것은 "viññāte viññātamattaṁ bhavissati. 알게 된 것에 대해서는 아는 정도만 생겨날 것이다"라는 가르침과 일치합니다. 관찰하지 않아서 사실대로 알지 못하는 일반인들에게는 "vedanāpaccayā taṇhā. 느낌을 조건으로 갈애가 생겨난다"라는 연기 가르침에 따라 느낌을 조건으로 갈애가 생겨나던 그대로 생겨납니다. 하지만 생각하여 알 때 즉시 관찰하는 수행자에게는 느낌만 생겨납니다. 갈애가 생겨나지 않습니다. 다른 번뇌도 생겨나지 않습니다. 번뇌에 이어서 생겨날 업도 생겨나지 않습니다. 업의 결과인 과보 윤전의 괴로움도 생겨나지 않습니다. 이렇게 번뇌의 괴로움과 윤전의 괴로움이 사라지는 모습을 다음과 같이 이어서 설명했습니다.

14-25 Yathāssa jānato dhammaṁ,
Sevato cāpi vedanaṁ;
Khīyati nopacīyati,
Evaṁ so caratissato;
Evaṁ apacinato dukkhaṁ,
Santike nibbānamuccati. (S.ii.297)

해 석

그처럼 법을 알기도 하지만
그처럼 느낌을 의지도 하지만
다하기만 할 뿐 쌓이지 않는다네.
이와 같이 그는 새기면서 행한다네.
이와 같이 괴로움을 쌓지 않는 이에게
열반은 매우 가깝다고 말한다네.

대 역

Yathā그처럼; 틈이 없이 바로 새겨 아는 것으로; 새겨 아는 것과 함께 생겨나는 것처럼 dhammaṁ법을 jānato cāpi알기도 하지만, vedanaṁ느낌을 sevato cāpi의지하기도 하지만 (assa그에게)[164] dukkhaṁ괴로움이; 관찰하여 알지 못하면 생겨날 수 있는 번뇌의 괴로움과 윤전의 괴로움이 khīyati다한다네; 사라지고 없어지기만 한다네. nopacīyati쌓이지 않는다네; evaṁ이와 같이 sato새기며 so그는; 그 수행자는 carati행한다네. evaṁ

164 『*Saṁyuttanikāya Saḷāyatanavagga Saṁyutta Pāḷito Nissaya*(상윳따 니까야 여섯 감각장소 상응 빠알리 대역)』, p.64를 참조해서 첨가했다.

이와 같이; 알고 나서 즉시 관찰하여 새기는 것에 의해 dukkhaṁ괴로움을; 관찰하여 새기지 않으면 생겨날 기회를 얻는 번뇌의 괴로움과 윤전의 괴로움을 apacinato쌓지 않는 이에게; 무너뜨리고 있는 이에게 nibbānaṁ열반은; 모든 고통이 사라진 열반은; 열반을 santike가깝다고; 가까이 한다고 vuccati말한다네.

"그처럼 법을 알기도 하지만/ 그처럼 느낌을 의지도 하지만/ 다하기만 할 뿐 쌓이지 않는다네./ 이와 같이 그는 새기면서 행한다네", 관찰하는 수행자도 다른 사람들처럼 생각하여 알기도 압니다. 생각해서 아는 대상을 느끼기도 느낍니다. 하지만 생각해서 아는 즉시 관찰해서 아는 것이 항상 뒤따르기 때문에 일반인들처럼 생각의 대상과 느낌을 조건으로 해서 번뇌가 생겨나지 않습니다. 번뇌에 이어서 생겨날 업과 과보도 생겨나지 않습니다. 이것은 중도 실천majjhima-paṭipadā이라는 '관찰하여 아는 것'이 즉시 이어지기 때문입니다. 이 내용도 형색과 관련된 게송과 동일합니다. 같이 독송합시다.

관찰알아 알기도 느끼기도해
그렇지만 윤전고 사라진다네
이렇게만 수행자 실천해야해

"이렇게만 수행자 실천해야해"라는 게송은 성전 원문의 "evaṁ so caratissato. 이와 같이 그는 새기면서 행한다네"라는 게송을 간략하게 나타낸 것이라고 할 수 있습니다. 이 게송을 통해 위빳사나 관찰을 하는 바른 수행자라면 "어떤 대상 하나를 알면 즉시 새김을 확립해야 한다. 관찰해서 알아야 한다"라는 사실을 명심해야 합니다.

이렇게 관찰하고 있으면 번뇌의 괴로움과 윤전의 괴로움을 제거하는 작용이 성취돼 모든 괴로움이 사라진 열반에 가까워진다는 사실도 이어서 "이와 같이 괴로움을 쌓지 않는 이에게/ 열반은 매우 가깝다고 말한다네"라고 나타냈습니다. 생각하여 알 때 즉시 관찰하여 무상 등으로 사실대로 바르게 알아 나가면, 알 때마다 계속해서 대상 잠재번뇌, 즉 관찰하지 않으면 생겨날 가능성이 있는 번뇌가 없어집니다. 그러면 번뇌에 이어서 생길 업 윤전의 괴로움과 과보 윤전의 괴로움도 사라집니다. 그렇게 관찰했을 때 관찰한 대상과 관련된 괴로움이 부분적으로 사라지는 것을 "부분열반tadaṅganibbāna"이라 한다고 여러 문헌에 설명돼 있습니다. 관찰할 때마다 계속해서 부분 열반에 도달하다가 위빳사나 지혜가 성숙돼 완전히 구족되면 성스러운 도와 과의 지혜로 진짜 열반을 증득합니다. 열반을 증득하는 모습은 『*Vipassanā Shunikyan*(위빳사나 수행방법론)』이나[165] 최근에 출판된 『*Takkathou Vipassanā*(대학 위빳사나)』에 거듭 설명해 놓았습니다. 이 법문에서도 pp.88~94쪽에 간략하게 설명했습니다. 따라서 관찰할 때마다 열반과 가까워진다는 사실은 매우 분명합니다. 이 내용을 "알아관찰 고통끝 열반가깝네"라고 게송으로 표현했습니다. 같이 독송합시다.

알아관찰 고통끝 열반가깝네

165 『위빳사나 수행방법론』 제2권, pp.391~407 참조.

생각하여 알 때와 관련된 빠알리어 게송 두 개를 요약해서 하나의 게송으로 "알아관찰 하는이 열반가깝네"라고 결어 게송으로 표현했습니다. 같이 독송합시다.[166]

알아관찰 하는이 열반가깝네

열반과 먼 모습과 가까운 모습 마무리 게송

「말루꺄뿟따숫따」 전체를 간단히 요약하면 "관찰새김 않는이 열반멀다네/ 관찰새김 하는이 열반가깝네"라고 표현할 수 있습니다. 이 게송도 법문을 마무리하는 의미로 같이 독송합시다.

관찰새김 않는이 열반멀다네
관찰새김 하는이 열반가깝네

지금까지 말루꺄뿟따 존자가 읊은 24개의 게송을 부처님께서 당신 스스로도 다시 읊으신 뒤 다음과 같이 마무리하셨습니다.[167]

166 전체 게송은 본서 부록 p.298 참조.

167 생략된 내용은 14-26과 15-1~15-25 내용이다. 본서 부록 pp.286~291 참조.

결어

15-26 Imassa kho, mālukyaputta, mayā saṁkhittena bhāsitassa evaṁ vitthārena attho daṭṭhabbo. (S.ii.297)

해 석

말루꺄뿟따여, 내가 간략하게 설한 이 법문의 자세한 의미를 이와 같이 보아야 하느니라.

대 역

Mālukyaputta말루꺄뿟따여, mayā내가 saṁkhittena간략하게 bhāsitassa설한 imassa이 법문의; "ettha ca te mālukyaputta diṭṭha suta muta viññātesu dhammesu diṭṭhe diṭṭhamattaṁ bhavissati. ~ esevanto dukkhassa"까지의 vitthārena자세한 atthaṁ의미를 evaṁ이와 같이; 앞에서 언급한 24개의 게송에 따라 daṭṭhabbo보아야 하느니라; 기억해야 하느니라.

「말루꺄뿟따숫따 법문」이 끝났습니다. 이어지는 내용은 「말루꺄뿟따숫따」를 결집할 때 장로들이 첨가한 내용입니다.

결집

16 Atha kho āyasmā mālukyaputto bhagavato bhāsitaṁ abhinanditvā anumoditvā uṭṭhāyāsanā bhagavantaṁ abhivādetvā padakkhiṇaṁ katvā pakkāmi.[168] (S.ii.298)

해석

그때 말루꺄뿟따 존자는 세존의 말씀에 환희하며 따라 기뻐한 뒤 자리에서 일어나 세존께 예경을 올리고 나서 오른쪽으로 돈 뒤 떠나갔습니다.

대역

Atha kho그때 āyasmā mālukyaputto말루꺄뿟따 존자는 bhagavato bhāsitaṁ세존의 말씀을; 부처님께서 설하신 법문을 abhinanditvā환희하며; 기쁘게 받아들이며 anumoditvā따라 기뻐한 뒤; 행복하여 "훌륭합니다"라고 외치고서 uṭṭhāyāsanā 자리에서 일어나 bhagavantaṁ세존께 abhivādetvā예경을 올리고 나서 padakkhiṇaṁ katvā오른쪽으로 돈 뒤 pakkāmi떠나갔다.

17 Atha kho āyasmā mālukyaputto eko vūpakaṭṭho appamatto ātāpī pahitatto viharanto nacirasseva - yassatthāya kulaputtā sammadeva agārasmā anagāriyaṁ pabbajanti tadanuttaraṁ

168 빠알리어 원문은 저본에 없어 역자가 첨가했다.

brahmacariyapariyosānaṁ diṭṭheva dhamme sayaṁ abhiññā sacchikatvā upasampajja vihāsi. 'Khīṇā jāti, vusitaṁ brahmacariyaṁ, kataṁ karaṇīyaṁ, nāparaṁ itthattāyā'ti abbhaññāsi.[169] (S.ii.298)

해 석

그때 말루꺄뿟따 존자는 홀로 은둔하며 방일하지 않고 열심히 노력하고 전념하면서 지내면서[170] 오래지 않아 선남자들이 재가자의 생에서 출가자의 생으로 바르게 출가하는 목적인 그 위없는 청정범행의 완성을 지금·여기에서 스스로 특별한 지혜로 알고 실현하고 구족하여 머물렀습니다. '태어남은 다했다. 청정범행을 완성했다. 해야 할 일을 다 해 마쳤다. 이것을 위해 다시 더 해야 할 것은 없다"라고[171] 이렇게 알았습니다.

대 역

Atha kho그때; 그렇게 떠난 후에 āyasmā mālukyaputto말루꺄뿟따 존자는 eko홀로 vūpakaṭṭho은둔하며; 조용하고 한적한 곳에 머물며 appamatto방일하지 않고 ātāpī열심히 노력하고; 번뇌를 뜨겁게 태워 말라 없어지도록 열심히 노력하는 네 가지 정근을 갖추어 pahitatto전념하며; 특별한 법을 얻도

169 빠알리어 원문은 저본에 없어 역자가 첨가했다.

170 ㉠"홀로 은둔하며 방일하지 않고 열심히 노력하고 전념하며 지내면서"라는 구절은 말루꺄뿟따 존자가 부처님께 처음 수행주제를 청할 때 말씀드렸던 구절과 일치한다. 이 구절을 통해 단지 보는 것 정도 등에 머물도록 방일하지 않고 끊임없이 관찰했다는 사실을 나타낸다. 이 구절에 대한 의미는 본서 pp.35~41에 자세하게 설명했다.

171 『상윳따 니까야』 제4권, p.224에는 '다시는 어떤 존재로도 돌아오지 않을 것이다'라고 번역됐다.

록 마음과 몸을 보내고서; 몸과 마음을 버리고서 viharanto 지내면서 nacirasseva오래지 않아 yassatthāya kulaputtā sammadeva agārasmā anagāriyaṁ pabbajanti선남자들이 재가자의 생에서 출가자의 생으로 바르게 출가하는 목적인; 바르게 출가하여 아라한과의 결과를 위해 항상 행하는 tadanuttaraṁ brahmacariyapariyosānaṁ그 위없는 청정범행의 완성을; 그보다 더 나은 것이 없는, 최고로 거룩한 행의 끝인 그 아라한과라는 결과를 diṭṭheva dhamme지금·여기에서; 바로 현세에서 sayaṁ abhiññā스스로 특별한 지혜로 알고 sacchikatvā 실현하고 upasampajja구족하여; 도달하여 vihāsi머물렀다. "khīṇā jāti태어남은 다했다; 새로운 생에 태어남은 이제 다했다. vusitaṁ brahmacariyaṁ청정범행을 완성했다; 팔정도라는 거룩한 실천행을 실천하는 일을 완성했다. kataṁ karaṇīyaṁ해야 할 일을 다 해 마쳤다. nāparaṁ itthattāyā이 일을 위해 다시 더 해야 할 것은 없다"라고 iti abbhaññāsi이렇게 알았다.

18 Aññataro ca panāyasmā mālukyaputto arahataṁ ahosīti.[172]

(S.ii.298)

해 석

그리고 말루꺄뿟따 존자는 아라한들 중의 한 분이 됐습니다.

172 빠알리어 원문은 저본에 없어 역자가 첨가했다.

대역

Pana그리고; 이어서 말하자면 āyasmā mālukyaputto말루꺄뿟따 존자는 arahataṁ아라한들 중의; 꼰단냐 존자 등 여러 거룩한 아라한들 중 aññataro한 분이; 거기에 포함되는 거룩한 아라한들 중 한 분이 ahosī됐다.

이 구절들은 제1차 결집 때 합송하며 첨가한 내용입니다. "diṭṭhe diṭṭhamattaṁ bhavissati. 보이는 것에 대해서는 보는 정도만 생겨날 것이다" 등으로 부처님께서 간략하게 보이신 위빳사나 수행방법에 따라 말루꺄뿟따 존자가 볼 때마다 들을 때마다 맡을 때마다 먹을 때마다 닿을 때마다 생각할 때마다 즉시 관찰하여 그리 오랜 시간이 지나지 않아 아라한 도와 과에 도달하여 아라한이 된 모습입니다.

지금 이 수행센터에서 본승이 지도하는 대로 닿음과 관련된 부풂과 꺼짐을 시작으로 분명히 드러나는 모든 대상을 끊임없이 관찰하여 알아가고 있는 수행자라면 각자의 바라밀에 따라 특별한 지혜, 특별한 법을 확실히 얻을 것입니다. 본승의 가르침에 따라 관찰하여 위빳사나 지혜, 성스러운 도의 지혜와 과의 지혜, 반조의 지혜를 갖췄다고 판단돼 지혜단계 법문을 들은 이들은 1938년부터 지금까지[173] 수천, 수만 명에 이릅니다. 그중에는 성스러운 도와 과의 지혜까지 갖춘 이들도 많습니다. 이 사실을 믿을 만한 근거는 충분합니다.

173 법문이 진행된 1976년까지를 말한다. 그 이후에도 많은 이가 지혜단계 법문을 들었을 것이다.

바히야 일화

부처님 당시 바히야다루찌리야Bāhiyadārucīriya가 사왓티에서 탁발하고 계시는 부처님께 간략한 가르침을 청하자 부처님께서는 잠시 멈추시고 다음과 같이 설하셨습니다.

Tasmātiha te, bāhiya, evaṁ sikkhitabbaṁ - 'diṭṭhe diṭṭhamattaṁ bhavissati, sute sutamattaṁ bhavissati, mute mutamattaṁ bhavissati, viññāte viññātamattaṁ bhavissatī'ti. (Ud.85)

해 석

바히야여, 그러니 그대는 이와 같이 수련해야 한다. 《무엇과 같이 수련해야 하는가 하면》 "보이는 것에 대해서는 보는 정도만 생겨날 것이고 들리는 것에 대해서는 듣는 정도만 생겨날 것이고 감각된 것에 대해서는 감각하는 정도만 생겨날 것이고 알게 된 것에 대해서는 아는 정도만 생겨날 것이다"라고 바히야여, 실로 이와 같이 그대는 수련해야 한다.

대 역

Bāhiya바히야여, tasma그러니; 간략하게 그대가 세 번이나 청했기 때문에[174] te그대는 evaṁ이와 같이 sikkhitabbaṁ수련해야 한다. 《yathā무엇과 같이 수련해야 하는가 하면》[175] "diṭṭhe보이는 것에 대해서는; 보이는 형색에 대해서는 diṭṭhamattaṁ bha-

174 'tīha'는 특별한 의미가 없다고 주석서에서 설명했다.(UdA.80)

175 ㉳이렇게 'evaṁ 이와 같이'라는 구절과 호응하도록 'yathā 무엇과 같이 수련해야 하는가 하면'이라는 구절을 넣어서 해석하는 것이 적당하다. 앞서 'appamattassa viharato'라는 구절과 본서 부록 pp.248~249 참조.

vissati보는 정도만 생겨날 것이다. sute들리는 것에 대해서는; 들리는 소리에 대해서는 sutamattaṁ bhavissati듣는 정도만 생겨날 것이다. mute감각된 것에 대해서는; 맡게 된 냄새나 맛보게 된 맛이나 닿게 된 감촉에 대해서는 mutamattaṁ bhavissati 감각하는 정도만 생겨날 것이다. viññāte알게 된 것에 대해서는; 알게 된 성품법에 대해서는 viññātamattaṁ bhavissati아는 정도만 생겨날 것이다"라고 bāhiya바히야여, evaṁ이와 같이 te그대는 sikkhitabbaṁ수련해야 한다.

이 구절은 「말루까뿟따숫따」와 동일합니다. 바히야는 그 법문을 들으면서 관찰하여 아라한이 됐습니다. 자세한 내용은 『*Vammikasutta tayataw*(개미탑 경 법문)』 p.34에 설명돼 있습니다.

그러므로 볼 때마다, 들을 때마다, 맡을 때마다, 먹을 때마다, 닿을 때마다, 알 때마다, 보는 정도에만, 듣는 정도에만, 맡는 정도에만, 먹는 정도에만, 닿는 정도에만, 아는 정도에만 멈추도록 관찰하여 아는 이 방법은 간략하지만 수행 여정의 목적지에 확실하게 도달하게 하는 방법입니다. "가면서도 간다라고 안다" 등으로 설해 놓으신 「마하사띠빳타나숫따」 가르침과도 일치합니다. 이러한 의미를 이해하고서 도와 과에 이르기 위해 열심히 관찰하며 수행하기를 바라는 목적으로 이 『말루까뿟따숫따 법문』을 설한 것입니다. 이제 모든 법문이 끝났습니다. 회향 후 법문을 마치겠습니다.

오늘 저희가 행하고 실천했던
보시 선업, 지계 선업, 수행 선업,

소임 선업, 설법 선업, 청법 선업 등
이 모든 선업의 공덕 몫을
부모님에게 회향합니다.
친지에게 회향합니다.
이곳에 모인 모든 사람과 천신 대중에게 회향합니다.
모든 중생에게 회향합니다.
부모님을 비롯한 모든 중생이
이러한 공덕 몫을 고르게 나누어 가져
몸과 마음이 행복하기를 기원합니다.
고르게, 고르게, 고르게 나누어 가지십시오.

사두, 사두, 사두.
훌륭합니다, 훌륭합니다, 훌륭합니다.

『말루꺄뿟따숫따 법문』이 끝났습니다.

부록

부록 1

저본의 주석

『말루꺄뿟따숫따 법문』을 설할 때는 법문 시간이 너무 길어지지 않도록 주석서의 일부 설명은 남겨두었습니다. 그러한 주석서의 설명들을 해당되는 구절과 관련해서 잘 이해해서 기억하도록 부록에 주석으로 덧붙였습니다.

저본의 주석 1 **볼 때 보는 정도만 생겨날 것이다**

본서 pp.61~68에 "볼 때 보는 정도만 생겨날 것이다"와 관련해서 대표적인 설명을 제시했습니다. 그 내용에 관해 『상윳따 니까야 주석서』는 다음과 같이 설명하고 있습니다.

Diṭṭhe diṭṭhamattanti rūpāyatane cakkhuviññāṇena diṭṭhe diṭṭhamattaṁ bhavissati. Cakkhuviññāṇañhi rūpe rūpamattam-eva passati, na niccādisabhāvaṁ, iti sesaviññāṇehipi me ettha diṭṭhamattameva cittaṁ bhavissatīti attho. (SA.iii.28)

대 역

Diṭṭhe diṭṭhamattanti"보이는 것에 대해서는 보는 정도만 생겨날 것이다"란; "보이는 것에 대해서는 보는 정도만 생겨날 것이다"라는 구절의 의미는 cakkhuviññāṇena눈 의식으로 diṭṭhe

보이는; 볼 수 있는 rūpāyatane형색 감각장소에 대해서는; 형색 감각장소라는 절대성품에 대해서는 diṭṭhamattaṁ보는 정도만 bhavissati생겨날 것이다. hi실로; 자세히 설명하자면 cakkhuviññāṇaṁ눈 의식은; 보아서 아는 마음은 rūpe형색에 대해서 rūpamattameva형색만을 passati본다. niccādisabhāvaṁ항상하다는 등의 성품을; 항상하다는 등의 개념 성품을; 항상하다는 등의 의미를 na passati보지 않는다. iti그래서; 이와 같이 sesaviññāṇehipi나머지 의식들에서도; 눈 의식을 제외한 《보아서 아는 인식과정에서 생겨나는》 나머지 의식들에서도 《『우다나 주석서』에서는 이 구절을 "sesaṁ cakkhudvārikaviññāṇena 나머지 눈문에서 생겨나는 의식에서도"라고 설명했다.》[176] me나에게 ettha이것에 대해서; 보이는 형색에 대해서 diṭṭhamattameva cittaṁ보는 정도뿐인 마음이; 보는 정도만 《'cittaṁ'이라는 구절이 없는 『우다나 주석서』의 설명이[177] 더욱 적당한yuttarara 의미이다.》 bhavissati생겨날 것이다. iti이러한 attho 의미다.

이러한 주석서의 설명을 통해 "보이는 것에 대해서는 보는 정도만 생겨날 것이다"라는 구절은 "눈 의식이라는 보아서 아는 마음으로 보게 된 절대성품으로서 형색 물질에 대해 접수 마음 등 그 다음의 여러 마음 찰나에도 보는 정도만 생겨나게 해야 한다. 보아서 아는 인식과정

176 UdA.84.

177 Diṭṭhamattameva bhavissatīti sikkhitabbanti attho.(UdA.84)

해석

'보는 정도만 생겨날 것이다'라고 수련해야 한다는 의미다.

에서 형색 물질을 보는 정도만 생겨나게 해야 한다. 보아서 아는 인식과정에서는 항상하다고, 행복하다고, 자아라고 아직 드러나지 않았다. 마찬가지로 같은 인식과정에서 일어나는 다른 마음에서도 항상하다는 등으로 드러나지 않도록, 알지 않도록 단지 보는 정도에서만 머물도록 해야 한다"라는 뜻입니다. 보아서 아는 인식과정 바로 다음 방금 본 형색을 돌이켜 생각하는 맘문 인식과정에 포함된 모든 마음도 원래 일어나던 차례 그대로 형색이라는 절대성품 대상을 취합니다. 항상하다는 등으로 대상을 취하지 않습니다. 따라서 눈문 인식과정과 첫 번째 맘문 인식과정에 포함된 마음과 관련해서는 특별히 수행할 것이 없습니다.

두 번째나 세 번째 맘문 인식과정 등에서는 보이는 형색과 관련해서 항상하다고, 아름답다고, 행복하다고, 영혼이라고, 자아라고 하는 형체 개념이나 명칭 개념을 대상으로 맘문전향·속행·여운 마음이 생겨납니다. 그러한 마음으로도 항상하다는 등으로 생각하거나 보지 말고 《그러한 마음이 전혀 일어나지 않게 하라는 뜻입니다.》 단지 보는 정도에서 멈추도록 마음 기울이고 관찰하라는 설명입니다.

하지만 눈 의식 마음의 바로 다음에 반조하거나 관찰하지 못한다면 눈 의식 마음 다음에 접수 마음, 조사 마음, 결정 마음, 속행 마음, 여운 마음이 원래 일어나던 그대로 일어납니다. 이어서 존재요인 마음이 일어납니다. 그래서 눈문 인식과정 다음의 존재요인 마음에서 벗어났을 때, 혹은 그 다음 첫 번째 맘문 인식과정 다음의 존재요인 마음에서 벗어났을 때 반조하고 관찰하도록 노력하는 것이 기본적으로 중요합니다.

다른 방법으로는 아래와 같이 설명했습니다.

Atha vā diṭṭhe diṭṭhaṁ nāma cakkhuviññāṇaṁ, rūpe rūpavijānananti attho. Mattāti pamāṇaṁ, diṭṭhaṁ mattā assāti diṭṭhamattaṁ, cittaṁ, cakkhuviññāṇamattameva me cittaṁ bhavissatīti attho. Idaṁ vuttaṁ hoti - yathā āpāthagatarūpe cakkhuviññāṇaṁ na rajjati na dussati na muyhati, evaṁ rāgādivirahena cakkhuviññāṇamattameva javanaṁ bhavissati, cakkhuviññāṇapamāṇeneva javanaṁ ṭhapessāmīti. (SA.iii.28)

대 역

Atha vā또 다른 방법으로 diṭṭhe diṭṭhaṁ nāma"보이는 것에 대해서는 보는 정도만 생겨날 것이다"라는 구절은 "cakkhuviññāṇaṁ눈 의식은; 보아서 아는 마음은 rūpe형색에 대해서; 보이는 형색에 대해서 rūpavijānanaṁ형색을 아는 것일 뿐이다; 형색을 아는 마음일 뿐이다"라는 iti attho이러한 의미다; 이것이 "보이는 것에 대해서는 보는 정도만 생겨날 것이다"라는 구절의 의미다. mattāti"~정도만"이란 pamāṇaṁ한계이다. assa그것에는; 속행 마음에는 diṭṭhaṁ보는 것이라는; 눈 의식 마음이라는 mattā정도가 《atthi있다.》 iti그래서 diṭṭhamattaṁ"보는 정도만"이라고 했다. cittaṁ마음은; 속행 마음은 me 나의 cittaṁ마음이 cakkhuviññāṇamattameva눈 의식 정도만; 눈 의식만을 한계로 bhavissati생겨날 것이다. iti attho이러한 의미다; 이것이 "보이는 것에 대해서는 보는 정도만 생겨날 것이다"라는 구절의 의미다. idaṁ vuttaṁ hoti이러한 의미를 말하는 것이다. "āpāthagatarūpe눈에 드러난 형색 물질에 대해서 cakkhuviññāṇaṁ눈 의식이 na rajjati na dussati na muyhati yathā애착하지 않고 성내지 않고 미혹하지 않는 것처럼 《잘못 알지도 않는 것처럼》 evaṁ이와 같이 rāgādivirahena애착 등이 결여된 채 cakkhuviññāṇamattameva눈 의식 정도만; 눈 의식을 한계로 해서 javanaṁ속행이; 속행 마음이 bhavissati생겨날 것이다. cakkhuviññāṇapamāṇeneva눈 의식을 한계로 해서만 javanaṁ속행을; 속행 마음을 ṭhapessāmīti두게 할 것이다; 생겨나게 할 것이다"라는 의미다.

두 번째 방법을 통해 말하고자 하는 내용은 "'diṭṭhe diṭṭhamattaṁ bhavissati. 보이는 것에 대해서는 보는 정도만 생겨날 것이다'라는 구절은 '형색에 대해 눈 의식에 탐욕 등이 포함되지 않는 것처럼 그 형색을 대상으로 뒤에 일어날 속행 마음에도 탐욕 등이 포함되지 않게 하라. 없게 하라. 아는 정도만으로 속행 마음을 생겨나게 하라'라는 뜻이다"라고 요약할 수 있습니다.

하지만 눈 의식 마음 바로 다음에는 그렇게 번뇌가 포함되지 않는 속행 마음이 생겨나도록 반조하거나 관찰할 수 없습니다. 눈문 인식과정 바로 다음에 존재요인 마음들이 생겨나고, 그 존재요인 마음에서 벗어났을 때 관찰하는 것이 (그나마) 제일 빠른 관찰이기 때문입니다. 위빳사나 지혜가 아직 약할 때는 눈문 인식과정에서도 탐욕·성냄·어리석음 등이 여전히 생겨날 수 있습니다. 하지만 그 눈문 인식과정 바로 다음에 존재요인 마음에서 벗어나 관찰할 수 있다면 그때는 탐욕·성냄·어리석음이 생겨나지 않게 할 수 있습니다. 그렇게 번뇌가 다시 생겨나지 않고 없어지도록 볼 때는 〈본다〉라고 관찰해야 합니다.

위빳사나 수행자들은 번뇌를 일으킬 대상들을 바라지 않습니다. 번뇌로 오염된 마음도 생겨나길 바라지 않습니다. 물질·정신의 성품만, 무상·고·무아의 성품만 알고 보기를 원합니다. 그래서 좋아할 만한 형색이나 싫어할 만한 형색이 눈에 드러나더라도 일반적으로 '합리적 마음기울임yoniso manasikāra'이라고 불리는, 올바르게 마음을 기울이는 오문전향 마음부터 생겨납니다. 대상에 마음을 기울이는 전향 마음 바로 다음에 눈 의식으로 보고 나서 접수 마음과 조사 마음이 차례대로 생겨나면 결정 마음도 그 합리적 마음기울임에 따라 선법들이 생겨나도록 결정합니다. 그러한 결정에 따라 이어서 선善 속행 마음만 대부분 생겨납니다. 위빳사나 지혜가 매우 성숙했을 때는 결정 마음도 대상을 결정하지 못한 채 두 번이나 세 번 정도 생긴 뒤 인식과정이 끊어집니다. 그 후 존재요인 마음에 떨어집니다. 존재요인 마음에서 벗어났을 때 〈본다〉라고 관찰하여 아는 위빳사나 마음이 생겨납니다. 이러한 방법으로 다섯 문에서 속행이 일어나지 않고 맘문에서만 위빳사나 속행이 생겨나게 하는 모습을 『맛지마 니까야 주석서』에서 설명해 놓았습니다.(MA.ii.129)[178] 그렇게 눈문 인식과정의 속행이 생겨나지 않도록, 혹은 선善 속행만 일어나게 미리 합리적 마음기울임을 두어서 눈문 인식과정의 바로 다음에 존재요인 마음에서 벗어났을 때 관찰할 수 있도록, 혹은 첫 번째 맘문 인식과정의 바로 다음에 관찰할 수 있도록 이 두 번째 설명을 통해 나타낸 것입니다.

"보고 나면 즉시 관찰해야 한다"라고 본승이 가르치는 것도 바로 이 방법대로 설명한 것입니다.

178 『위빳사나 수행방법론』 제1권, pp.401~405 참조.

그 주석서에서 세 번째 설명방법도 덧붙였습니다. 눈 의식으로 보는 형색에 대해서 "diṭṭhamatta 단지 보는 정도만"이라고 말했기 때문에 그 뒤에 생겨나는 접수·조사·결정이라는 세 마음에 탐욕 등이 없듯이 속행 마음에도 탐욕 등이 없도록 하라는 설명입니다. 이 설명은 두 번째 방법과 같은 의미입니다. 맘문에서도 그러한 의미는 해당되지 않습니다.[179] 그래서 세 번째 방법은 부록에서 따로 설명하지 않았습니다.

저본의 주석 2 다시 새긴다

본서 p.105 등에서 "보고 나서 즉시 새김을 확립해야 한다. 새김으로 관찰해야 한다"라는 의미를 "rūpaṁ disvā paṭissato. 형색을 보고 다시 새기는 그는"이라는 「말루꺄뿟따숫따」 게송 구절을 통해 확실하고도 직접적으로 제시했습니다. 그렇다면 어떻게, 어떠한 방법으로 관찰해야 하는지 그 내용에 대해서는 『테라가타 주석서』에서 다음과 같이 설명해 놓았습니다.

> Na so rajjati rūpesu, rūpaṁ disvā paṭissatoti yo puggalo rūpaṁ disvā āpāthagataṁ rūpārammaṇaṁ cakkhudvārikena viññāṇasantānena gahetvā catusampajaññavasena sampajānakāritāya paṭissato hoti, so rūpārammaṇesu na rajjati rāgaṁ na janeti.
>
> (ThagA.ii.303~304)

179 맘문 인식과정에는 접수·조사·결정 마음이 없다.

대역

Na so rajjati rūpesu, rūpaṁ disvā paṭissatoti"형색들에 대해 애착하지 않는다네, 형색을 보고 다시 새기는 그는"이라는 구절은《다음과 같은 의미를 나타냅니다.》yo puggalo어떤 개인은 rūpaṁ형색을 disvā보고 나서《이 구절은 설명해야 할 원래 구절을 나타냈습니다.》āpāthagataṁ드러난; 눈에 드러난 rūpārammaṇaṁ형색 대상을; 절대성품인 형색 물질을《원래 구절의 'rūpaṁ'이 눈에 드러난 형색 대상을 의미한다는 뜻입니다.》cakkhudvārikena눈문에 생겨나는 viññāṇasantānena의식의 상속을 통해; 마음 차례로 gahetvā취하고서《원래 구절의 'disvā 보고 나서'를 설명한 구절입니다. '눈 의식 마음으로 보고 나서'라고 표현했어도 '그 마음 하나로 보고 나서 즉시'라는 뜻이 아닙니다. 눈문에서 생겨나는 눈 의식 마음, 접수 마음, 조사 마음, 결정 마음, 속행 마음, 여운 마음이라는 '인식과정에 따라 보고 대상을 취하고 나서'라는 뜻이라는 사실을 보여주는 구절입니다. 이 설명에 특히 주의해야 합니다. 눈 의식 바로 다음에는 관찰할 수 없습니다. 결정·속행·여운 마음까지 눈문 인식과정이 끝난 다음에야 관찰할 수 있습니다. 그때도 여운 마음 다음에 존재요인 마음이 생겨나고, 존재요인 마음에서 벗어난 뒤에야 관찰할 수 있습니다. 그러면 어떻게 관찰해야 하는지 그 관찰모습을 이어서 다음과 같이 설명했습니다.》catusampajaññavasena네 가지 바른 앎을 통해 sampajānakāritāya바른 앎을 행하면서; 바르게 알면서 행하는 이로서 paṭissato다시 새기는 이가 hoti된다. so그는; 보면 그 즉시 새겨서 무상 등으로 바르게 아는 이는 rūpārammaṇesu형색 대상에 대해서; 보이는 형색 물질에 대해서 na rajjati애착하지 않는다. rāgaṁ na janeti애착을 일으키지 않는다.

주석서의 설명에 따르면 "형색들에 대해 애착하지 않는다네/ 형색을 보고 다시 새기는 그는"이라는 구절은 "눈에 드러난 형색 물질 대상을 눈문 인식과정에 따라 보고 나서는 즉시 네 가지 바른 앎sampajañña에 따라 바르게 알면서 다시 새겨야 한다"는 뜻입니다. 여기서 네 가지 바른 앎이란 다음과 같습니다.

① 이익 바른 앎sātthaka sampajañña

② 적당함 바른 앎sappāya sampajañña

③ 영역 바른 앎gocara sampajañña

④ 미혹없음 바른 앎asammoha sampajañña

보거나 말하거나 행동할 때 이익이 있는지 없는지를 반조한 뒤 이익이 있을 때만 행해야 합니다. 이렇게 이익이 있는지 없는지 먼저 반조하는 지혜가 '이익 바른 앎'입니다.

이익이 있더라도 적당한지 적당하지 않은지를 반조한 뒤 적당한 것만 보거나 말하거나 행해야 합니다. 이렇게 적당한지 적당하지 않은지 반조하는 지혜가 '적당함 바른 앎'입니다.

여기서 이익 바른 앎과 적당함 바른 앎은 수행을 시작하기 전, 앞부분에 필요합니다. 관찰하면서 열심히 수행하고 있을 때는 그러한 바른 앎을 행할 필요가 없습니다. 만약 볼 때마다, 들을 때마다 등에 관찰하면서 이익이 있는지 없는지, 적당한지 적당하지 않은지를 반조하고 있으면 삼매가 생겨나지 않을 것입니다. 삼매가 생겨나지 않으면 지혜도 생겨날 수 없습니다. 그러므로 끊임없이 관찰하고 있을 때는 영역 바른 앎에 따라 관찰해야 할 대상만 끊임없이, 열심히 관찰하면 됩니다.

그렇게 영역 바른 앎에 따라 끊임없이, 열심히 관찰하다가 삼매의 힘이 좋아지면 그때, 물질과 정신을 분명히 구별해서 아는 정신·물질 구별의 지혜nāmarūpapariccheda ñāṇa가 생겨납니다. 보고 나서 즉시 〈본다〉라고 관찰하면 보이는 대상이 따로 + 보아서 아는 것이 따로 + 그것을 새겨 아는 것이 따로, 이렇게 분명히 구분하여 알게 됩니다. 갈 때는 〈간다〉라고 관찰하면 가는 것이 따로 + 새겨 아는 것이 따로, 이렇게 분명히 구분하여 알게 됩니다. 그러한 앎은 정신과 물질을 분명하게 구별하는 지혜입니다. 대상을 알지 못하는 물질 성품과 대상을 알 수 있는 정신 성품을 분명하게 구분하여 아는 지혜입니다. 그 밖에 '보이는 것이 있기 때문에 보아서 아는 것이 생겨난다. 보아서 아는 것이 있어서 〈본다〉라고 관찰하여 아는 것이 생겨난다'라거나 '가려는 마음이 있어서 가는 동작이 생겨난다. 가는 동작이 있어서 〈간다〉라고 관찰하여 아는 것이 생겨난다' 등으로 조건과 결과만 있는 것도 분명히 알 수 있습니다. 그렇게 아는 지혜를 조건파악의 지혜paccayapariggaha ñāṇa라고 말합니다. 이렇게 '정신과 물질일 뿐이다. 조건과 결과일 뿐이다. 자아라고 할 만한 것은 없다'라고 이해하고 알고 보는 것은 위빳사나의 기초가 되는 미혹없음 바른 앎입니다.

그 뒤 삼매와 지혜가 성숙되고 향상됐을 때 〈본다; 들린다〉 등으로 관찰하면 보는 것과 새겨 아는 것, 듣는 것과 새겨 아는 것 등이 새로 거듭 생겨나서는 즉시 사라지는 성품을 분명하게 경험하기 때문에 '항상하지 않다. 괴로움일 뿐이다. 나라고 할 만한 것이 없이 각각 생멸하고 있는 성품법들일 뿐이다'라고 미혹하지 않고 분명하게 알게 됩니다. 그렇게 미혹하지 않고 바르게 아는 것이 미혹없음 바른 앎입니다.

이러한 네 가지 바른 앎에 따라 "paṭissato 다시 새기는 그는", 거듭 새김을 확립해야 한다는 구절은 「마하사띠빳타나숫따」 가르침과 일치하게 볼 때 관찰하는 모습을 나타냈습니다. 「마하사띠빳타나숫따」에서 "gacchanto vā gacchāmīti pajānāti. 가면서도 '간다'라고 안다"라고 (D.ii.232) '간다; 선다; 앉는다; 눕는다' 등으로 일상용어를 사용해서 관찰하도록 설하신 대로 본승도 볼 때 〈본다, 본다〉라고 일상용어로써 관찰하도록 지도하고 있습니다.

이러한 방법에 대해 허물하고 비방하는 이들도 더러 있습니다. 그들은 "'간다; 선다; 앉는다; 눕는다'라는 것은 익히 알고 있는 사실이다. 관찰할 필요가 없다. '본다; 들린다' 등도 익히 알고 있다. 관찰할 필요가 없다"라고 비방합니다.

그들의 주장대로 '간다' 등이 익히 알고 있는 것은 맞습니다. 하지만 그렇게 관찰하지 않고 저절로 아는 것은 관찰해서 아는 것, 새김과 지혜로 아는 것이 아닙니다. 알던 그대로, 저절로 아는 대로 항상하다고, 행복하다고, 자아라고 아는 것입니다. 볼 때 처음 보아서 아는 눈문 인식과정, 그 다음 다시 생각해서 아는 맘문 인식과정, 그 다음 세 번째에 형체 개념이 드러나는 맘문 인식과정, 그 다음 네 번째에 명칭 개념까지 드러나는 맘문 인식과정을 통해 개념을 아는 것입니다. 항상하다고, 행복하다고, 좋다고, 영혼이라고, 어떤 개인이라고 아는 것입니다. 이것은 무명이 앞장서며 잘못 아는 것입니다. 그러한 잘못된 앎이 사라지도록, 바른 앎이 생겨나도록 보아서 아는 첫 번째 눈문 인식과정의 바로 다음이나 과거의 형색 등을 돌이켜 아는 두 번째 맘문 인식과정 바로 다음에 〈본다; 들린다; 간다〉 등으로 즉시 관찰해야 합니다. 그렇게 보자마자 즉시, 듣자마자 즉시, 혹은 가고 있을 때라면 개념으로 아는 인식과정이 생겨나기 전에 즉시 관찰하여 절대성품의 바른 법만 계속 압니다. 이것은 "gacchanto vā gacchāmīti pajānāti. 가면서도 '간다'라고 안다"라고(D.ii.232) 확실하게 설하신 부처님의 말씀과 일치합니다. 이러한 의미에 매우 주의해야 합니다. 이렇게 즉시 관찰하여 사실대로 바르게 알아 나가면 관찰하여 알게 되는 대상과 관련해서 탐욕 등의 번뇌가 생겨날 기회를 얻지 못합니다. 그래서 주석서에서 이어서 "so그는; 보면 그 즉시 새겨서 무상 등으로 바르게 아는 이는 rūpārammaṇesu형색 대상에 대해; 보이는 형색 물질에 대해 na rajjati 애착하지 않는다. rāgaṁ na janeti애착을 일으키지 않는다"라고 설명했습니다.

저본의 주석 3 이와 같이 수련해야 한다

Tasmātiha te, bāhiya, evaṁ sikkhitabbaṁ - 'diṭṭhe diṭṭhamattaṁ bhavissati, sute sutamattaṁ bhavissati, mute mutamattaṁ bhavissati, viññāte viññātamattaṁ bhavissatī'ti. (Ud.85)

대 역

Bāhiya바히야여, tasmā그러니; 간략하게 그대가 세 번이나 청했기 때문에 《'tiha'는 특별한 의미가 없다고 주석서에서 설명했습니다.(UdA.80)》 te그대는 evaṁ이와 같이 sikkhitabbaṁ수련해야 한다. 《yathā무엇과 같이 수련해야 하는가 하

면》[180] "diṭṭhe보이는 것에 대해서는; 보이는 형색에 대해서는 diṭṭhamattaṁ bhavissati보는 정도만 생겨날 것이다. sute들리는 것에 대해서는; 들리는 소리에 대해서는 sutamattaṁ bhavissati 듣는 정도만 생겨날 것이다. mute감각된 것에 대해서는; 맡게 된 냄새나 맛보게 된 맛이나 닿게 된 감촉에 대해서는 mutamattaṁ bhavissati감각하는 정도만 생겨날 것이다. viññāte알게 된 것에 대해서는; 알게 된 성품법에 대해서는 viññātamattaṁ bhavissati아는 정도만 생겨날 것이다"라고 bāhiya바히야여, evaṁ이와 같이; 이러한 모습으로 te그대는 sikkhitabbaṁ수련해야 한다.

여기서 "evaṁ sikkhitabbaṁ. 이와 같이 수련해야 한다"라는 구절의 "evaṁ 이와 같이"라는 단어와 호응하도록 그 뒤에 "yathā 무엇과 같이 수련해야 하는가 하면"이라는 단어를 넣어서 해석하는 것이 적당합니다.[181]

마찬가지로 이 「말루꺄뿟따숫따」에서도 "ettha ca te, mālukyaputta, diṭṭhasutamutaviññātesu dhammesu diṭṭhe diṭṭhamattaṁ bhavissati, … viññāte viññātamattaṁ bhavissati"라는 구절을 해석할 때 본서 p.59에서는 "appamattassa viharato 그대가 장담한 대로 방일하지 않고 끊임없이 관찰하며 지내고 있는"이라는 구절을 "te 그대에게" 앞에 넣어서 대역했지만 그 대신에 "yathā 어떻게; 무엇과 같이 수련해야 하는가 하

180 ㉮㉯이렇게 'evaṁ이와 같이'라는 구절과 호응하도록 'yathā무엇과 같이 수련해야 하는가 하면'이라는 구절을 넣어서 해석하는 것이 적당하다. 앞서 'appamattassa viharato'라는 구절을 참조하라. 이어지는 설명에도 이 내용이 언급됐다.

181 "Evanti idāni vattabbākāraṁ vadati. '이와 같이'란 지금 말했던 모습을 말한다"라고 주석서에서 설명했다.(UdA.80)

면"이라는 구절을 넣고 "viññāte viññātamattaṁ bhavissati 알게 된 것에 대해서는 아는 것만 생겨날 것이다"의 바로 뒤에 "evaṁ sikkhitabbaṁ. 이와 같이 수련해야 한다"를 첨가해서 다음과 같이 대역하는 것도 적당합니다.

Ettha ca te, mālukyaputta, diṭṭhasutamutaviññātesu dhammesu diṭṭhe diṭṭhamattaṁ bhavissati, sute sutamattaṁ bhavissati, mute mutamattaṁ bhavissati, viññāte viññātamattaṁ bhavissati.

대역

Mālukyaputta말루꺄뿟따여, 《yathā어떻게 수련해야 하는가 하면》 "te그대에게 ettha ca diṭṭhasutamutaviññātesu dhammesu보이고 들리고 감각되고 알게 된 이런 법들 중에서도 diṭṭhe보이는 것에 대해서는; 보이는 형색에 대해서는 diṭṭhamattaṁ bhavissati보는 정도만 생겨날 것이다. sute들리는 것에 대해서는; 들리는 소리에 대해서는 sutamattaṁ bhavissati듣는 정도만 생겨날 것이다. mute감각된 것에 대해서는; 맡게 된 냄새나 맛보게 된 맛이나 닿게 된 감촉에 대해서는 mutamattaṁ bhavissati 감각하는 정도만 생겨날 것이다. viññāte알게 된 것에 대해서는; 알게 된 성품법에 대해서는 viññātamattaṁ bhavissati아는 정도만 생겨날 것이다"라고 《evaṁ이와 같이 sikkhitabbaṁ수련해야 한다.》

부록 2

역자의 주석

마하시 사야도의『말루꺄뿟따숫따 법문』을 한국마하시 우 소다나 사야도께서 집중수행 법문으로 여러 번 설하셨습니다. 중간중간 본문과 관련해서 보충하신 내용과 설명이 필요한 내용을 역자의 주석으로 덧붙였습니다.

역자의 주석 1 세 가지 번뇌

본서 p.38에 세 가지 번뇌에 대한 내용이 나옵니다. 번뇌에는 위범번뇌vītikkamakilesa·違犯煩惱, 현전번뇌pariyuṭṭhānakilesa·現前煩惱, 잠재번뇌anusayakilesa·潛在煩惱가 있고 잠재번뇌에는 대상잠재번뇌ārammaṇānusayakilesa와 상속잠재번뇌santānānusayakilesa가 있습니다.

'위범번뇌'란 살생이나 도둑질 등 몸과 말로 그릇된 실천을 하도록 부추기는 탐욕이나 성냄 등의 번뇌를 말합니다. 계를 잘 실천하고 있으면 그렇게 매우 거친 위범번뇌를 없애고 있다고 말할 수 있습니다. '현전번뇌'란 마음으로 생각하고 망상하면서 생겨나는 탐욕이나 성냄 등의 번뇌입니다. 삼매 수행을 실천하고 있으면 중간 정도로 거친 현전번뇌를 제거하고 있다고 말할 수 있습니다. '잠재번뇌'란 조건이 형성될 때마다, 기회를 얻을 때마다 생겨날 수 있는 탐욕이나 성냄 등의 번뇌를 말합니다. 그중 대상잠재번뇌는 관찰하지 못한 대상과 관련해서 나

중에 조건이 형성됐을 때 생겨날 기회를 얻게 된 번뇌를 말합니다. 대상잠재번뇌는 위빳사나 지혜로 제거됩니다. 상속잠재번뇌는 각각 해당되는 성스러운 도의 지혜로 완벽하게 제거되기 전에는 조건만 형성되면 언제든 생겨날 수 있는 번뇌를 말합니다. 상속잠재번뇌는 성스러운 도의 지혜로 제거됩니다.[182]

역자의 주석 2 저절로 맘문에서 관찰하게 된다 (한국마하시 우 소다나 사야도)

본서 pp.69~70에 "다섯 문을 막고 맘문에서만 관찰하라"라는 내용을 설명했습니다. 하지만 이것을 처음부터 마음만 관찰하는 것으로 이해하면 안 됩니다. 부풂과 꺼짐을 기본으로 관찰하면서 분명한 대상이 드러나면 그것을 관찰해야 합니다. 그러다가 수행이 향상되면 저절로 맘문에서만 관찰하게 되는 것을 뜻합니다.

마하시 센터에서 지도하는 수행방법을 좋아하지 않는 일부 미얀마 스님이 "마하시 방법은 '뻬인퐁' 아니냐"라고 말하기도 합니다. 미얀마어로 배가 '부풀다'는 '파운데'이고 '꺼지다'는 '뻬인데'인데 그것을 조금 비하해서 '뻬인퐁', 우리말로 하면 부풂과 꺼짐을 순서도 바꾸고 앞글자만 따서 '꺼부'라고 표현한 것입니다. 실제로 마하시 센터에서 지도하는 수행방법에서 배의 부풂과 꺼짐은 기본 관찰대상일 뿐입니다. 부풂과 꺼짐만 관찰하도록 지도하지는 않습니다. 부풂과 꺼짐보다 더 분명한 느낌이나 마

182 마하시 사야도 법문, 비구 일창 담마간다 옮김, 『아리야와사 법문』, p.61; 한국마하시 우 소다나 사야도 법문 참조.

음 현상, 보이고 들리는 것 등이 생겨나면 그것을 관찰한 뒤 다시 부풂과 꺼짐 관찰로 돌아오라고 지도합니다. 여섯 문에서 분명한 현상이면 먼저 관찰하고 다시 부풂과 꺼짐 관찰로 돌아오라고 지도합니다. 부풂과 꺼짐만 관찰하도록 지도하지는 않는다는 사실에 명심해야 합니다.

그렇다면 왜 부풂과 꺼짐을 처음에, 그리고 기본으로 관찰하도록 지도할까요? 처음부터 여섯 문을 따라 전부 다 관찰하는 것은 너무 힘들기 때문입니다. 또한 특별히 분명한 다른 대상이 없을 때는 무엇이 분명한지, 무엇을 관찰해야 할지, 관찰대상을 찾는 데 시간을 허비할 수 있기 때문입니다. 그래서 마하시 수행센터에서는 새김이 끊어지지 않도록 항상 분명하고 관찰하기도 쉬운 배의 부풂과 꺼짐을 기본 대상으로 관찰하도록 지도합니다. 그러다가 다른 분명한 대상이 생겨나면 그것을 관찰한 뒤 다시 부풂과 꺼짐으로 돌아와서 관찰하도록 지도합니다.

여섯 문에서 분명히 드러나는 대상을 관찰하지 않으면 탐욕·성냄 등 번뇌가 생겨나기 때문에 분명한 대상이 드러나면 〈본다; 듣는다; 맡는다〉 등으로 관찰하고 분명한 대상이 드러나지 않으면 다시 부풂과 꺼짐을 관찰해야 합니다. 이런 방법으로 계속 관찰하다 보면 볼 때 즉시 〈본다〉라고 관찰하기 때문에 그 다음 속행 마음들이 생겨나지 않고 끊어진 뒤 위빳사나 관찰 인식과정이 생겨납니다. 들을 때 등에도 마찬가지입니다. 계속 이렇게 관찰해 나가다가 위빳사나 지혜가 무르익으면 마음이 알아서 보이는 형색에 가지 않습니다. 형색에 대해 마음이 생겨나지 않습니다. 소리에 대해서도 마음이 생겨나지 않습니다.

이렇게 억지로 맘문만 관찰하는 것이 아니라 저절로 다른 대상으로 마음이 가지 않기 때문에 부풂과 꺼짐만 관찰하게 되고, 그 부풂과 꺼짐도 매우 미세해져서 나중에는 움직임으로만 드러납니다. 그것을 〈움직임, 움직임〉이라고 관찰하다 보면 그 움직임도 너무 미세해져서 움직임을 아는 마음만 분명해집니다. 그것이 바로 저절로 다섯 문이 닫히고 맘문에서 단지 아는 마음을 관찰하는 것입니다.

역자의 주석 3 보살조차 잊어버린다 (한국마하시 우 소다나 사야도)

본서 pp.97~100에 "형색보아 좋으면 잊어버리네", 형색을 보고서 관찰하지 못해 좋아할 만한 것이라고 생각하면 새김을 잊어버린다는 내용을 설명했습니다. 일반인들은 제쳐두고라도 선정과 신통을 증득한 보살조차 좋아할 만한 형색을 보고서 잊어버리는 경우가 있습니다.

과거 어느 생에 보살은 선정과 신통을 증득한 선인이었습니다. 선인이 바라나시Bārāṇasi로 유행을 할 때 바라나시 왕은 그의 위의威儀에 감명을 받아 그에게 왕실 정원에서 지내도록 청했습니다. 선인은 매일 신통으로 정원에서 궁전으로 날아가 탁발공양을 받고 돌아왔습니다. 이렇게 16년이 지난 어느 날, 변방에 반란이 일어나 왕은 공양 올리는 일을 왕비에게 맡기고 진압을 위해 변방으로 떠났습니다. 선인이 탁발을 위해 궁전에 도착했을 때 가사가 펄럭이는 소리를 듣고 왕비가 급하게 일어났습니다. 그 바람에 왕비의 옷이 흘러내려 선인은 왕비의 벗은 모습을 보고 말았습니다. 그 모습에 강한 애정이 생겨남과 동시에 신통이 사라져버려 정원으로 돌아올 때는 걸어서 와야 했습니다. 그 이후로 선인은 왕비에 대한 애정 때문에 먹지도 못하고 잠도 이루지 못했습니다. 반란군 진압을 마치고 돌아온 왕이 그 사실을 알고서 "선인을 잘 보살펴 주시오"라는 말과 함께 왕비를 선인에게 보냈습니다. 왕실 정원에 도착한 왕비는 선인에게 "집이 필요합니다. 먹을 것이 필요합니다. 목욕물이 필요합니다. 가구가 필요합니다" 등으로 매일 하나씩 일을 시켰습니다. 그동안 해보지 못한 세속의 잡다한 일로 선인이 지칠 대로 지친 어느 날, 왕비는 선인의 옆에 앉아 그의 수염을 당기며 "지혜가 있는 선인께서 재가생활의 어려움을 모르고 속퇴했습니까?"라고 말했습니다. 눈물이 날 정도로 아픔이 생겨난 선인은 즉시 새김과 바른 앎을 회복했습니다. 그리고 왕비를 왕에게 다시 돌려보낸 뒤 이전에 닦았던 선정과 신통을 회복해 히마완따 산으로 돌아갔습니다.(J66)[183]

이렇듯 바라밀을 행하는 보살조차도 가끔씩 보이는 형색에 대해 새김을 잊어버립니다. 올바르지 않게 마음을 기울여 형색들을 좋아할 만한 것으로 생각해서 탐욕이 늘어나고, 탐욕 때문에 그것을 못 가져서 생겨나는 여러 괴로운 느낌도 늘어납니다. 이렇게 몸도 마음도 피곤해져서 계속 고통만 쌓여갑니다. 이것은 "형색보아 좋으면 잊어버리네/ 애착하며 즐기며 맘속취하네/ 형색따라 느낌들 늘어난다네/ 탐욕늘고 화늘어 마음피곤해/ 이렇게만 안변해 고통찾는이/ 고통만을 찾는이 열반멀다네/ 보아관찰 않는이 열반멀다네"라는 「말루꺄뿟따숫따」 게송과 일치합니다.

〈부풂, 꺼짐; 오른발 왼발〉 등으로 관찰하지만 아직 새김과 삼매, 지혜의 힘이 약할 때는 중간에 탐욕이나 성냄 등 번뇌가 들어올 수 있습니다. 그렇더라도 '보살에게도 탐욕이 일어난 적이 있다'라는 사실을 상기하고서 너무 실망할 필요가 없습니다. 〈좋아함; 싫어함〉 등으로 관찰만 계속하면 됩니다. 이것은 세탁하는 것과 마찬가지입니다. 손으로 세탁할

183 전재성, 『자타카전서』, pp.992~995 참조.

때 한두 번 주무르고 때리고 밟더라도 때가 다 없어지지 않습니다. 그래도 중간에 포기하지 않고, 계속 치대다 보면 나중에는 때가 다 빠질 것입니다. 수행도 마찬가지입니다. 단지 수행이 세탁과 다른 점은 세탁할 때는 '내가 이 정도 빨아서 때가 얼마만큼 지워졌고, 얼마만큼 남아있구나'라고 알 수 있지만 수행할 때는 '내가 오늘 이만큼 관찰해서 번뇌가 얼마만큼 없어졌고 얼마만큼 남아있구나'라고 알지 못한다는 것입니다. 하지만 번뇌가 얼마나 없어졌는지 모르더라도 실망하지 말고 번뇌가 생겨날 때마다 계속해서 관찰해 나가야 합니다. 그러면 나중에 위빳사나 지혜가 향상되고 구족돼 수다원이나 사다함 등 성자가 된 뒤에 '나의 번뇌가 이만큼 없어졌고 이만큼 남아있다'라고 스스로 알 수 있습니다.

수행이 얼마나 향상됐는지, 번뇌가 얼마만큼 없어졌는지 알 수 없지만 계속 수행하면 나중에 없어졌다는 사실을 저절로 알게 되는 모습을 부처님께서 『상윳따 니까야』「와시자따숫따Vāsijaṭasutta(까뀌 자루경)」[184]에 까뀌 자루의 비유로 설하셨습니다.(S22:101)

목수가 새로운 까뀌를 사서 하루 동안 열심히 까뀌질을 한 뒤 저녁에 '내 까뀌 자루가 얼마만큼 닳았는가'라고 아무리 살펴봐도 알지 못합니다. 다음 날도 마찬가지입니다. 하지만 일 년이나 이 년, 오 년 이렇게 오랫동안 열심히 까뀌질을 하다보면 어느새 자기가 쥔 부분이 움푹 닳아 있는 것을 알게 됩니다. 이와 같이 하루하루 번뇌가 얼마만큼 사라졌고 위빳사나 지혜가 얼마만큼 향상됐는지는 알 수 없지만, 열심히 계속 관찰하다 보면 나중에 도의 지혜와 과의 지혜에 이르렀을 때 '이러한 번뇌는 완전히 사라졌고 이러한 번뇌는 남아있다'라고 스스로 확실하게 알 수 있습니다.

184 『상윳따 니까야』 제3권, pp.409~414 참조

번뇌가 없어지는 것은 성스러운 지혜가 생겨났을 때 확실히 알게 됩니다. 그런데 그전에 위빳사나 지혜가 성숙된 단계에서도 어느 정도 알 수 있습니다. 번뇌와 관련된 속행 마음이 가끔씩만 일어나고 앞의 새김과 뒤의 새김이 계속 이어져 번뇌가 잘 생겨나지 않는 것을 스스로 알 수 있습니다. 위빳사나 지혜가 더욱 성숙하면 형색이나 소리 등에 대해 탐욕도 일어나지 않고 성냄도 일어나지 않는 것을 스스로 경험할 수 있습니다. 그러니 '나에게 번뇌가 얼마만큼 없어졌을까? 얼마만큼 지혜가 향상됐을까?'라고 너무 생각하지 말고 관찰을 계속 하다보면 위빳사나 지혜가 향상돼 열반을 경험할 것입니다.

역자의 주석 4 음식 때문에 죽기도 한다

본서 pp.160~162에 "맛을보아 좋으면 잊어버리네", 맛을 보고서 관찰하지 못해 좋아할 만한 것이라고 생각하면 새김을 잊어버린다는 내용을 설명했습니다. 이와 관련된『자따까』일화를 소개하겠습니다.

옛날 바라나시Bārāṇasī의 수자따Sujāta 장자는 우기에 식초와 기름을 구하러 히마완따 산에서 내려온 오백 명의 선인을 자신의 정원에 지내게 하면서 시봉했습니다. 집에는 항상 오백 명의 선인을 위한 공양을 준비해 두었습니다. 가끔씩 오백 명의 선인은 다른 곳으로 탁발을 나가서 장미사과jambu를 가지고 와서 공양했습니다. 그렇게 며칠이 지나자 장자는 '존자들이 이삼일 동안 우리집에 오지 않으셨다. 어디로 가셨는가?'라고 생각해서 어린 아들을 데리고 선인들이 지내는 자신의 정원으로 갔습니다. 마침 선인들은 대부분 공양을 마친 상태였습니다. 수자따 장자는 예경을 올린 뒤 “무엇을 드셨습니까?”라고 물었습니다. 선인들은 “장미사과를 공양했네”라고 대답했습니다. 그 대답을 들은 수자따 장자의 아들은 장미사과를 먹고 싶은 마음이 생겨나 “장미사과를 주세요”라고 보챘습니다. 제일 어른 선인이 조금 주자 그 맛에 너무나 집착한 아들은 “장미사과를 더 주세요”라고 거듭 보챘습니다. 장자는 “집에 가서 주겠다”라고 달랜 뒤 선인들에게 알리지 않고 아들을 데리고 집으로 돌아갔습니다. 집에서도 아들은 계속 장미사과를 달라고 보챘습니다. 장자는 “선인들께 말씀드려야겠다”라고 생각하고 정원으로 갔지만 선인들은 ‘이곳에서 오래 지냈다’라고 하면서 히마완따 산으로 돌아간 상태였습니다. 선인들이 없자 장자는 망고와 바나나 등을 꿀에 개어 주면서 아들을 달랬습니다. 하지만 그것들은 아들의 혀에 닿자마자 맹독과 같이 느껴졌습니다. 장자의 아들은 칠 일 동안 음식을 먹지 못하다가 죽었습니다.(J537)[185]

역자의 주석 5 밍군 제따완 사야도 일화 (한국마하시 우 소다나 사야도)

본서 pp.200~201 등에서 알 수 있듯이 마하시 사야도가 지도하는 위빳사나 수행방법은 당시에 비방하거나 이의를 제기하는 이들이 더러 있었습니다. 그래서 마하시 사야도는 법문 중간중간에 관련된 내용이 나오면 지금 지도하고 있는 위빳사나 방법이 바른 수행이라는 사실을 여러 근거와 함께 설명했습니다.

185 『자타카전서』, p.2286 참조.

마하시 사야도뿐만 아니라 마하시 사야도의 수행 스승인 밍군 제따완 사야도도 마찬가지로 처음 위빳사나 수행방법을 설할 때 많은 반대에 부딪혔다고 합니다.

나중에 밍군 제따완 사야도*Mingun Jetavan Sayadaw*라고 알려질 우 나라다*U Nārada* 사야도는 스스로 법을 실천한 뒤 세랍 40세 정도 됐을 때 갈 때는 〈간다〉, 설 때는 〈선다〉, 앉을 때는 〈앉는다〉, 누울 때는 〈눕는다〉라고 관찰하도록 설법하고 지도했습니다. 하지만 처음 삼 년 동안은 시험 삼아 수행해 보려는 이조차 없었습니다. 오히려 법문을 듣고 "개나 돼지도 갈 때는 〈간다〉라고 안다", "사마타일 뿐이다. 개념일 뿐이다" 등으로 비방하기까지 했습니다.

하지만 우 나라다 사야도는 물러나지 않고 계속 법을 설했습니다. 그러다가 "가까워야 법이 깃든다"라는 말처럼 가까운 친척들이면 가르침을 들을 것이라고 생각해서, 또한 "좋은 음식을 먹을 때 가까운 이가 생각난다"라는 말처럼 거룩한 법을 친척들에게도 전해주리라고 생각해서 고향 마을로 가서 자신이 경험한 수행방법을 설했습니다.

하지만 고향에서도 사람들이 "때릴 때는 〈때린다〉라고 관찰하고 찌를 때는 〈찌른다〉라고 관찰하고 … " 등으로 비꼬며 놀렸습니다. 그 사실을 친척들이 듣고 우 나라다 사야도에게 "왜 스님은 다른 이들이 설하지 않는 법을 설하고, 다른 이들이 주지 않는 법을 주고, 다른 이들이 실천하지 않는 법을 실천합니까?"라고 말했습니다. 그러자 우 나라다 사야도는 미소를 지으며 다음과 같이 말했습니다.

"다른 이들이 설하지 않는 법을 설해야 다른 이들로부터 들어본 적이 없는 법을 들을 수 있습니다. 다른 이들이 준 적이 없는 법을 설해야 다른 이들로부터 얻은 적이 없는 법을 얻을 것입니다. 다른 이들이 실천한 적이 없는 법을 실천해야 다른 이들이 깨달은 적이 없는 법을 깨달아서 특별한 이익을 누릴 것입니다."

몇 년 흘러 쉐찐 시에서 법을 설할 때는 사람들이 돌멩이나 병을 던지기도 했습니다. 하지만 "전쟁터에 나간 코끼리가 사방에서 날아오는 화살을 견뎌내듯이"(Dhp.320), 우 나라다 사야도는 돌멩이나 병에 맞아 머리에서 피가 뚝 뚝 떨어지면서도 법문을 멈추지 않았습니다.

나중에 따토웅 밍군 제따완 정사에서 지낼 때도 형편은 나아지지 않았습니다. 생선가게 사람들까지 물고기를 죽이면서 〈잡는다, 때린다, 죽인다〉 등으로 놀리는 일이 끊이지 않았습니다. "갈 때는 〈간다〉라고 알면 수다원이 된다고? 〈굽힌다, 편다〉라고 관찰하면 된다고? 그 방법에는 팔원소 물질묶음을 헤아리는 것도 없군" 등으로 여러 가지로 비방했습니다. 일부 스님들은 밍군 제따완 사야도가 법문을 하고 있는 중에도 큰 소리로 비방했습니다.

하지만 물러나지 않고 계속 설법하고 지도한 끝에 수행자들이 차츰 늘어나기 시작했습니다. 마하시 사야도도 밍군 제따완 정사로 가서 그 방법 그대로 수행했습니다. 지금은 마하시 새김확립 위빳사나 수행방법이 전 세계에 널리 전해진 상태입니다.

이러한 사실을 상기한다면 지금 본서를 읽는 분들, 이 방법으로 수행하는 분들에게 크나큰 고마움, 경각심이 생겨날 것입니다. '스승님들께서 대대로 감춰진 것을 드러내 주셨구나. 온갖 방해에도 불구하고 온전히 지키고 전수한 이 수행방법을 내가 지금 읽고 있고 수행하고 있구나'라고 그 가치를 잘 숙고해서 더욱더 방일하지 않고 교학과 수행에 매진해야 합니다. (*Dhammacariya U Ṭheihlain*, 『*Yahantā hnin Puggoul'thūmyā*(아라한과 특별한 이들)』, pp.429~439 참조)

부록 3

「말루꺄뿟따숫따」 빠알리어와 해석

말루꺄뿟따숫따

Mālukyaputtasutta

나모 땃사 바가와또 아라하또 삼마삼붓닷사‖

Namo tassa bhagavato arahato sammāsambuddhassa.

서문

1 에왕 메 수땅‖ 에깡 사마양 바가와 사왓티양 위하라띠
Evaṁ me sutaṁ. Ekaṁ samayaṁ bhagavā sāvatthiyaṁ viharati

제따와네 아나타삔디깟사 아라메‖
jetavane anāthapiṇḍikassa ārāme.

2 아타 코 아야스마 말루꺄뿟또 예나 바가와
Atha kho āyasmā mālukyaputto yena bhagavā

떼누빠상까미| 우빠상까미뜨와 바가완땅 아비와데뜨와
tenupasaṅkami, upasaṅkamitvā bhagavantaṁ abhivādetvā

에까만땅 니시디‖ 에까만땅 니신노 코 아야스마
ekamantaṁ nisīdi. Ekamantaṁ nisinno kho āyasmā

말루꺄뿟또 바가완땅 에따다오짜‖
mālukyaputto bhagavantaṁ etadavoca.

말루꺄뿟따 경

아라한이며 정등각자이신 거룩한 세존께 예경 올립니다.

서문

1 이와 같이 저는 들었습니다. 한때 세존께서는 사왓티에 있는 제따와나 숲의 아나타삔디까 원림에 머무셨습니다.

2 그때 말루꺄뿟따 존자가 세존께 다가갔습니다. 다가가서는 세존께 예경을 올린 뒤 한쪽에 앉았습니다. 한쪽에 앉은 말루꺄뿟따 존자는 세존께 다음과 같이 말씀드렸습니다.

청법

법을 청하다

3 "사두 메। 반떼। 바가와 상킷떼나 담망 데세뚜।
"Sādhu me, bhante, bhagavā saṁkhittena dhammaṁ desetu,

야마항 바가와또 담망 수뜨와 에꼬 우빠깟토 압빠맛또
yamahaṁ bhagavato dhammaṁ sutvā eko vūpakaṭṭho appamatto

아따삐 빠히땃또 위하레얀"띠॥
ātāpī pahitatto vihareyya"nti.

부처님의 질책과 격려

4 "엣타 다니। 말루꺄뿟따। 낑 다하레 빅쿠 왁카마!
"Ettha dāni, mālukyaputta, kiṁ dahare bhikkhū vakkhāma!

야뜨라 히 나마 뜨왕। 빅쿠। 진노 웃도 마할라"꼬 앗다가또
Yatra hi nāma tvaṁ, bhikkhu, jiṇṇo vuddho mahallako addhagato

와요아눕빳또 상킷떼나 오와당 야짜시"띠॥
vayoanuppatto saṁkhittena ovādaṁ yācasī"ti.

법을 다시 청하다

5 "낀짜빠항। 반떼। 진노 웃도 마할라"꼬 앗다가또
"Kiñcāpāhaṁ, bhante, jiṇṇo vuddho mahallako addhagato

와요아눕빳또॥ 데세뚜 메। 반떼। 바가와 상킷떼나
vayoanuppatto. Desetu me, bhante, bhagavā saṁkhittena

담망। 데세뚜 수가또 상킷떼나 담망।
dhammaṁ, desetu sugato saṁkhittena dhammaṁ,

압뻬와 나마항 바가와또 바시땃사 앗탕 아자네양"॥
appeva nāmāhaṁ bhagavato bhāsitassa atthaṁ ājāneyyaṁ.

압뻬와 나마항 바가와또 바시땃사 다야도 앗산"띠॥
Appeva nāmāhaṁ bhagavato bhāsitassa dāyādo assa"nti.

청법

법을 청하다

3 세존이시여, 세존께서 저에게 간략하게 법을 설해 주시면 좋겠습니다. 저는 세존의 그 법을 듣고서 홀로 은둔하며 방일하지 않고 열심히 노력하고 전념하면서 지내겠습니다.

부처님의 질책과 격려

4 말루꺄뿟따여, 거기에 대해서 이제 젊은 비구들에게 어떻게 말해야 하겠는가? 비구여, 그대는 늙었고, 나이가 들었고, 나이가 많고, 연로하고, 만년에 이르러서야 간략하게 훈계를 청한단 말인가?

법을 다시 청하다

5 세존이시여, 제가 늙었고, 나이가 들었고, 나이가 많고, 연로하고, 비록 만년에 이르렀지만, 세존이시여, 세존께서는 저에게 간략하게 법을 설해 주십시오. 선서께서는 간략하게 법을 설해 주십시오. 제가 세존께서 말씀하신 것의 의미를 잘 이해할 수도 있을 것입니다. 제가 세존께서 말씀하신 것의 상속자가 될 수도 있을 것입니다.

위빳사나 기초 문답

위빳사나 기초 문답 1

6 "땅 낑 만냐시 | 말루꺄뿟따 | 예 떼 짝쿠윈녜야" 루빠
"Taṁ kiṁ maññasi, mālukyaputta, ye te cakkhuviññeyyā rūpā

아딧타 아딧타뿝바 | 나 짜 빳사시 | 나 짜 떼 호띠
adiṭṭhā adiṭṭhapubbā, na ca passasi, na ca te hoti

빳세얀"띠 | 앗티 떼 땃타 찬도 와 라고 와 뻬망 와"띠?
passeyyanti, atthi te tattha chando vā rāgo vā pemaṁ vā"ti?

"노 헤땅 | 반떼" ||
"No hetaṁ, bhante."

위빳사나 기초 문답 2

7 "예 떼 소따윈녜야" 삿다 앗수따 앗수따뿝바 |
"Ye te sotaviññeyyā saddā assutā assutapubbā,

나 짜 수나시 | 나 짜 떼 호띠 수네얀"띠 |
na ca suṇāsi, na ca te hoti suṇeyyanti,

앗티 떼 땃타 찬도 와 라고 와 뻬망 와"띠?
atthi te tattha chando vā rāgo vā pemaṁ vā"ti?

"노 헤땅 | 반떼" ||
"No hetaṁ, bhante."

위빳사나 기초 문답 3

8 "예 떼 가나윈녜야" 간다 아가이따 아가이따뿝바 |
"Ye te ghānaviññeyyā gandhā aghāyitā aghāyitapubbā,

나 짜 가야시 | 나 짜 떼 호띠 가예얀"띠 |
na ca ghāyasi, na ca te hoti ghāyeyyanti,

앗티 떼 땃타 찬도 와 라고 와 뻬망 와"띠?
atthi te tattha chando vā rāgo vā pemaṁ vā"ti?

"노 헤땅 | 반떼" ||
"No hetaṁ, bhante."

위빳사나 기초 문답

위빳사나 기초 문답 1

6 말루꺄뿟따여, 이것을 그대는 어떻게 생각하는가? 그대가 아직 보지 않았고, 이전에 본 적도 없고, 지금 보고 있는 것도 아니고, 앞으로 볼 것도 아닌, 눈으로 알 수 있는 어떤 형색들이 있다면, 그것들에 대해 그대에게 욕망이나 애착이나 애정이 있겠는가? 그렇지 않습니다, 세존이시여.

위빳사나 기초 문답 2

7 그대가 아직 듣지 않았고, 이전에 들은 적도 없고, 지금 듣고 있는 것도 아니고, 앞으로 들을 것도 아닌, 귀로 알 수 있는 어떤 소리들이 있다면, 그것들에 대해 그대에게 욕망이나 애착이나 애정이 있겠는가? 그렇지 않습니다, 세존이시여.

위빳사나 기초 문답 3

8 그대가 아직 맡지 않았고, 이전에 맡은 적도 없고, 지금 맡고 있는 것도 아니고, 앞으로 맡을 것도 아닌, 코로 알 수 있는 어떤 냄새들이 있다면, 그것들에 대해 그대에게 욕망이나 애착이나 애정이 있겠는가? 그렇지 않습니다, 세존이시여.

위빳사나 기초 문답 4

9 "예 떼 지와윈녜야" 라사 아사이따 아사이따뿝바।
"Ye te jivhāviññeyyā rasā asāyitā asāyitapubbā,

나 짜 사야시। 나 짜 떼 호띠 사예얀"띠।
na ca sāyasi, na ca te hoti sāyeyyanti,

앗티 떼 땃타 찬도 와 라고 와 뻬망 와"띠?
atthi te tattha chando vā rāgo vā pemaṁ vā"ti?

"노 헤땅। 반떼"॥
"No hetaṁ, bhante."

위빳사나 기초 문답 5

10 "예 떼 까야윈녜야" 폿탑바 아삼풋타 아삼풋타뿝바।
"Ye te kāyaviññeyyā phoṭṭhabbā asamphuṭṭhā asamphuṭṭhapubbā,

나 짜 푸사시। 나 짜 떼 호띠 푸세얀"띠।
na ca phusasi, na ca te hoti phuseyyanti,

앗티 떼 땃타 찬도 와 라고 와 뻬망 와"띠?
atthi te tattha chando vā rāgo vā pemaṁ vā"ti?

"노 헤땅। 반떼"॥
"No hetaṁ, bhante."

위빳사나 기초 문답 6

11 "예 떼 마노윈녜야" 담마 아윈냐따 아윈냐따뿝바।
"Ye te manoviññeyyā dhammā aviññātā aviññātapubbā,

나 짜 위자나시। 나 짜 떼 호띠 위자네얀"띠।
na ca vijānāsi, na ca te hoti vijāneyyanti,

앗티 떼 땃타 찬도 와 라고 와 뻬망 와"띠?
atthi te tattha chando vā rāgo vā pemaṁ vā"ti?

"노 헤땅। 반떼"॥
"No hetaṁ, bhante."

위빳사나 기초 문답 4

9 그대가 아직 맛보지 않았고, 이전에 맛본 적도 없고, 지금 맛보고 있는 것도 아니고, 앞으로 맛볼 것도 아닌, 혀로 알 수 있는 어떤 맛들이 있다면, 그것들에 대해 그대에게 욕망이나 애착이나 애정이 있겠는가? 그렇지 않습니다, 세존이시여.

위빳사나 기초 문답 5

10 그대가 아직 닿지 않았고, 이전에 닿은 적도 없고, 지금 닿고 있는 것도 아니고, 앞으로 닿을 것도 아닌, 몸으로 알 수 있는 어떤 감촉들이 있다면, 그것들에 대해 그대에게 욕망이나 애착이나 애정이 있겠는가? 그렇지 않습니다, 세존이시여.

위빳사나 기초 문답 6

11 그대가 아직 알지 않았고, 이전에 안 적도 없고, 지금 알고 있는 것도 아니고, 앞으로 알 것도 아닌, 맘으로 알 수 있는 어떤 법들이 있다면, 그것들에 대해 그대에게 욕망이나 애착이나 애정이 있겠는가? 그렇지 않습니다, 세존이시여.

위빳사나 수행방법 요약

12 "엣타 짜 떼ǀ 말루꺄뿟따ǀ
"Ettha ca te, mālukyaputta,

딧타수따무따윈냐떼수 담메수
diṭṭhasutamutaviññātesu dhammesu

딧테 딧타맛땅 바윗사띠ǀ 수떼 수따맛땅 바윗사띠ǀ
diṭṭhe diṭṭhamattaṁ bhavissati, sute sutamattaṁ bhavissati,

무떼 무따맛땅 바윗사띠ǀ 윈냐떼 윈냐따맛땅 바윗사띠ǁ
mute mutamattaṁ bhavissati, viññāte viññātamattaṁ bhavissati.

위빳사나 수행의 이익

13-1 야또 코 떼ǀ 말루꺄뿟따ǀ
Yato kho te, mālukyaputta,

딧타수따무따윈냐땁베수 담메수
diṭṭhasutamutaviññātabbesu dhammesu

딧테 딧타맛땅 바윗사띠ǀ 수떼 수따맛땅 바윗사띠ǀ
diṭṭhe diṭṭhamattaṁ bhavissati, sute sutamattaṁ bhavissati,

무떼 무따맛땅 바윗사띠ǀ 윈냐떼 윈냐따맛땅 바윗사띠ǀ
mute mutamattaṁ bhavissati, viññāte viññātamattaṁ bhavissati,

따또 뜨왕ǀ 말루꺄뿟따ǀ 나 떼나ǁ
tato tvaṁ, mālukyaputta, na tena.

13-2 야또 뜨왕ǀ 말루꺄뿟따ǀ 나 떼나ǀ
Yato tvaṁ, mālukyaputta, na tena,

따또 뜨왕ǀ 말루꺄뿟따ǀ 나 땃타ǁ
tato tvaṁ, mālukyaputta, na tattha.

13-3 야또 뜨왕ǀ 말루꺄뿟따ǀ 나 땃타ǀ
Yato tvaṁ, mālukyaputta, na tattha,

따또 뜨왕ǀ 말루꺄뿟따ǀ 네위다ǀ 나 후랑ǀ
tato tvaṁ, mālukyaputta, nevidha, na huraṁ,

나 우바야만따레나ǁ 에세완또 둑캇사"띠ǁ
na ubhayamantarena. Esevanto dukkhassā"ti.

위빳사나 수행방법 요약

12 말루꺄뿟따여, 그대에게 보이고 들리고 감각되고 알게 된 이런 법들 중에서도 보이는 것에 대해서는 보는 정도만 생겨날 것이다. 들리는 것에 대해서는 듣는 정도만 생겨날 것이다. 감각된 것에 대해서는 감각하는 정도만 생겨날 것이다. 알게 된 것에 대해서는 아는 정도만 생겨날 것이다.

위빳사나 수행의 이익

13-1 말루꺄뿟따여, 어느 때 보이고 들리고 감각되고 알게 된 법들 중에서 보이는 것에 대해서는 보는 정도만 생겨날 것이고 들리는 것에 대해서는 듣는 정도만 생겨날 것이고 감각된 것에 대해서는 감각하는 정도만 생겨날 것이고 알게 된 것에 대해서는 아는 정도만 생겨날 것이라면, 말루꺄뿟따여, 그때 그대는 그것과 관련되지 않을 것이다.

13-2 말루꺄뿟따여, 어느 때 그대가 그것과 관련되지 않는다면, 말루꺄뿟따여, 그때 그대는 그것에 머물지 않을 것이다.

13-3 말루꺄뿟따여, 어느 때 그대가 그것에 머물지 않는다면, 말루꺄뿟따여, 그때 그대는 여기에도 없고 저기에도 없고 둘의 중간에도 없을 것이다. 바로 이것이 괴로움의 끝이다.

위빳사나 수행방법 상설 게송

14-1 “이맛사 크와항। 반떼। 바가와따 상킷떼나
“Imassa khvāhaṁ, bhante, bhagavatā saṁkhittena

바시땃사 윗타레나 앗탕 아자나미॥
bhāsitassa vitthārena atthaṁ ājānāmi.

열반과 먼 모습

14-2 “루빵 디스와 사띠 뭇타।
“Rūpaṁ disvā sati muṭṭhā,

삐양 니밋땅 마나시 까로또॥
Piyaṁ nimittaṁ manasi karoto;

사랏따찟또 웨데띠।
Sārattacitto vedeti,

딴짜 앗조사 띳타띠॥
Tañca ajjhosa tiṭṭhati.

14-3 땃사 왓단띠 웨다나।
Tassa vaḍḍhanti vedanā,

아네까 루빠삼바와॥
Anekā rūpasambhavā;

아빗자 짜 위헤사 짜।
Abhijjhā ca vihesā ca,

찟따맛수빠한냐띠॥
Cittamassūpahaññati;

에왕 아찌나또 둑캉।
Evaṁ ācinato dukkhaṁ,

아라 닙바나뭇짜띠॥
Ārā nibbānamuccati.

위빳사나 수행방법 상설 게송

14-1 세존이시여, 세존께서 간략하게 설하신 이 법문의 의미를 저는 자세하게 압니다.

열반과 먼 모습

14-2 형색을 보고 나서 새김이 잊히네,
좋아하는 표상에 마음을 기울이면.
애착하는 마음으로 느끼기도 하고
그것을 또한 움켜쥐며 머문다네 .

14-3 그런 그에게 느낌이 늘어나네.
형색에서 생겨나는 여러 느낌이.
탐애도, 또한 괴롭힘도 늘어나니
그의 마음은 피곤하기만 하다네.
이와 같이 괴로움을 쌓는 이에게
열반은 매우 멀다고 말한다네.

14-4 삿당 수뜨와 사띠 뭇타 ।
Saddaṁ sutvā sati muṭṭhā,

삐양 니밋땅 마나시 까로또 ॥
Piyaṁ nimittaṁ manasi karoto;

사랏따찟또 웨데띠 ।
Sārattacitto vedeti,

딴짜 앗조사 띳타띠 ॥
Tañca ajjhosa tiṭṭhati.

14-5 땃사 왓단띠 웨다나 ।
Tassa vaḍḍhanti vedanā,

아네까 삿다삼바와 ॥
anekā saddasambhavā;

아빗자 짜 위헤사 짜 ।
Abhijjhā ca vihesā ca,

찟따맛수빠한냐띠 ॥
Cittamassūpahaññati;

에왕 아찌나또 둑캉 ।
Evaṁ ācinato dukkhaṁ,

아라 닙바나뭇짜띠 ॥
Ārā nibbānamuccati.

14-6 간당 가뜨와 사띠 뭇타 ।
Gandhaṁ ghatvā sati muṭṭhā,

삐양 니밋땅 마나시 까로또 ॥
Piyaṁ nimittaṁ manasi karoto;

사랏따찟또 웨데띠 ।
Sārattacitto vedeti,

딴짜 앗조사 띳타띠 ॥
Tañca ajjhosa tiṭṭhati.

14-4 소리를 듣고 나서 새김이 잊히네,
좋아하는 표상에 마음을 기울이면.
애착하는 마음으로 느끼기도 하고
그것을 또한 움켜쥐며 머문다네 .

14-5 그런 그에게 느낌이 늘어나네,
소리에서 생겨나는 여러 느낌이.
탐애도, 또한 괴롭힘도 늘어나니
그의 마음은 피곤하기만 하다네.
이와 같이 괴로움을 쌓는 이에게
열반은 매우 멀다고 말한다네.

14-6 냄새를 맡고 나서 새김이 잊히네,
좋아하는 표상에 마음을 기울이면.
애착하는 마음으로 느끼기도 하고
그것을 또한 움켜쥐며 머문다네 .

14-7 땃사 왓단띠 웨다나ǀ
Tassa vaḍḍhanti vedanā,

아네까 간다삼바와ǁ
Anekā gandhasambhavā;

아빗자 짜 위헤사 짜ǀ
Abhijjhā ca vihesā ca,

찟따맛수빠한냐띠ǁ
Cittamassūpahaññati;

에왕 아찌나또 둑캉ǀ
Evaṁ ācinato dukkhaṁ,

아라 닙바나뭇짜띠ǁ
Ārā nibbānamuccati.

14-8 라상 보뜨와 사띠 뭇타ǀ
Rasaṁ bhotvā sati muṭṭhā,

삐양 니밋땅 마나시 까로또ǁ
Piyaṁ nimittaṁ manasi karoto;

사랏따찟또 웨데띠ǀ
Sārattacitto vedeti,

딴짜 앗조사 띳타띠ǁ
Tañca ajjhosa tiṭṭhati.

14-9 땃사 왓단띠 웨다나ǀ
Tassa vaḍḍhanti vedanā,

아네까 라사삼바와ǁ
Anekā rasasambhavā;

아빗자 짜 위헤사 짜ǀ
Abhijjhā ca vihesā ca,

찟따맛수빠한냐띠ǁ
Cittamassūpahaññati;

에왕 아찌나또 둑캉ǀ
Evaṁ ācinato dukkhaṁ,

아라 닙바나뭇짜띠ǁ
Ārā nibbānamuccati.

14-7 그런 그에게 느낌이 늘어나네,
냄새에서 생겨나는 여러 느낌이.
탐애도, 또한 괴롭힘도 늘어나니
그의 마음은 피곤하기만 하다네.
이와 같이 괴로움을 쌓는 이에게
열반은 매우 멀다고 말한다네.

14-8 맛을 보고 나서 새김이 잊히네,
좋아하는 표상에 마음을 기울이면.
애착하는 마음으로 느끼기도 하고
그것을 또한 움켜쥐며 머문다네 .

14-9 그런 그에게 느낌이 늘어나네,
맛에서 생겨나는 여러 느낌이.
탐애도, 또한 괴롭힘도 늘어나니
그의 마음은 피곤하기만 하다네.
이와 같이 괴로움을 쌓는 이에게
열반은 매우 멀다고 말한다네.

14-10 팟상 풋사 사띠 뭇타 ।
Phassaṁ phussa sati muṭṭhā,

삐양 니밋땅 마나시 까로또 ॥
Piyaṁ nimittaṁ manasi karoto;

사랏따찟또 웨데띠 ।
Sārattacitto vedeti,

딴짜 앗조사 띳타띠 ॥
Tañca ajjhosa tiṭṭhati.

14-11 땃사 왓단띠 웨다나 ।
Tassa vaḍḍhanti vedanā,

아네까 팟사삼바와 ॥
Anekā phassasambhavā;

아빗자 짜 위헤사 짜 ।
Abhijjhā ca vihesā ca,

찟따맛수빠한냐띠 ॥
Cittamassūpahaññati;

에왕 아찌나또 둑캉 ।
Evaṁ ācinato dukkhaṁ,

아라 닙바나뭇짜띠 ॥
Ārā nibbānamuccati.

14-12 담망 냐뜨와 사띠 뭇타 ।
Dhammaṁ ñatvā sati muṭṭhā,

삐양 니밋땅 마나시 까로또 ॥
Piyaṁ nimittaṁ manasi karoto;

사랏따찟또 웨데띠 ।
Sārattacitto vedeti,

딴짜 앗조사 띳타띠 ॥
Tañca ajjhosa tiṭṭhati.

14-10 감촉에 닿고 나서 새김이 잊히네,
좋아하는 표상에 마음을 기울이면.
애착하는 마음으로 느끼기도 하고
그것을 또한 움켜쥐며 머문다네 .

14-11 그런 그에게 느낌이 늘어나네,
감촉에서 생겨나는 여러 느낌이.
탐애도, 또한 괴롭힘도 늘어나니
그의 마음은 피곤하기만 하다네.
이와 같이 괴로움을 쌓는 이에게
열반은 매우 멀다고 말한다네.

14-12 법을 알고 나서 새김이 잊히네,
좋아하는 표상에 마음을 기울이면.
애착하는 마음으로 느끼기도 하고
그것을 또한 움켜쥐며 머문다네 .

14-13 땃사 왓단띠 웨다나।
Tassa vaḍḍhanti vedanā,

아네까 담마삼바와॥
Anekā dhammasambhavā;

아빗자 짜 위헤사 짜।
Abhijjhā ca vihesā ca,

찟따맛수빠한냐띠॥
Cittamassūpahaññati;

에왕 아찌나또 둑캉।
Evaṁ ācinato dukkhaṁ,

아라 닙바나뭇짜띠॥
Ārā nibbānamuccati.

열반과 가까운 모습

14-14 나 소 랏자띠 루뻬수।
Na so rajjati rūpesu,

루빵 디스와 빠띳사또॥
Rūpaṁ disvā paṭissato;

위랏따찟또 웨데띠।
Virattacitto vedeti,

딴짜 낫조사 띳타띠॥
Tañca nājjhosa tiṭṭhati.

14-15 야타사 빳사또 루빵।
Yathāssa passato rūpaṁ,

세와또 짜삐 웨다낭॥
Sevato cāpi vedanaṁ;

키야띠 노빠찌야띠।
Khīyati nopacīyati,

에왕 소 짜라띳사또॥
Evaṁ so caratissato;

에왕 아빠찌나또 둑캉।
Evaṁ apacinato dukkhaṁ,

산띠께 닙바나뭇짜띠॥
Santike nibbānamuccati.

14-13 그런 그에게 느낌이 늘어나네,

법에서 생겨나는 여러 느낌이.

탐애도, 또한 괴롭힘도 늘어나니

그의 마음은 피곤하기만 하다네.

이렇게 괴로움을 쌓는 이에게

열반은 매우 멀다고 말한다네.

열반과 가까운 모습

14-14 형색들에 대해 애착하지 않는다네,

형색을 보고 다시 새기는 그는.

애착 없는 마음으로 느끼기도 하고

그것도 움켜쥐지 않고 머문다네.

14-15 그처럼 형색을 보기도 하지만

그처럼 느낌을 의지도 하지만

다하기만 할 뿐 쌓이지 않는다네.

이와 같이 그는 새기면서 행한다네.

이와 같이 괴로움을 쌓지 않는 이에게

열반은 매우 가깝다고 말한다네.

14-16 나 소 랏자띠 삿데수 ।
Na so rajjati saddesu,

삿당 수뜨와 빠띳사또 ॥
Saddaṁ sutvā paṭissato;

위랏따찟또 웨데띠 ।
Virattacitto vedeti,

딴짜 낫초사 띳타띠 ॥
Tañca nājjhosa tiṭṭhati.

14-17 야탓사 수나또 삿당 ।
Yathāssa suṇato saddaṁ,

세와또 짜삐 웨다낭 ॥
Sevato cāpi vedanaṁ;

키야띠 노빠찌야띠 ।
Khīyati nopacīyati,

에왕 소 짜라띳사또 ॥
Evaṁ so caratissato;

에왕 아빠찌나또 둑캉 ।
Evaṁ apacinato dukkhaṁ,

산띠께 닙바나뭇짜띠 ॥
Santike nibbānamuccati.

14-18 나 소 랏자띠 간데수 ।
Na so rajjati gandhesu,

간당 가뜨와 빠띳사또 ॥
Gandhaṁ ghatvā paṭissato;

위랏따찟또 웨데띠 ।
Virattacitto vedeti,

딴짜 낫초사 띳타띠 ॥
Tañca nājjhosa tiṭṭhati.

14-16 소리들에 대해 애착하지 않는다네,
소리를 듣고 다시 새기는 그는.
애착 없는 마음으로 느끼기도 하고
그것도 움켜쥐지 않고 머문다네.

14-17 그처럼 소리를 듣기도 하지만
그처럼 느낌을 의지도 하지만
다하기만 할 뿐 쌓이지 않는다네.
이와 같이 그는 새기면서 행한다네.
이와 같이 괴로움을 쌓지 않는 이에게
열반은 매우 가깝다고 말한다네.

14-18 냄새들에 대해 애착하지 않는다네,
냄새를 맡고 다시 새기는 그는.
애착 없는 마음으로 느끼기도 하고
그것도 움켜쥐지 않고 머문다네.

14-19 야탓사 가야또 간당 ।
Yathāssa ghāyato gandhaṁ,

세와또 짜삐 웨다낭 ॥
Sevato cāpi vedanaṁ;

키야띠 노빠찌야띠 ।
Khīyati nopacīyati,

에왕 소 짜라띳사또 ॥
Evaṁ so caratissato;

에왕 아빠찌나또 둑캉 ।
Evaṁ apacinato dukkhaṁ,

산띠께 닙바나뭇짜띠 ॥
Santike nibbānamuccati.

14-20 나 소 랏자띠 라세수 ।
Na so rajjati rasesu,

라상 보뜨와 빠띳사또 ॥
Rasaṁ bhotvā paṭissato;

위랏따찟또 웨데띠 ।
Virattacitto vedeti,

딴짜 낫조사 띳타띠 ॥
Tañca nājjhosa tiṭṭhati.

14-21 야탓사 사야또 라상 ।
Yathāssa sāyato rasaṁ,

세와또 짜삐 웨다낭 ॥
Sevato cāpi vedanaṁ;

키야띠 노빠찌야띠 ।
Khīyati nopacīyati,

에왕 소 짜라띳사또 ॥
Evaṁ so caratissato;

에왕 아빠찌나또 둑캉 ।
Evaṁ apacinato dukkhaṁ,

산띠께 닙바나뭇짜띠 ॥
Santike nibbānamuccati.

14-19 그처럼 냄새를 맡기도 하지만
그처럼 느낌을 의지도 하지만
다하기만 할 뿐 쌓이지 않는다네.
이와 같이 그는 새기면서 행한다네.
이와 같이 괴로움을 쌓지 않는 이에게
열반은 매우 가깝다고 말한다네.

14-20 맛들에 대해 애착하지 않는다네,
맛을 보고 다시 새기는 그는.
애착 없는 마음으로 느끼기도 하고
그것도 움켜쥐지 않고 머문다네.

14-21 그처럼 맛을 보기도 하지만
그처럼 느낌을 의지도 하지만
다하기만 할 뿐 쌓이지 않는다네.
이와 같이 그는 새기면서 행한다네.
이와 같이 괴로움을 쌓지 않는 이에게
열반은 매우 가깝다고 말한다네.

14-22 나 소 랏자띠 팟세수 |
Na so rajjati phassesu,

팟상 풋사 빠띳사또 ||
Phassaṁ phussa paṭissato;

위랏따찟또 웨데띠 |
Virattacitto vedeti,

딴짜 낮조사 띳타띠 ||
Tañca nājjhosa tiṭṭhati.

14-23 야탓사 푸사또 팟상 |
Yathāssa phusato phassaṁ,

세와또 짜삐 웨다낭 ||
Sevato cāpi vedanaṁ;

키야띠 노빠찌야띠 |
Khīyati nopacīyati,

에왕 소 짜라띳사또 ||
Evaṁ so caratissato;

에왕 아빠찌나또 둑캉 |
Evaṁ apacinato dukkhaṁ,

산띠께 닙바나뭇짜띠 ||
Santike nibbānamuccati.

14-22 감촉들에 대해 애착하지 않는다네,
감촉에 닿고 다시 새기는 그는.
애착 없는 마음으로 느끼기도 하고
그것도 움켜쥐지 않고 머문다네.

14-23 그처럼 감촉에 닿기도 하지만
그처럼 느낌을 의지도 하지만
다하기만 할 뿐 쌓이지 않는다네.
이와 같이 그는 새기면서 행한다네.
이와 같이 괴로움을 쌓지 않는 이에게
열반은 매우 가깝다고 말한다네.

14-24 나 소 랒자띠 담메수 |
Na so rajjati dhammesu,

담망 냐뜨와 빠띳사또 ||
Dhammaṁ ñatvā paṭissato;

위랏따찟또 웨데띠 |
Virattacitto vedeti,

딴짜 낫조사 띳타띠 ||
Tañca nājjhosa tiṭṭhati.

14-25 야탓사 자나또 담망 |
Yathāssa jānato dhammaṁ,

세와또 짜삐 웨다낭 ||
Sevato cāpi vedanaṁ;

키야띠 노빠찌야띠 |
Khīyati nopacīyati,

에왕 소 짜라띳사또 ||
Evaṁ so caratissato;

에왕 아빠찌나또 둑캉 |
Evaṁ apacinato dukkhaṁ,

산띠께 닙바나뭇짜띠"띠 ||
Santike nibbānamuccatī"ti.

14-26 "이맛사 크와항 | 반떼 | 바가와따 상킷떼나
"Imassa khvāhaṁ, bhante, bhagavatā saṁkhittena

바시땃사 에왕 윗타레나 앗탕 아자나미"띠 ||
bhāsitassa evaṁ vitthārena atthaṁ ājānāmī"ti.

14-24 법들에 대해 애착하지 않는다네,
법을 알고 다시 새기는 그는.
애착 없는 마음으로 느끼기도 하고
그것도 움켜쥐지 않고 머문다네.

14-25 그처럼 법을 알기도 하지만
그처럼 느낌을 의지도 하지만
다하기만 할 뿐 쌓이지 않는다네.
이와 같이 그는 새기면서 행한다네.
이와 같이 괴로움을 쌓지 않는 이에게
열반은 매우 가깝다고 말한다네.

14-26 세존이시여, 세존께서 간략하게 설하신 이 법문의 의미를 이와 같이 자세하게 저는 압니다.

결어

부처님의 인정

15-1 "사두 사두 | 말루꺄뿟따! 사두 코 뜨왕 | 말루꺄뿟따 |
"Sādhu sādhu, mālukyaputta! Sādhu kho tvaṁ, mālukyaputta,

마야 상킷떼나 바시땃사 윗타레나 앗탕 아자나시 ||
mayā saṁkhittena bhāsitassa vitthārena atthaṁ ājānāsi.

부처님의 재법문

15-2 "루빵 디스와 사띠 뭇타 |
"Rūpaṁ disvā sati muṭṭhā,

삐양 니밋땅 마나시 까로또 ||
Piyaṁ nimittaṁ manasi karoto;

사랏따찟또 웨데띠 |
Sārattacitto vedeti,

딴짜 앗조사 띳타띠 ||
Tañca ajjhosa tiṭṭhati.

15-3 땃사 왓단띠 웨다나 |
Tassa vaḍḍhanti vedanā,

아네까 루빠삼바와 ||
Anekā rūpasambhavā;

아빗자 짜 위헤사 짜 |
Abhijjhā ca vihesā ca,

찟따맛수빠한냐띠 ||
Cittamassūpahaññati;

에왕 아찌나또 둑캉 |
Evaṁ ācinato dukkhaṁ,

아라 닙바나뭇짜띠 ||
Ārā nibbānamuccati.

…

결어

부처님의 인정

15-1 말루꺄뿟따여, 훌륭하구나, 훌륭하구나. 말루꺄뿟따여, 내가 간략하게 설한 것의 의미를 그대는 실로 훌륭히 자세하게 아는구나.

부처님의 재법문

15-2 형색을 보고 나서 새김이 잊히네,
좋아하는 표상에 마음을 기울이면.
애착하는 마음으로 느끼기도 하고
그것을 또한 움켜쥐며 머문다네 .

15-3 그런 그에게 느낌이 늘어나네,
형색에서 생겨나는 여러 느낌이.
탐애도, 또한 괴롭힘도 늘어나니
그의 마음은 피곤하기만 하다네.
이렇게 괴로움을 쌓는 이에게
열반은 매우 멀다고 말한다네.

…

15-24 나 소 랏자띠 담메수 ㅣ
Na so rajjati dhammesu,

담망 냐뜨와 빠띳사또 ㅣㅣ
Dhammaṁ ñatvā paṭissato;

위랏따찟또 웨데띠 ㅣ
Virattacitto vedeti,

딴짜 낫초사 띳타띠 ㅣㅣ
Tañca nājjhosa tiṭṭhati.

15-25 야탓사 자나또 담망 ㅣ
Yathāssa jānato dhammaṁ,

세와또 짜삐 웨다낭 ㅣㅣ
Sevato cāpi vedanaṁ;

키야띠 노빠찌야띠 ㅣ
Khīyati nopacīyati,

에왕 소 짜라띳사또 ㅣㅣ
Evaṁ so caratissato;

에왕 아빠찌나또 둑캉 ㅣ
Evaṁ apacinato dukkhaṁ,

산띠께 닙바나뭇짜띠"띠 ㅣㅣ
Santike nibbānamuccatī"ti.

15-26 "이맛사 코 ㅣ 말루꺄뿟따 ㅣ 마야 상킷떼나 바시땃사
"Imassa kho, mālukyaputta, mayā saṁkhittena bhāsitassa

에왕 윗타레나 앗토 닷탑보"띠 ㅣㅣ
evaṁ vitthārena attho daṭṭhabbo"ti.

15-24 법들에 대해 애착하지 않는다네,

법을 알고 다시 새기는 그는.

애착 없는 마음으로 느끼기도 하고

그것을 움켜쥐지 않고 머문다네.

15-25 그처럼 법을 알기도 하지만

그처럼 느낌을 의지도 하지만

다하기만 할 뿐 쌓이지 않는다네.

이와 같이 그는 새기면서 행한다네.

이와 같이 괴로움을 쌓지 않는 이에게

열반은 매우 가깝다고 말한다네.

15-26 말루꺄뿟따여, 내가 간략하게 설한 이 법문의 자세한 의미를 이와 같이 보아야 하느니라.

결집

16 아타 코 아야스마 말루꺄뿟또 바가와또 바시땅
Atha kho āyasmā mālukyaputto bhagavato bhāsitaṁ

아비난디뜨와 아누모디뜨와 웃타야사나
abhinanditvā anumoditvā uṭṭhāyāsanā

바가완땅 아비와데뜨와 빠닥키낭 까뜨와 빡까미॥
bhagavantaṁ abhivādetvā padakkhiṇaṁ katvā pakkāmi.

17 아타 코 아야스마 말루꺄뿟또 에꼬 우빠깟토 압빠맛또
Atha kho āyasmā mālukyaputto eko vūpakaṭṭho appamatto

아따삐 빠히땃또 위하란또 나찌랏세와 – 야삿타야 꿀라뿟따
ātāpī pahitatto viharanto nacirasseva - yassatthāya kulaputtā

삼마데와 아가라스마 아나가리양 빱바잔띠 따다눗따랑
sammadeva agārasmā anagāriyaṁ pabbajanti tadanuttaraṁ

브라흐마짜리야빠리요사낭 딧테와 담메 사양 아빈냐
brahmacariyapariyosānaṁ diṭṭheva dhamme sayaṁ abhiññā

삿치까뜨와 우빠삼빳자 위하시॥
sacchikatvā upasampajja vihāsi.

'키나 자띠। 우시땅 브라흐마짜리양। 까땅 까라니양।
'Khīṇā jāti, vusitaṁ brahmacariyaṁ, kataṁ karaṇīyaṁ,

나빠랑 잇탓따야'띠 압반냐시॥
nāparaṁ itthattāyā'ti abbhaññāsi.

18 안냐따로 짜 빠나야스마 말루꺄뿟또 아라하땅 아호시띠॥
Aññataro ca panāyasmā mālukyaputto arahataṁ ahosīti.

말루꺄뿟따숫땅 닛티땅॥
Mālukyaputtasuttaṁ niṭṭhitaṁ.

결집

16 그때 말루꺄뿟따 존자는 세존의 말씀에 환희하며 따라 기뻐한 뒤 자리에서 일어나 세존께 예경을 올리고 나서 오른쪽으로 돈 뒤 떠나갔습니다.

17 그때 말루꺄뿟따 존자는 홀로 은둔하며 방일하지 않고 열심히 노력하고 전념하며 지내면서 오래지 않아 선남자들이 재가자의 생에서 출가자의 생으로 바르게 출가하는 목적인 그 위없는 청정범행의 완성을 지금·여기에서 스스로 특별한 지혜로 알고 실현하고 구족하여 머물렀습니다.

'태어남은 다했다. 청정범행을 완성했다. 해야 할 일을 다 해 마쳤다. 이것을 위해 다시 더 해야 할 것은 없다'라고 이렇게 알았습니다.

18 그리고 말루꺄뿟따 존자는 아라한들 중의 한 분이 됐습니다.

「말루꺄뿟따숫따」가 끝났습니다.

부록 4

마하시 사야도 『말루꺄뿟따숫따 법문』 게송

위빳사나 기초 문답

볼 때

못보는것 번뇌가 저절로없네/ 보이는것 번뇌가 잠재생기네
보아관찰 번뇌들 잠재제거해/ 질문으로 수행법 드러나게해

들을 때

못듣는것 번뇌가 저절로없네/ 들리는것 번뇌가 잠재생기네
들어관찰 번뇌들 잠재제거해/ 질문으로 수행법 드러나게해

맡을 때

못맡는것 번뇌가 저절로없네/ 맡아진것 번뇌가 잠재생기네
맡아관찰 번뇌들 잠재제거해/ 질문으로 수행법 드러나게해

맛볼 때

못먹는것 번뇌가 저절로없네/ 먹어진것 번뇌가 잠재생기네
먹어관찰 번뇌들 잠재제거해/ 질문으로 수행법 드러나게해

닿을 때

못닿는것 번뇌가 저절로없네/ 닿아진것 번뇌가 잠재생기네
닿아관찰 번뇌들 잠재제거해/ 질문으로 수행법 드러나게해

알 때

못아는것 번뇌가 저절로없네/ 알아진것 번뇌가 잠재생기네
알아관찰 번뇌들 잠재제거해/ 질문으로 수행법 드러나게해

관찰하지 않는 이에게 열반은 멀다

볼 때

형색보아 좋으면 잊어버리네/ 애착하며 즐기며 맘속취하네
형색따라 느낌들 늘어난다네/ 탐욕늘고 화늘어 마음피곤해
이렇게만 안변해 고통찾는이/ 고통만을 찾는이 열반멀다네
보아관찰 않는이 열반멀다네

들을 때

소리들어 좋으면 잊어버리네/ 애착하며 즐기며 맘속취하네
소리따라 느낌들 늘어난다네/ 탐욕늘고 화늘어 마음피곤해
이렇게만 안변해 고통찾는이/ 고통만을 찾는이 열반멀다네
들어관찰 않는이 열반멀다네

맡을 때

냄새맡아 좋으면 잊어버리네/ 애착하며 즐기며 맘속취하네
냄새따라 느낌들 늘어난다네/ 탐욕늘고 화늘어 마음피곤해
이렇게만 안변해 고통찾는이/ 고통만을 찾는이 열반멀다네
맡아관찰 않는이 열반멀다네

맛볼 때

맛을보아 좋으면 잊어버리네/ 애착하며 즐기며 맘속취하네
맛에따라 느낌들 늘어난다네/ 탐욕늘고 화늘어 마음피곤해
이렇게만 안변해 고통찾는이/ 고통만을 찾는이 열반멀다네
먹어관찰 않는이 열반멀다네

닿을 때

감촉닿아 좋으면 잊어버리네/ 애착하며 즐기며 맘속취하네
감촉따라 느낌들 늘어난다네/ 탐욕늘고 화늘어 마음피곤해
이렇게만 안변해 고통찾는이/ 고통만을 찾는이 열반멀다네
닿아관찰 않는이 열반멀다네

알 때

성품알아 좋으면 잊어버리네/ 애착하며 즐기며 맘속취하네
성품따라 느낌들 늘어난다네/ 탐욕늘고 화늘어 마음피곤해
이렇게만 안변해 고통찾는이/ 고통만을 찾는이 열반멀다네
알아관찰 않는이 열반멀다네

관찰하는 이에게 열반은 가깝다

볼 때

형색보아 관찰해 애착사라져/ 애착안해 느끼며 맘속안취해
관찰알아 보기도 느끼기도해/ 그렇지만 윤전고 사라진다네
이렇게만 수행자 실천해야해/ 보아관찰 고통끝 열반가깝네
보아관찰 하는이 열반가깝네

들을 때

소리들어 관찰해 애착사라져/ 애착안해 느끼며 맘속안취해
관찰알아 듣기도 느끼기도해/ 그렇지만 윤전고 사라진다네
이렇게만 수행자 실천해야해/ 들어관찰 고통끝 열반가깝네
들어관찰 하는이 열반가깝네

맡을 때

냄새맡아 관찰해 애착사라져/ 애착안해 느끼며 맘속안취해
관찰알아 맡기도 느끼기도해/ 그렇지만 윤전고 사라진다네
이렇게만 수행자 실천해야해/ 맡아관찰 고통끝 열반가깝네
맡아관찰 하는이 열반가깝네

맛볼 때

맛을보아 관찰해 애착사라져/ 애착안해 느끼며 맘속안취해
관찰알아 먹기도 느끼기도해/ 그렇지만 윤전고 사라진다네
이렇게만 수행자 실천해야해/ 먹어관찰 고통끝 열반가깝네
먹어관찰 하는이 열반가깝네

닿을 때

감촉닿아 관찰해 애착사라져/ 애착안해 느끼며 맘속안취해
관찰알아 닿기도 느끼기도해/ 그렇지만 윤전고 사라진다네
이렇게만 수행자 실천해야해/ 닿아관찰 고통끝 열반가깝네
닿아관찰 하는이 열반가깝네

알 때

성품알아 관찰해 애착사라져/ 애착안해 느끼며 맘속안취해
관찰알아 알기도 느끼기도해/ 그렇지만 윤전고 사라진다네
이렇게만 수행자 실천해야해/ 알아관찰 고통끝 열반가깝네
알아관찰 하는이 열반가깝네

열반과 먼 모습과 가까운 모습 마무리 게송

관찰새김 않는이 열반멀다네
관찰새김 하는이 열반가깝네

부록 5

인식과정

눈문 인식과정

눈문에 매우 큰 형색 대상이 드러나면 다음의 차례로 인식과정이 진행됩니다.

1. 경과 존재요인atīta bhavaṅga
2. 동요 존재요인bhavaṅga calana
3. 단절 존재요인bhavaṅga uccheda
4. 오문전향pañcadvārāvajjana
5. 눈 의식cakkhu viññāṇa
6. 접수sampaṭicchana
7. 조사santīraṇa
8. 결정voṭṭhapana

9~15. 속행javana

16~17. 여운tadārammaṇa

욕계 맘문 인식과정

맘문에 선명한 법 대상이 드러나면 경과 존재요인이 한 번 지나가지 않는 경우*에 다음의 차례로 인식과정이 진행됩니다.

1. 동요 존재요인bhavaṅga calana

2. 단절 존재요인bhavaṅga uccheda

3. 맘문전향manodvārāvajjana

4~10. 속행javana

11~12. 여운tadārammaṇa

*경과 존재요인이 한 번 지나가지 않는 법 대상에는 ① 마음 · 마음부수, ② 열반 · 개념, ③ 과거 · 미래의 물질, ④ 현재 추상적 물질이 있습니다. 현재 구체적 물질 중 일부는 그 물질이 생겨날 때 경과 존재요인에 떨어지지 않고 드러날 수 있으나 일부 물질은 그 물질이 생겨난 후 경과 존재요인이 어느 정도 지나가야 맘문에 드러납니다.

도와 과를 처음 증득할 때 맘문 인식과정

도와 과를 처음 증득할 때 맘문에서 다음의 차례로 인식과정이 진행됩니다.

1. 동요 존재요인bhavaṅga calana
2. 단절 존재요인bhavaṅga uccheda
3. 맘문전향manodvārāvajjana

4~10. 속행javana

(보통일 때)	(예리할 때)
4. 준비parikamma	4. 근접upacāra
5. 근접upacāra	5. 수순anuloma
6. 수순anuloma	6. 종성gotrabhū
7. 종성gotrabhū	7. 도magga
8. 도magga	8~10. 과phala
9~10. 과phala	

부록 6

칠청정과 위빳사나 지혜들

1. 계청정sīla visuddhi·戒清淨

2. 마음청정citta visuddhi·心清淨

3. 견해청정diṭṭhi visuddhi·見清淨
   (1) 정신·물질 구별의 지혜nāmarūpapariccheda ñāṇa·名色區別智

4. 의심극복청정kaṅkhāvitaraṇa visuddhi·度疑清淨
   (2) 조건파악의 지혜paccayapariggaha ñāṇa·緣把握智

5. 도·비도 지견청정maggāmagga ñāṇadassana visuddhi·道非道智見清淨
   (3) 명상의 지혜sammasana ñāṇa·思惟智
   (4-1) 생멸 거듭관찰의 지혜udayabbayānupassanā ñāṇa·生滅隨觀智
   (약한 단계)

6. 실천 지견청정paṭipadā ñāṇadassana visuddhi·行道智見清淨
   (4-2) 생멸 거듭관찰의 지혜udayabbayānupassanā ñāṇa·生滅隨觀智
   (성숙된 단계)
   (5) 무너짐 거듭관찰의 지혜bhaṅgānupassanā ñāṇa·壞隨觀智
   (6) 두려움 드러남의 지혜bhayatupaṭṭhāna ñāṇa·怖畏現起智
   (7) 허물 거듭관찰의 지혜ādīnavānupassanā ñāṇa·過患隨觀智
   (8) 염오 거듭관찰의 지혜nibbidānupassanā ñāṇa·厭離隨觀智
   (9) 벗어나려는 지혜muñcitukamyatā ñāṇa·脫欲智

(10) 재성찰 거듭관찰의 지혜paṭisaṅkhānupassanā ñāṇa·省察隨觀智

(11) 형성평온의 지혜saṅkhārupekkhā ñāṇa·行捨智

(12) 수순의 지혜anuloma ñāṇa·隨順智

(13) 종성의 지혜gotrabhū ñāṇa·種姓智 *청정에는 포함 안 됨

7. 지견청정ñāṇadassana visuddhi·智見淸淨

(14) 도의 지혜magga ñāṇa·道智

(15) 과의 지혜phala ñāṇa·果智 *청정에는 포함 안 됨

(16) 반조의 지혜paccavekkhaṇa ñāṇa·觀察智 *청정에는 포함 안 됨

부록 7

31 탄생지

탄생지 31			영 역				수 명
무색계 탄생지		4		31		비상비비상처천	84,000대겁
				30		무소유처천	60,000대겁
				29		식무변처천	40,000대겁
				28		공무변처천	20,000대겁
색계 탄생지		16	4선정천	27	정거천	색구경천	16,000대겁
				26		선견천	8,000대겁
				25		선현천	4,000대겁
				24		무열천	2,000대겁
				23		무번천	1,000대겁
				22		무상유정천	500대겁
				21		광과천	500대겁
			3선정천	20		변정천	64대겁
				19		무량정천	32대겁
				18		소정천	16대겁
			2선정천	17		광음천	8대겁
				16		무량광천	4대겁
				15		소광천	2대겁
			초선정천	14		대범천	1아승기겁
				13		범보천	1/2아승기겁
				12		범중천	1/3아승기겁
욕계 탄생지 11	욕계선처 7	6	육욕천	11		타화자재천	16,000천상년
				10		화락천	8,000천상년
				9		도솔천	4,000천상년
				8		야마천	2,000천상년
				7		도리천	1,000천상년
				6		사대왕천	500천상년
		1	인간	5		인간	정해지지 않음
	악처	4	악처	4		아수라 무리	정해지지 않음
				3		아귀계	정해지지 않음
				2		축생계	정해지지 않음
				1		지옥	정해지지 않음

부록 8

빠알리어의 발음과 표기

빠알리어는 고유의 표기법을 가지고 있지 않습니다. 그래서 나라마다 자신의 언어로 표시합니다. 한국어의 경우 지금까지 빠알리어에 대한 한국어 고유의 표기법이 없어 소리 나는 대로 비슷하게 표현한 후 영어 표기법을 병기하여 표시했으나, 본 책에서는 한국어 고유의 표기법으로도 빠알리어를 나타냈습니다. 각각의 표기와 발음은 아래와 같습니다.

일반적인 표기

단모음	a아	i이	u우
장모음	ā아	ī이	ū우
복모음	e에	o오	

자음

	무성무기음	무성대기음	유성무기음	유성대기음	비음
후음	ka까	kha카	ga가	gha가	ṅa앙
구개음	ca짜	cha차	ja자	jha자	ña냐
권설음	ṭa따	ṭha타	ḍa다	ḍha다	ṇa나
치음	ta따	tha타	da다	dha다	na나
순음	pa빠	pha파	ba바	bha바	ma마
반모음	ya야	ra라	la라	va와	vha와
마찰음	sa사				
기식음	ha하				
설측음	ḷa라				
억제음	ṁ앙				

특별한 경우의 표기

″ 자음중복

예를 들어 '밋체야″ miccheyya'라는 단어의 '체야″'라는 표기에서 그냥 '체야'라고 표현하면 '야'가 'ya'인지 'yya'인지 알 수 없습니다. 그래서 ' ″ '라는 표기를 사용하여 자음이 중복됨을 표현합니다. 비슷한 예로 '울로″께야̆″타 ullokeyyātha'라는 단어에서 그냥 '울로'라고 표현하면 '로'의 'ㄹ'이 'l' 하나임을 나타내므로 'l'이 두 개임을 나타내기 위해 '울로″'라고 표현합니다.

˂ '야'의 표기

예를 들어 '깝빳타̆잉 kappaṭṭhāyiṁ'이라는 단어에서 그냥 '잉'이라고 표현하면 'iṁ'으로 오해할 수 있습니다. 그래서 'yiṁ'임을 나타내기 위해 '잉'이라고 표현합니다.

ˇ '와'의 표기

예를 들어 '이다마오̌짜 idamavoca'라는 단어에서 그냥 '오'라고 표현하면 'o'라고 오해할 수 있습니다. 그래서 'vo'을 나타내기 위해 '오̌'라고 표현합니다.

받침의 표기

받침으로 쓰일 수 없는 중복된 받침은 'ㅅ', 'ㄱ', 'ㅂ' 으로 통일합니다. 한글 맞춤법 규정에 따라 '짜, 자, 땨, 댜, 따, 다'의 자음이 중복될 때는 모두 앞의 자음에 'ㅅ' 받침으로 표기합니다. '까, 가'의 자음이 중복될 때는 모두 앞의 자음에 'ㄱ' 받침으로 표기합니다. '빠, 바'의 자음이 중복될 때는 모두 앞의 자음에 'ㅂ' 받침으로 표기합니다.

발음

모음의 발음

- 모음은 표기된 대로 발음하면 됩니다.
- '아'의 발음은 실제로는 우리말의 '어'에 가까운 소리로 발음합니다.

단음

– 단모음 '아', '이', '우'는 짧게 발음합니다.

– 복모음 '에', '오'가 겹자음 앞에 올 때도('엣타'의 '에') 짧게 발음합니다.

장음

– 장모음 '아̄', '이̄', '우̄'는 길게 발음합니다.

– 복모음 '에', '오'가 단자음 앞에 올 때도('삼모디'의 '모') 길게 발음합니다.

- 단모음이 겹자음 앞에 올 때와('빅쿠'의 '빅') 억제음(앙) 앞에 올 때도('짝쿵'의 '쿵') 길게 발음합니다.
- 단모임이나 복모음이 장음으로 발음되는 경우, 표현의 복잡성을 고려하여 따로 장음부호 '¯'를 붙이지 않았습니다.

자음의 발음

후음 (까, 카, 가, 가̊, 앙̇)

혀뿌리를 여린입천장(입천장 안쪽의 부드러운 부분)에 부딪히면서 낸다고 설명하기도 하고 목청에서 소리를 낸다고 설명하기도 합니다. 대부분 표기된 대로 발음하면 됩니다. 특히 '가̊'는 강하게 콧소리로 '가' 하고 발음합니다. '앙̇'은 보통 받침으로 많이 쓰입니다. 대표적인 예가 '상̇가̊saṅghaṁ'이고, '앙'이라고 발음합니다.

구개음 (짜, 차, 자, 자̊, 냐)

혀 가운데로 단단입천장(입천장 가운데 부분의 딱딱한 부분)에 부딪히면서 냅니다. 마찬가지로 '자̊'는 '가̊'와 마찬가지로 강하게 콧소리로 '자'하고 발음합니다. 'ㄴ̰'는 '아' 모음 앞에 올 때는 '냐'로 발음하고, 받침으로 올 때는 'ㅇ'이나 'ㄴ'으로 발음합니다. 즉 뒤에 오는 자음이 목구멍에서 가까우면 'ㅇ', 멀면 'ㄴ'으로 발음합니다. 즉 'patañjalī 빠딴̰잘리̄'의 경우에는 '빠딴잘리'로, 'milindapañha 밀린다빤̰하'의 경우에는 '밀린다빵하'로 발음합니다.

권설음 (따, 타, 다, 다, 나)

입천장 머리(입천장의 한가운데 부분)를 혀끝으로 반전하며 소리를 냅니다. 마찬가지로 '다'는 입천장 머리를 혀끝으로 반전하며 강하게 콧소리로 '다'하고 발음합니다.

치음 (따, 타, 다, 다, 나)

혀끝을 윗니의 정면으로 부딪히며 소리를 냅니다. '다'는 정면에 부딪히며 강하게 콧소리로 '다'하고 발음합니다.

순음 (빠, 파, 바, 바, 마)

두 입술로 소리를 냅니다. 마찬가지로 '바'는 강하게 콧소리로 '바'하고 발음합니다.

반모음 (야, 라, 라, 와)

'야'는 그대로 '야'로 발음하고, '라'는 혀 가운데를 경구개에 부딪히면서 '라'하고 발음합니다. '라'는 혀끝을 윗니의 정면에 부딪히면서 '을라'하고 발음합니다. '와'는 모음 앞에서는 독일어의 'w'처럼 '봐'로 발음한다고 설명하기도 하고, 입을 둥글게 오므린 뒤 '와'하고 발음해야 한다고(미얀마) 설명하기도 합니다. 자음 뒤에서는 일반적으로 영어의 'w'처럼 '와'로 발음합니다. 표기할 때는 모두 '와'로 통일했습니다. 특별한 경우로 'yha'라는 단어는 '야'라고 표기했습니다. 표기는 '샤'로(미얀마) 발음합니다.

마찰음 (사)

이를 서로 마찰시키면서 '싸'하고 발음합니다. 약한 '사' 발음보다는 조금 강한 '싸'의 발음에 더 가깝습니다.

기식음 (하)

한국어의 '하' 발음과 같습니다.

설측음 (랗)

입천장 머리(입천장의 한가운데 부분)를 혀의 양끝으로 반전하며 소리를 냅니다.

억제음 (앙)

음성학적으로는 '까, 카, 가, 가' 등 후음 앞에서는 '앙'과 마찬가지로, '짜, 차, 자, 자' 등 구개음 앞에서는 '안'과 마찬가지로, '따, 타, 다, 다' 등 권설음 앞에서는 '안'과 마찬가지로, '따, 타, 다, 다' 등 치음 앞에서는 '안'으로, '빠, 파, 바, 바' 등 순음 앞에서는 '암'으로 발음됩니다. 그 이외의 자음이나 모음 앞, 또는 단독으로 쓰이는 한 단어나 문장의 끝에 올 경우에는 '암'으로(미얀마), 혹은 '앙'으로(스리랑카) 받침을 넣어 발음합니다. 이 책에서는 모두 '앙'으로 표시했습니다.

역자후기

- 『*Aggasāvaka matheramyagyi hnipa kywetanwinkan tayataw*(상수제자 두 분의 깨달음 법문)』
- 『*Anattalakkhaṇa thouk tayataw*(아낫딸락카나숫따 법문·무아특성경 법문)』
- 『*Ariyāvāsa tayataw*(아리야와사 법문·성자의 집 경 법문)』
- 『*Āsīvisopama thouk tayataw*(아시위소빠마숫따 법문·독사비유경 법문』
- 『*Hemavata suttan tayataw*(헤마와따숫따 법문)』
- 『*Nibbāna shainya tayataw*(열반 관련 법문)』
- 『*Paṭiccasamuppāda tayatawgyi*(연기에 대한 법문)』
- 『*Vipassanāacheikhan tayataw*(위빳사나의 기초 법문)』
- 「*Vipassanā Shunikyan*(위빳사나 수행방법론)』

위의 목록은 마하시 사야도의 법문 중 「말루꺄뿟따숫따」에 나오는 "diṭṭhe diṭṭhamattaṁ bhavissati. 보이는 것에 대해서는 보는 정도만 생겨날 것이다" 등의 구절이 인용된 책들입니다. 이것은 단지 역자가 읽었거나 번역한 책들을 소개한 것이고, 이 외에도 여러 법문과 저술에서 인용하셨을 것입니다.

그만큼 「말루꺄뿟따숫따」의 "diṭṭhe diṭṭhamattaṁ bhavissati" 등의 구절은 위빳사나 수행에서 매우 중요한 내용을 담고 있습니다. 간략하지만 그 의미는 실로 심오합니다. 그래서 혼자 「말루꺄뿟따숫따」를 읽는 정도로는 경에 담긴 수행과 관련된 깊은 뜻을 이해하기 어렵습니다. 물론 주석서에서도 중요한 구절을 설명하고 있습니다. 하지만 주석서의 내용 정도로도 실제 수행과 관련지어 이해하기 어렵습니다. 더군다나 주석서에는 아비담마 내용까지 나오기 때문에 '설명이 더 이해하기 어려운' 상황에 빠집니다.

마하시 사야도께서는 이렇게 간략하기도 하고, 위빳사나 수행과 관련해서 진정한 의미를 파악하기도 어려운 「말루꺄뿟따숫따」 중 핵심내용을 『*Vipassanā Shunikyan*(위빳사나 수행방법론)』에서 자세하게 설명하면서 "분명하지 않은 법에 대해서는 번뇌가 저절로 사라지기 때문에 분명하지 않은 법들을 일부러 찾아서 관찰할 필요가 없다. 볼 때 등에 분명한 법만 특성이나 역할 등을 통해 관찰해야 한다"라는 사실을 분명하게 밝히셨습니다.(『위빳사나 수행방법론』 제1권, pp.381~397)

마하시 사야도께서는 수행 관련 법회에서도 「말루꺄뿟따숫따」를 여러 번 법문하셨습니다. 그러다가 이 법문을 불자들이 계속해서 책으로도 볼 수 있고 음성으로도 들을 수 있도록 법문 내용을 녹음하게 됐습니다. 이렇게 기록으로 남기게 되면서 사야도께서는 1976년 7월 10일(음력 6월 보름)부터 적당한 포살날마다 더욱 자세하게 법문하셨습니다. 그 법문들을 정리해서 1977년에 『말루꺄뿟따숫따 법문』 초판이 출간됐습니다.(『*Mahāsi Thervuttantavilāsinī*(마하시 장로 전기 찬석讚釋)』 제1권, p.493)

이렇게 출판된 『말루꺄뿟따숫따 법문』에서 마하시 사야도께서는 다른 여러 경에 대한 설법과 마찬가지로 여러 주석서와 복주서 등을 근거로 교학적으로 분명하게 설명했을 뿐만 아니라 실천적인 측면에서도 수행자들의 실제 경험과 연결시켜 매우 구체적으로 설명해 놓으셨습니다. 더불어 잘못된 여러 주장에 대해서는 단호하게 반박하고, 중요한 질문에 대해서는 분명하게 대답하셨습니다.

덧붙여 한국마하시 선원의 우 소다나 사야도께서도 강릉 인월사 담마선원에서 2011년 7월에, 호두마을에서 2009년 6월과 7월에『말루꺄뿟따숫따 법문』을 설명해 주셨습니다. 특히 2023년 3월부터 7월까지 진행된 호두마을 집중수행에서는 더욱 분명하고 자세하게 설명해 주셨습니다.

말루꺄뿟따 존자의 질문과 부처님의 대답, 마하시 사야도의 설명, 우 소다나 사야도의 보충 설명으로 이제 위빳사나의 핵심이 분명하게 드러났습니다. 이를 잘 실천해서 열반에 가까워지기만 하면 됩니다. 이 책이 열반으로 가는 여정을 비춰주는 밝은 등불이 될 것입니다.

다른 책들과 마찬가지로 마하시 사야도의『말루꺄뿟따숫따 법문』번역에는 한국마하시 우 소다나 사야도의 도움이 컸습니다. 분량은 많지 않지만 위빳사나 지혜와 아비담마와 관련된 내용 등 워낙 심오한 의미가 담긴 내용이 많아 그때마다 사야도께 의지해야 했습니다. 다시 한번 감사의 예경을 올립니다. 그리고 입적하신 지 벌써 4년이 지난 은사스님께도 특별히 이 공덕을 회향합니다. 미얀마와 위빳사나를 처음 접하게 해 주셨으며 중간중간 수행의 경책을 일러주시는 법산스님, 마음껏 법담을 나눌 수 있는 범라스님과 현암스님, 늘 앞서 이끌어주시는 일묵스님과 여러 도반스님, 또한 빠알리 성전들을 훌륭하게 번역해 놓으신 각묵스님과 대림스님, 전재성 박사님을 비롯한 많은 분께 감사드립니다.

한국마하시선원과 호두마을, 진주녹원정사 회원들을 비롯해 필수품과 법으로 불법을 뒷받침하는 여러 재가불자 여러분과 가족들, 특히 이 책의 출판 관련 법보시자 이장천, 권봉화, 김춘화, 김동률, 이종철, 김정림, 이진비 님의 신심에 사두를 외칩니다.

특별히 거친 문장을 잘 다듬어 주신 홍수연 작가님, 초고를 잘 정리해 주신 까루나 님, 여러 번의 교정을 마다하지 않고 애쓰신 난다싸리 님, 수뭇따 님, 빠알리어 표현을 검토해 주신 액가왐사, 액가마나, 액가냐니, 빤냐난다, 빤냐다자 님, 좋은 책을 만들어 주신 나눔커뮤니케이션 관계자 여러분의 성의에도 사두를 외칩니다. 이 모든 분에게, 그리고 열반으로 가고자 하는, 가고 있는, 이미 간 모든 분께 이 공덕몫을 회향합니다.

불기 2567년 서기 2023년 11월
안양의 한국마하시선원과 천안의 호두마을을 오가며
비구 일창 담마간다Dhammagandha 삼가 씀

참고문헌

번역 저본

Mahāsi Sayadaw,『Mālukyaputta thouk tayataw』, Yangon, Buddhasāsanānuggaha aphwe, 1997(제8쇄).

저본의 영역본

Translated by U Htin Fatt,『A Discourse on the Mālukyaputtasutta』, Yangon, Buddhasāsanānuggaha aphwe, 2010(New ed.).

빠알리 삼장 및 번역본

The Chaṭṭha Saṅghāyana Tipiṭaka Version 4.0 (CST4), VRI.

Myanmarnaingan Buddhasāsanāphwe,『Saṁyuttanikāya Saḷāyatanavagga Saṁyutta Pāḷitaw Nissaya』, Yangon, Sāsanāyeiwangyiṭhāna Sāsanāyeiujyiṭhāna pounheiktaik, 1965.

각묵스님 옮김,『상윳따 니까야』 전6권, 초기불전연구원, 2009.

대림스님 옮김,『청정도론』 전3권, 초기불전연구원, 2004

______,『앙굿따라 니까야』 전6권, 초기불전연구원, 2006~2007.

마하시 사야도 지음, 비구 일창 담마간다 옮김,『마하사띠빳타나숫따 대역』, 불방일, 2016.

전재성,『자타카전서』, 한국빠알리성전협회, 2023.

문법류

현진 편저, 『빠알리 문법』, 봉숭아학당, 2014.

사전류

Ashin Dhammassāmībhivaṁsa, 『Pāḷi-Myanmar Abhidhān』, Yangon, Khinchouthun Sapei, 2005.

Department of the Myanmar Language Commission, 『Myanmar-English Dictionary』, Yangon, Ministry of Education, 1993.

Rhys Davids and W.Stede, 『Pāli-English Dictionary (PED)』, London, PTS, 1986.

전재성, 『빠알리-한글사전』, 한국빠알리성전협회, 2005.

기타 참고도서

Ashin Kelāsa, 『Mahāsi Thervuttantavilāsinī』, 2vols, Yangon, Buddhasāsanānuggaha aphwe, 2021(제2쇄).

Ashin Sīlānandābhivaṁsa, translated by U Min Swe, 『Biography of The most venerable Mahāsi sayadaw』, part I, Yangon Buddhasāsanānuggaha aphwe, 2017.

Dhammacariya U Ṭheihlain, 『Yahantā hnin Puggoul'thūmyā』, Yangon, Buddhaathansāpei, 2000.(제9쇄)

Mahāsi sayadaw, 『Aggasāvaka matheramyagyi hnipa kywetanwinkan tayataw』, Yangon, Buddhasāsanānuggaha aphwe, 2017.

______________, 『*Anattalakkhaṇa thouk tayataw*』, *Yangon, Buddhasāsanānuggaha aphwe, 2017(제6쇄).*
______________, 『*Ariyāvāsa tayataw*』, *Yangon, Buddhasāsanānuggaha aphwe, 2008(제8쇄).*
______________, 『*Āsīvisopama thouk tayataw*』, *Yangon, Buddhasāsanānuggaha aphwe, 2008(제2쇄).*
______________, 『*Cittānupassanā tayatawgyi hnin Dhammānupassanā tayataw*』, *2019.*
______________, 『*Hemavata suttan tayataw*』, *Yangon, Buddhasāsanānuggaha aphwe, 2019(제7쇄).*
______________, 『*Nibbāna shainya tayataw*』, *Yangon, Buddhasāsanānuggaha aphwe, 2006(제2쇄).*
______________, 『*Paṭiccasamuppāda tayatawgyi*』, *Yangon, Buddhasāsanānuggaha aphwe, 1995(제6쇄).*
______________, 『*Takkathou Vipassanā*』, *1993.*
______________, 『*Vipassanāacheikhan tayataw*』, *Yangon, Buddhasāsanānuggaha aphwe, 2007.*
______________, 『*Vipassanā Shunikyan*』 *2vols, Yangon, Buddhasāsanānuggaha aphwe, 2013(제15쇄).*
Mingun sayadaw, 『*Mahābuddhawin*』, *Yangon, Sāsanāyeiwangyiṭhāna Sāsanāyeiujyiṭhāna pounheiktaik, 1994.*

대림스님·각묵스님 옮김, 『아비담마 길라잡이』 전2권, 초기불전연구원, 2002, 전정판 2017.
마하시 사야도 법문, 비구 일창 담마간다 편역, 『위빳사나 백문백답』, 이솔출판사, 2014.

마하시 사야도 지음, 비구 일창 담마간다 옮김, 『위빳사나 수행방법론』 전2권, 불방일, 2016.

________________________, 『아낫딸락카나숫따 법문』, 불방일, 2021.

________________________, 『아리야와사 법문』, 불방일, 2022.

________________________, 『헤마와따숫따 법문』, 불방일, 2022.

무념·응진 역, 『법구경 이야기』 전3권, 옛길, 2008.

밍군 사야도 저, 최봉수 역주, 『大佛傳經』 전10권, 한언, 2009.

비구 일창 담마간다 지음,『부처님을 만나다』, 불방일, 2018(개정판 1쇄).

우 소다나 사야도 법문, 비구 일창 담마간다 편역, 『아비담마 강설 1』, 불방일, 2021.

찾아보기

ㄱ

ㄴ

ㄷ

ㅁ

ㅂ

저자

마하시 사야도 우 소바나U Sobhana

1904년 7월 29일 미얀마 세익쿤 출생. 1916년 사미계, 1923년 비구계를 수지했다. 1930년부터 따운와인갈레이 강원에서 강사로 지내다가 1932년 밍군 제따완 사야도의 가르침을 받아 위빳사나 수행을 직접 실천했다. 1942년 사사나다자 시리빠와라 담마짜리야(국가인증우수법사) 칭호를 받았다. 1949년부터 양곤의 마하시 수행센터에서 위빳사나 수행을 지도하며 국내는 물론 국외로도 바른 위빳사나 수행법을 널리 선양했다. 1954년 악가마하빤디따(최승대현자) 칭호를 받았고, 같은 해부터 2년간 열린 제6차 경전결집 때 질문자와 최종결정자의 역할을 맡았다. 1982년 8월 14일, 세랍 78세, 법랍 58세로 마하시 수행센터에서 입적했다. 『*Vipassanā Shunikyan*위빳사나 수행방법론』, 『Visuddhimagga Mahāṭīkā Nissaya위숫디막가 대복주서 대역』을 비롯해 100권이 넘는 저서와 법문집이 있다.

감수자

우 소다나U Sodhana 사야도

1957년 미얀마 머그웨이 주 출생. 1972년 사미계, 1978년 비구계를 각각 수지했다. 1992년 담마짜리야 법사 시험에 합격했고 잠시 먀다웅 강원에서 강사로 재직했다. 1995년 마하시 수행센터에서 수행한 뒤 외국인 법사학교에서 5년간 수학했다. 그 뒤 마하시 수행센터에서 수행지도법사로 수행자를 지도하다 2002년 처음 한국에 왔다. 2007년 8월부터 한국마하시선원 선원장으로 지내며 경전과 아비담마를 강의하면서 천안 호두마을과 강릉 인월사 등지에서 위빳사나 수행을 지도하고 있다. 2013년 양곤 마하시 수행센터 국외 나야까 사야도로 임명됐고, 2017년 12월 공식적으로 칭호를 받았다. 2019년 3월 미얀마 정부에서 수여하는 마하깜맛타나짜리야(수행지도 큰스승) 칭호를 받았다.

역자

비구 일창 담마간다Dhammagandha

1972년 경북 김천 출생. 1996년 해인사 백련암에서 원융스님을 은사로 출가했다. 범어사 강원을 졸업했고 2000년과 2005년 두 차례 미얀마에 머물면서 비구계를 수지한 뒤 미얀마어와 빠알리어, 율장 등을 공부했으며 찬매 센터, 파옥 센터, 마하시 센터 등에서 수행했다. 현재 진주 녹원정사에서 정기적으로 초기불교 강의를 하고 있으며, 한국마하시선원과 호두마을을 오가며 우 소다나 사야도의 법문을 통역하면서 위빳사나 수행의 기초를 지도하고 있다. 2019년 12월 양곤 마하시 수행센터에서 깜맛타나짜리야(수행지도 스승) 칭호를 받았다. 저서로 『부처님을 만나다』와 『가르침을 배우다』, 역서로 『위빳사나 수행방법론』(전2권), 『위빳사나 백문백답』, 『통나무 비유경』, 『마하사띠빳타나숫따 대역』, 『어려운 것 네 가지』, 『담마짝까 법문』, 『알라와까숫따』, 『헤마와따숫따 법문』, 『보배경 강설』, 『아비담마 강설 1』, 『아낫딸락카나숫따 법문』, 『아리야와사 법문』, 『자애』 등이 있다.

법보시 명단

감 수 | 우 소다나 사야도
번 역 | 비구 일창 담마간다
녹 취 | 까루나, 담마시리
교 정 | 까루나, 난다싸리, 수뭇따, 홍수연
보 시 | 이장천, 권봉화, 김춘화, 김동률, 이종철, 김정림, 이진비

삽바다낭 담마다낭 지나띠.
Sabbadānaṁ dhammadānaṁ jināti.
모든 보시 중에서 법보시가 으뜸이니라.

이당 노 뿐냥 닙바낫사 빳짜요 호뚜.
Idaṁ no puññaṁ nibbānassa paccayo hotu.
이러한 우리들의 공덕으로 열반에 이르기를.

이망 노 뿐냐바강 삽바삿따낭 바제마.
Imaṁ no puññabhāgaṁ sabbasattānaṁ bhājema.
이러한 우리들의 공덕몫을 모든 존재에게 회향합니다.

사두, 사두, 사두.
Sādhu, Sādhu, Sādhu.
훌륭합니다, 훌륭합니다, 훌륭합니다.

• 이 책에서 교정할 내용을 아래 메일주소로 보내주시면 다음에 책을 펴낼 때 큰 도움이 될 것입니다. 많은 관심 부탁드립니다.(nibbaana@hanmail.net)

• 한국마하시선원에서 운영하는 도서출판 불방일에서는 마하시 사야도의 법문은 「큰북」 시리즈로, 우 소다나 사야도의 일반 법문은 「불방일」 시리즈로, 아비담마 법문은 「아비담마 강설」 시리즈로, 비구 일창 담마간다의 법문은 「법의 향기」 시리즈로, 독송집이나 법요집은 「큰북소리」 시리즈로 출간하고 있습니다. 여러 분들의 많은 법보시를 기원합니다.(농협 355-0041-5473-53 한국마하시선원)

불방일 출판도서

큰북 시리즈

- 마하시 사야도의 『마하사띠빳타나숫따 대역』
비구 일창 담마간다 옮김 / 신국판(양장) / 350쪽
정가: 25,000원
(1쇄 2016년, 2쇄 2018년)
- 마하시 사야도의 『위빳사나 수행방법론』 (1/2)
비구 일창 담마간다 옮김 / 신국판(양장)
제1권: 736쪽 / 제2권: 640쪽
정가: 각권 30,000원
(이솔 초판 2013년, 2쇄 2013년
불방일 개정판 2016년)
- 마하시 사야도의 『위빳사나 백문백답』
비구 일창 담마간다 편역 / 신국판 / 252쪽
정가: 13,000원
(이솔 초판 2014년, 불방일 개정판 예정)
- 마하시 사야도의 『담마짝까 법문』
비구 일창 담마간다 옮김 / 신국판(양장) / 532쪽
정가: 30,000원 / 2019년
- 마하시 사야도의 『헤마와따숫따 법문』
비구 일창 담마간다 옮김 / 신국판(양장) / 412쪽
정가: 25,000원 / 2020년
- 마하시 사야도의 『아낫딸락카나숫따 법문』
비구 일창 담마간다 옮김 / 신국판(양장) / 484쪽
정가 28,000원 / 2021년
- 마하시 사야도의 『아리야와사 법문』
비구 일창 담마간다 옮김/ 신국판(양장)/ 332쪽
정가 22,000원/ 2022년

불방일 시리즈

- 우 소다나 사야도의 『통나무 비유경』
비구 일창 담마간다 옮김 / 46판 / 116쪽
법보시 / 2015년
- 우 소다나 사야도의 『어려운 것 네 가지』
비구 일창 담마간다 옮김 / 46판 / 279쪽
법보시 / 2019년
- 우 소다나 사야도의 『알라와까숫따』
비구 일창 담마간다 옮김 / 46판 / 191쪽
법보시 / 2019년

법의 향기 시리즈

- 『부처님을 만나다』
비구 일창 담마간다 지음 / 신국판(양장) / 528쪽
정가: 23,000원
(초판 1쇄 2012년, 3쇄 2014년, 개정판 1쇄 2018년)
- 『가르침을 배우다』
비구 일창 담마간다 지음 / 신국판(양장) / 456쪽
정가: 28,000원
(초판 1쇄 2017년, 개정판 1쇄 2021년)
- 『보배경 강설』
비구 일창 담마간다 편역 / 135mm / 252쪽
정가: 18,000원 / 2020년
- 『자애』
비구 일창 담마간다 편역/ 신국판(양장)/ 368쪽
정가: 25,000원/ 2022년

아비담마 강설 시리즈

- 우 소다나 사야도의 『아비담마 강설 1』
비구 일창 담마간다 편역 / 신국판(양장) / 488쪽
정가: 28,000원 / 2021년

큰북소리 시리즈

- 『법회의식집』
비구 일창 담마간다 편역 / 46배판 / 268쪽
법보시 / 2018년
- 『수행독송집』
비구 일창 담마간다 편역 / 105×175mm / 404쪽
법보시
(초판 1쇄 2014년, 개정판 2023년)
- 『빳타나(조건의 개요와 상설)』
비구 일창 담마간다 편역 / 46판 / 176쪽
법보시 / 2018년

마하시 사야도의

말루까뿟따숫따 법문

• 말루까뿟따 경 해설 •

초판 1쇄 발행일 | 2023년 12월 1일

지 은 이 | 마하시 사야도
번 역 | 비구 일창 담마간다
감 수 | 우 소다나 사야도

펴 낸 이 | 사단법인 한국마하시선원
디 자 인 | (주)나눔커뮤니케이션 02)333-7136

펴 낸 곳 | 도서출판 불방일
등 록 | 691-82-00082
주 소 | 경기도 안양시 만안구 경수대로 1201번길 10
(석수동 178-19) 2층
전 화 | 031)474-2841
팩 스 | 031)474-2841
홈페이지 | http://koreamahasi.org
카 페 | https://cafe.naver.com/koreamahasi
이 메 일 | nibbaana@hanmail.net

값 22,000원
ISBN 979-11-970021-7-5